DE AVGÖRANDE SLAGEN

DEL I

J.F.C. FULLER

De avgörande slagen

DEL I

Från antiken till Hastings 1066

Med sammanfattningar av redaktören

JOHN TERRAINE

Översättning

LENNART FORSMAN

HISTORISKA MEDIA

Historiska Media
Box 1206, 221 05 Lund
info@historiskamedia.se
www.historiskamedia.se

Originalets titel: *The Decisive Battles of the Western World and their influence upon history*, volume 1

Översättning: Lennart Forsman
Faktagranskning av den svenska utgåvan:
Henrik Gerding (HG) och Richard Areschoug (RA)
Kartor och diagram: Svante Ström
Omslag och typografi: Niclas Schüler, Curt Design©
Omslagsbild: © iStock International Inc.
Tryck: UAB PRINT-IT, Gargzdai, Litauen, 2010
ISBN 978-91-86297-61-9

Till Francis Neilson

Innehåll

Förteckning över kartor och diagram

FÖRORD DEL I–IV

J. F. C. Fuller – banbrytande militärteoretiker, skicklig militärhistoriker och politisk ökenvandrare

Att skriva om historiska slag

Varför ger man ut en sjuttio år gammal serie över historiska fältslag? Är det inte otidsenligt? Jo, kanske, men i så fall på ett sätt som lätt låter sig övervinnas. Under det dryga halvsekel som förflutit sedan J.F.C. Fuller gav ut sitt magnum opus *The Decisive Battles of the Western World and their influence upon history* har två utvecklingslinjer fått fullt genombrott i Sverige liksom en rad andra länder i västerlandet.

Intresset för militärhistoria har vuxit enormt samtidigt som genrens akademiska acceptans kan sägas ha blivit fullbordad. Men det är i en ny klädnad, som markant avviker från gångna generationers syn på militärhistorien, eller rättare sagt krigshistorien, och dess crescendo i form av slaget. Då, för till exempel 100–150 år sedan, var det här ett forskningsfält som främst studerades för att man skulle lära sig något konkret av gångna generationers gjorda erfarenheter. Ännu långt in på 1900-talet var studiet av slaget vid Cannae år 219 f.Kr. – då romarna krossade Hannibals karthagiska trupper – en förebild för hur även det tjugonde seklets härförare skulle uppträda för att besegra fienden i ett förintelseslag.

Så är det inte idag. Genom att studera till exempel de militära förbandens rekrytering eller försörjningen av trupperna i äldre tider, och därmed i båda fallen effekterna på det civila lokalsamhället, har militärhistorikerna ofta anknutit till större ekonomiskhistoriska eller socialhistoriska frågeställningar. Studiet av själva kriget och då i synnerhet slaget har numera fjärmat sig långt från gångna tiders strävan att ge en mall för samtida militära agerande. I stället analyserar man det historiska slaget sett utifrån sina egna, samtida förutsättningar och dess effekter på den egna tidens utveckling. Under de senaste decennierna har alltfler forskare också börjat studera slagens historia ur ett underifrånperspektiv. Hur upplevde deltagarna det som skedde, antingen de var officerare eller meniga soldater? Vilka förutsättningar hade de i form av utbildning och utrustning att klara av sin uppgift? Hur har slagen betraktats och använts i historieskrivning och mytologi långt efter det att de har ägt rum?

Dessa och liknande frågeställningar har forskare som britten John Keegan gått i bräschen för, när han studerade Azincourt 1415, Waterloo 1815 och Somme 1916,[1] eller när hans landsman John Prebble valde att detaljstudera de skotska klankrigarnas sista stora undergångskamp mot den brittiska armén vid Culloden år 1746.[2] Prebble inspirerade sedan svensken Peter Englund att studera en svensk motsvarighet, katastrofen vid Poltava år 1709.[3]

Den här typen av böcker går tillbaka på en lång tradition. Redan vid mitten av 1800-talet gjordes såväl internationellt som i Sverige försök att beskriva de viktigaste slagen i den allmänna liksom i den svenska historien. Ännu så sent som på 1940-talet försökte man i Sverige att på det klassiska sättet beskriva de viktigaste slagen i världshistorien eller i den svenska historien.[4] Här möter vi den kluvna inställningen till slaget som studieobjekt. För många äldre forskare var slaget inte bara kulmen på kriget, utan också en historiskt avgörande händelse, som i sig markerade ett avgörande brott i historien.

Ironiskt nog var det så att medan forskare och författare under 1800-talet och 1900-talets första hälft ansträngde sig för att studera och beskriva de avgörande slagen i historien, så var dessa ganska unika företeelser i samma historia. Ända fram tills revolutions- och Napoleonkrigen började på 1790-talet så var slaget snarast en abnormitet som fältherren i det längsta försökte undvika. Eftersom dåliga lednings- och sambandsmöjligheter gjorde att man som högste befälhavare, eller för den delen även på lägre nivåer, inte kunde behålla kontrollen över händelseförloppet när väl striden börjat, så undvek de flesta den typen av okontrollerbara urladdningar så länge det gick. Under exempelvis trettioåriga kriget kunde soldater kanske få uppleva ett eller högst två större slag om året. I stället blev krigen ofta en enda lång rad av marscher, som ofta syftade till att manövrera ut motståndarna genom att till exempel förstöra deras försörjningsmöjligheter i samband med att man brände fält och gårdar.

Just det okontrollerbara gjorde att slagen ofta, om möjligt, undveks i äldre tid. Alla studier av dem i efterhand som bygger på förutsättningen av ett rationellt agerande från de inblandade tenderar att leda till en felsyn, eftersom verkligheten sällan var så välordnad. Fältherrens möjligheter att påverka händelserna var som störst *innan* striden hade börjat. Han kunde, så långt logistikens begränsningar och fiendens motåtgärder så tillät, påverka var striden skulle äga rum. När striden sedan väl var ett faktum var den svårare att påverka, och inte sällan har slag i efterhand framstått som mera genomtänkta och välplanerade än vad de i realiteten var.

Undantag finns förvisso även från denna regel, men typisk är nog den situation som den preussiske generalen Blücher hamnade i när hans trupper besegrade en fransk styrka vid Katzbach i sydöstra Tyskland den 26 augusti 1813. Strid uppkom när de främsta förbanden helt oförhappandes, i regn och rusk, stötte på varandra och en förvirrad kamp bröt ut, varunder fransmännen drevs tillbaka med betydande förluster. Segern var vunnen, de franska trupperna hade förlorat 15 000 man och nu gällde det att summera vad som hänt. I det läget vände sig den något överraskade Blücher till sin stabschef Gneisenau och undrade hur man i efterhand skulle kunna rationalisera den tur man haft: ”Vi har vunnit slaget, det kan ingen neka oss; men nu undrar jag hur vi skall få folket att förstå hur sinnrikt vi planerade detta.”[5]

Det är först kring sekelskiftet 1800 som de stora slagen blir mer frekventa, medan vad man skulle kunna kalla deras kvalitativa genombrott i krigshistorien kom med de moderna kommunikationerna, järnvägen, ångan och förbränningsmotorn. Mot denna bakgrund kan man fråga sig om slagen verkligen är det man ska fokusera på när det gäller studiet av den äldre militärhistorien, tiden före 1800- och 1900-talen. Ja, i någon mån är det nog trots allt det, eftersom även de relativt fåtaliga slagen ändå i sig är ett koncentrat av den militära tvekampen. Slaget har i dagens forskning inte samma centrala status som tidigare, men det är fortfarande den enskilda händelse där allting strålar samman och låter sig analyseras. Här kan man reflektera över influenser från taktik, utbildning, utrustning, ledarskap, de deltagandes stridsvilja och moral, samband inom och mellan förbanden, propaganda och så vidare, allt detta bildar en händelse eller kedja av händelser, det vill säga vad vi oftast brukar beteckna som slaget. För den som vill fånga och förstå kärnan i en militär konflikt – antingen det gäller peloponnessiska kriget på 400-talet f.Kr. eller det andra Gulfkriget våren 2003 – så erbjuder studiet av slaget en ojämförbar möjlighet till analys.

Fuller som officer och militärteoretiker[6]

J.F.C. Fuller var, vid sidan av den samtide Basil Liddell Hart,[7] den förste brittiske militärteoretiker sedan Henry Humphrey Evans Lloyd (cirka 1718–83) som hade utövat ett reellt inflytande på det kontinentaleuropeiska militära tänkandet.[8] Häri ligger hans storhet, men också ironin, för att inte säga tragiken, i hans livsverk.

J.F.C. (hans fullständiga namn var John Frederick Charles) Fuller föddes den 1 september 1878 i Itchenor i södra England, som son till en anglikansk kyrkoman och en fransk mor som hade vuxit upp i Tyskland. Under hela livet fram till sin död i Cornwall den 10 februari 1966 visade Fuller stor förståelse för och kunskap om förhållandena i de båda kontinentala stormakterna. Han förblev livet ut en starkt nationellt sinnad engelsman, där öriket och dess imperium var centrala för honom, men det hindrade inte att han snabbt utvecklade en stor förståelse för kontinentalt sätt att tänka.

Fullers karriär inriktades tidigt på den militära banan och efter examen från officersskolan Sandhurst placerades han år 1898 på Oxfordshire Light Infantry's första bataljon. Med förbandet sändes han året efter till Sydafrika och det där just utbrutna boerkriget. Här ansvarade han – med hjälp av 70 inhemska spanare – för underrättelseuppdrag i delar av Oranjefristaten. Under kriget resulterade Fullers beundran för de irreguljära boertruppernas effektivitet i ett intresse för hur man på bästa sätt skulle utbilda icke professionella soldater. Det var Fullers första erfarenhet av krigets verklighet och långt senare presenterade han sina minnen i ett nostalgiskt skimmer i boken *The Last of Gentlemen's Wars: A Subaltern's Journal of the War in South Africa 1899–1902* (1937).

År 1903 sändes Fullers regemente till Indien, där hans intresse för juvelen i det brittiska imperiets krona väcktes och han kom ofta att återkomma till de brittiska försvarsproblemen i Indien, bland annat i boken *India in*

Revolt (1931). Men kanske än viktigare, om än i negativt hänseende, var att Fuller i Indien fick kontakt med ockultisten Aleister Crowley. Här väcktes hos Fuller ett intresse för det paranormala och filosofisk mystik, något han demonstrerade i två böcker 1925 och 1937. Men detta öppet visade intresse bidrog också till att fjärma honom från huvudströmningarna i det brittiska samhället liksom från många av hans militära kolleger.

Efter hemkomsten från Indien gifte sig Fuller år 1906 med den tysk-polska Margarethe (Sonia) Karnatz. Han skrev nu också en rad småskrifter om trupputbildning, mobilisering och liknande ämnen, medan han studerade för att kunna komma in på den högre officersutbildningen i form av Staff College (Krigshögskolan), något som i sin tur var nödvändigt för att kunna stiga i graderna. År 1914 inledde Fuller sina högre studier på Staff College och här utvecklade han snabbt ett intresse för krigföringens grundläggande principer eller lagar. Men här framträdde också ett annat drag hos Fuller, hans kompromisslösa inställning när han ansåg sig ha rätt och omgivningen, oavsett rang, enligt hans förmenande fel. När Fuller, tvärtemot rådande militär "sanning" i Storbritannien och Europa, förespråkade genombrytningar av fiendens linjer i stället för omfattningsoperationer syftande till att ringa in motståndaren förklarade skolans chef att den självsäkre eleven var en idiot.

Kort därefter utbröt första världskriget och den fruktansvärda slakten i skyttegravarna bekräftade vansinnet i den förhärskande militära taktiken. Redan på våren 1915, efter ett halvårs krig, hade den reguljära brittiska armén i stort sett utplånats. För att över huvud taget kunna fortsätta kriget tvingades Storbritannien införa värnplikt, runt ett sekel efter de kontinentala stormakterna. Sedan Fuller publicerat skrifter om trupptransporter och deras metodik blev han placerad som embarkeringsofficer i Southampton, varifrån en stor del av de brittiska trupperna skeppades över till kontinenten. Först i juli 1915 steg han själv iland i Frankrike. Här insåg han snabbt två grundläggande saker. För det första att militär seger endast kunde uppnås genom ett genomträngande av fiendens försvarslinjer, inte genom de massiva frontanfall som under det första krigsåret sänt hundratusentals unga män i döden. För det andra så existerade i det läget inga medel för ett snabbt genombrott. De oändligt utdragna systemen av skyttegravslinjer kunde inte gås runt på flyglarna, sådana fanns helt enkelt inte, eftersom skyttegravarna bokstavligen löpte oavbrutet från Nordsjön till den schweiziska gränsen. Återstod bara frontalanfall som genom verkan av artilleri, kulsprutor och andra moderna vapensystem förvandlades till rena självmordet för de anfallande.

Den 20 augusti 1916 förändrades detta. Den dagen såg Fuller sin första stridsvagn. Trots att de första stridsvagnarna var tunga och extremt trögrörliga insåg Fuller omgående deras potential för att bryta igenom välförsvarade försvarslinjer. Redan i december 1916 placerades han som stabsofficer vid högkvarteret för den nyinrättade Heavy Branch of the Machine Gun Corps, senare förvandlad till Tank Corps. Här arbetade han med att utveckla det nya vapnets taktik och det var Fuller som, numera överstelöjtnant, planerade anfallet och segern vid Cambrai i november 1917. Det var historiens första samlade stridsvagnsanfall och effekten på alla inblandade blev massiv.[9] Det brittiska anfallet blev lyckosamt men framgången kunde dock inte utnyttjas eftersom man inte förmådde använda sig av de fördelar som den skapade. I stället låg Fuller bakom en andra stor framgång för det mekaniserade kriget, nämligen den allierade segern vid Amiens i augusti 1918.[10]

I mars 1918 genomförde Tyskland sin sista stora offensiv i väster, som drev inte minst de brittiska trupperna till en omfattande reträtt, innan de allierade, mycket tack vare amerikanska truppförstärkningar, lyckades vända krigslyckan med en avgörande motoffensiv sommaren 1918. Alltsedan hösten 1917 hade Tyskland utvecklat en stormtruppstaktik, som till sin kärna byggde på idén om det snabba genombrottet för att bit för bit penetrera och splittra fiendens försvarslinjer. Denna taktik, som hade stora likheter med Fullers idéer från 1914, höll så när på att ge Tyskland segern i världskriget på våren 1918.[11]

Fullers analys av krisen på vårvintern 1918 visade att en stor del av den brittiska katastrofen berodde på en svag högsta ledning, något som kom honom att intressera sig för ”strategic paralysis”. Genom att förlama fiendens ledning genom en överraskande attack skulle man kunna vinna en avgörande seger, utan att handgripligen ha besegrat fiendens militära förband. Under intryck av krigserfarenheterna från 1918 formulerade Fuller sina militära erfarenheter i den berömda *Plan 1919*, planen för att vinna kriget under 1919. I den, en av militärhistoriens mest visionära men samtidigt verklighetsförankrade projekt, beskrev han hur Storbritannien skulle kunna vinna nästa krig mot Tyskland på kontinenten. Genom en insats av runt 4600 stridsvagnar skulle britterna snabbt bryta igenom den tyska fronten. Anfallet skulle understödjas av flygattacker mot kommunikationslinjer, förråd och det tyska högkvarteret på västfronten, för att därigenom sprida förvirring och kaos i det tyska försvaret. Sådana stridsvagnsstyrkor existerade inte 1918 vare sig i teknisk utveckling eller i den mängd som behövdes. Men Fuller hade insett förbränningsmotorns möjligheter i form av massiva anfall på marken understödda av lufteld. *Plan 1919* fick officiellt stöd, men kriget tog slut redan i november 1918 så Fullers plan lämnade aldrig skrivbordet.

I stället kom den att utgöra kärnan i hans militära tänkande: det snabba, motoriserade kriget till lands och i luften, raka motsatsen till världskrigets frontanfall med infanterimassor. Redan i augusti 1918 återvände Fuller till London, som chef för en nyinrättad avdelning inom War Office med ansvar för stridsvagnstrupper. I den positionen ledde han inrättandet av Royal Tank Corps. Men ungefär samtidigt började också hans motgångar. Fullers allt skarpare och mer kompromisslösa argumentering till förmån för en mekaniserad chocktaktik, skaffade honom alltfler fiender inom det militära etablissemanget, inte minst bland det beridna kavalleriets förespråkare. Fuller sammanfattade sina motiv bakom teserna att då hästars och människors kroppar inte står emot kulor så måste all förflyttning på slagfältet ske i bepansrade fordon. Den allmänna åsikten i Storbritannien var att landet skulle återgå till den lilla men effektiva armé som utgjort kärnan i landstridskrafterna före 1914. Utvecklingsfrågor inom det brittiska försvaret och i synnerhet rörande arméns pansarstyrkor överläts därmed i praktiken till några få stridsvagnsentusiaster som Fuller. Deras idéer hade svårt att få något gehör i tongivande kretsar inom den brittiska armé som ställde om sig till en tillvaro liknande den före krigsutbrottet 1914.[12]

Trots att han 1920 vann pris för sitt militära författarskap om den mekaniserade armén, stämplades Fuller i regeringskvarteren i Whitehall som företrädare för ”en vildsint militär bolsjevism”, och Fullers person började betraktas som ett reellt hot i många militära kretsar. Fullers skrivande och pläderande för ett militärt utnyttjande av de senaste tekniska landvinningarna fortsatte dock och 1923 gav han ut den viktiga boken *The Reformation of War*, följd av *The Foundations of the Science of War* (1926). Den senare byggde på hans egna föreläsningar under de föregående tre åren vid Staff College, men boken fick han först ge ut sedan han lämnat skolan. Fullers skildring av krigets orsaker, medel och villkor är hans mest visionära, men samtidigt är den komplicerad och delvis mycket metafysisk. Den bidrog snarast till att försämra hans rykte.

År 1920 mötte Fuller Basil Liddell Hart för första gången och nu inleddes ett fruktbart samarbete som skulle vara ända till Fullers död, om än avbrutet under några år på grund av Fullers fascistiska sympatier på 1930-talet och i början av andra världskriget. Den som idag studerar militärteorins utveckling och framhävande av den mekaniserade krigföringen med utnyttjande av förbränningsmotorns kapacitet såväl på marken som i luften, kan knappast separera de två från varandra. Deras argumenterande och skrivande var också helt avgörande för de båda individernas respektive utveckling.[13] Ett talande bevis för intensiteten i deras fortgående tankeutbyte är det faktum att brevväxlingen med Fuller är den mest omfattande i Liddell Harts bevarade voluminösa privatarkiv.[14]

Genom förmedling av Liddell Hart utnämnde år 1926 sir George Milne, chef för Imperiets generalstab (det vill säga Storbritanniens högste militäre befälhavare), Fuller till sin militäre assistent. Då stod Fullers officiella stjärna i zenit och *The Sunday Express* beskrev honom som ”sannolikt den i särklass mest begåvade mannen i armén”. Det var dock inget citat som gav honom pluspoäng i de militära kretsar med vilka han redan stött sig.

År 1927 fick Fuller veta att han utsetts att leda Experimental Force, en nyskapad enhet med syfte att utveckla stridsvagnen och den mekaniserade krigföringens strukturer och taktik. Det kan tyckas ha passat Fuller som hand i handske, men i stället tackade han av inte helt klara skäl nej till erbjudandet (möjligen kan det ha berott på hans och hustruns motvilja mot vad som i praktiken hade blivit en garnisonskommendering). Nu följde ett antal kommenderingar, inklusive en som chef för den brittiska 2. Rhenbrigaden i Wiesbaden 1929; en kommendering som dock upphörde efter tre månader när den brittiska styrkan i Rhenområdet drogs tillbaka. Ironiskt nog ledde hans stegvisa befordran till att han kom närmare de militära kretsar inom vilka motviljan mot hans idéer var som störst. År 1930 utnämndes Fuller till generalmajor och erbjöds en post som kommendant för Bombays militärdistrikt i Indien. Men han avvisade erbjudandet med motiveringen att det vore slöseri med hans talang. Efter avvisandet av Bombayuppdraget fick inte Fuller några flera erbjudanden och efter en tid med halv lön avgick han från armén i december 1933, 55 år gammal.

När Fuller lämnat den aktiva karriären utvecklade han snabbt sin position som militär skribent och teoretiker. Som sådan blev han vida inflytelserikare än som professionell militär. Men då hade Fullers militära författarskap redan börjat dominera hans tillvaro. Av hans totalt 45 böcker publicerades inte mindre än 40 efter år 1925.[15] En av de viktigare var *On Future Warfare* (1928). Fuller har till och med ansetts vara nummer två i inflytande efter den särklassige tyske militärteoretikern Karl von Clausewitz.[16]

Vid mitten av 1920-talet började Fuller få genomslag för sina idéer internationellt. I Sverige började den lilla, men effektiva och moderna ”maskinarmén” bli en av flera viktiga faktorer i samband med 1925 års nedrustningsbeslut i riksdagen, då bland annat en stor del av den svenska arméns beridna förband avvecklades.[17]

Men allra störst var hans inflytande i Sovjetunionen och Tyskland. I det förra landet förespråkade marskalken Michail Tuchatjevskij en satsning på moderna vapensystem: stridsvagnar, motoriserade förband och luftburna trupper. Men när han avrättades i Stalins stora utrensningar 1937 dog också hans Fullerinspirerade idéer med honom.[18] Än viktigare var dock Fullers direkta inflytande på såväl teori som praktik i Tyskland. Tidigare tyska pansarteoretiker, som den blivande generalen Heinz Guderian, följde från mitten och slutet av 1920-talets Fullers och Liddell Harts idéer om det mekaniserade kriget. I synnerhet Fullers bok *Operations Between Mechanized Forces (Lectures on F.S.R./Field Service Regulations/III)* (1932) lästes inte minst av sovjetiska och tyska militärer.

Fullers inflytande i hemlandet minskade samtidigt drastiskt. I synnerhet sedan han i boken *Generalship: Its Diseases and Their Cure* (1933) gått hårt åt vad han uppfattade som ett trögt och förändringsobenäget brittiskt militärt ledarskap. Hans syn på sig själv som en missförstådd sanningssägare framträdde klart i *Memoirs of an Unconventional Soldier* (1936).

Fuller – den politiske ökenvandraren

När den 55-årige Fuller i december 1933 avbröt sin militära bana blev han avskuren från alla möjligheter att påverka den fortsatta militära utvecklingen i Storbritannien. Med ett agerande som var ganska typiskt för Fuller – istadighet i övermått i kombination med total nonchalans för omvärldens reaktioner – engagerade han sig också politiskt, på ett sätt som snabbt och effektivt förstärkte den politiska ökenvandring som annars hade kunnat bli lindrigare.

I ett Europa som blev alltmer infekterat av totalitära politiska läror – nazism, fascism och kommunism – var inte heller Storbritannien obesmittat. År 1932 grundade den före detta labourpolitikern Oswald Mosley sin rörelse BUF, British Union of Fascists, med Mussolinis italienska fascistregim och dito rörelse som närmaste förebild. Mosleys svartskjortor fick sitt starkaste fäste hos lägre sociala skikt i östra London, i Birmingham, Manchester och Bristol, liksom hos en del ledande kretsar i landet. Precis som många samtida europeiska vänsterfascistiska rörelser drev snart även BUF över till den högerradikala sidan.[19] Föreningen av det nationalistiska och socialistiska hos Mosleys rörelse demonstrerades alltmer i en anknytning till Hitlertyskland, symboliserad av de svartuniformerade män som vaktade partihögkvarteret i Chelsea, ofta sjungande den tyska nazistiska *Horst Wessel*-sången, med engelsk text kallad *The Marching Song*.[20]

Till en början väckte Mosleys nationalistiska tongångar en del brittiska konservativas sympatier, precis som det fanns en del sympatier för Hitlers politiska program när denne tog makten i Tyskland i januari 1933. Men vartefter den tyska politiken – såväl inrikes visavi judar och politiska oppositionella som utrikes visavi inte minst brittiska intressen – blev allt brutalare och mer konfliktfylld, svängde den brittiska opinionen till ett starkt antityskt läge. Det gällde inte minst de konservativa tories som mot slutet av 1930-talet förespråkade en hård politik mot Tyskland och satsning på det egna försvaret som ett led i den antinazistiska politiken. I den situationen tappade Mosley och hans BUF det mesta av den trots allt ganska tunna förankring man haft i den brittiska opinionen. När det spanska inbördeskriget bröt ut sommaren 1936 fick Mosleys fascister bli inhemska föremål för den politiska vänsterns upptrappade attacker. Med krigsutbrottet i september 1939 kom naturligtvis det slutliga dödsstöten för Oswald Mosleys politiska rörelse.

Efter den allierade katastrofen i Frankrike 1940 och Frankrike i juni gav upp den gemensamma kampen stod Storbritannien ensamt mot det segerrika Tyskland. I det läget fanns ingen förståelse för dem som sympatiserade med den totalitäre fienden. I juni 1940 arresterades Mosley och hans hustru tillsammans med 763 medlemmar av Mosleys fascistunion. Först år 1943 när den akuta faran för en tysk invasion var överstånden och krigslyckan hade vänt släpptes Mosley av hälsoskäl ur fängelset.[21] En stor opinion motsatte sig dock frisläppandet av vad man såg som en potentiell landsförrädare i händelse av en tysk ockupation av de brittiska öarna.

Till Mosleys gruppering av brittiska fascister hade även den missnöjde Fuller anslutit sig. Han tycks ha föreställt sig att en politisk seger för Mosley och hans rörelse skulle ge honom en möjlighet att reformera och mekanisera den brittiska armén och därmed ytterst rädda det brittiska imperiet och den västerländska civilisationen. På den första punkten hade han förmodligen rätt. Mosley planerade sannolikt att i händelse av ett maktövertagande utnämna Fuller till *generalissimo*, överbefälhavare, en titel inspirerad från Francos Spanien.

Fuller var under större delen av 1930-talet inte särskilt politiskt aktiv, utan koncentrerade sig på skrivandet. Flera av hans böcker mellan åren 1928 och 1940 innehöll fascistiska och antisemitiska undertoner. Men för den aktiva politiken skyggade han. År 1938 drog Fuller tillbaka sin kandidatur för BUF inför parlamentsvalen sedan han kommit att uppskatta den judiske försvarsministern Leslie Hore-Belishas insatser för den brittiska armén.[22]

Däremot kom Fuller att besöka både Hitlers Tyskland och Mussolinis Italien. I april 1939 deltog han i firandet av Hitlers 50-årsdag som *Ehrengast des Führers*. Vid det senare besöket skrev han en artikel om sin resa i *Westfälische Landeszeitung*, i vilken han beskrev sina återkommande besök i Tyskland alltifrån 1903. Nu, 1939, upplevde han dock något nytt och annorlunda, nämligen verkan av ”det stora ledarskapet”:

> I could feel it in the streets, in the buildings, in the crowds, in the rush of aeroplanes overhead and in the roaring of tanks below ... Great leadership and great followership can alone accomplish such things, and it is the first which right through history has ever and always created the second.[23]

Fullers senare liv som skribent[24]

Fullers teser om det mekaniserade anfallet som med flygets stöd bröt igenom alla väl förberedda försvarslinjer hade anammats och utvecklats av Tyskland alltsedan 1920-talets mitt. Det mekaniserade anfallet användes i sin mest effektiva form i det tyska storanfall västerut som i maj 1940 fullständigt rev upp de brittiska, belgiska och franska arméerna – det tyska blixtkrigets teoretiska rötter låg i Storbritannien. Senare under kriget kritiserade Fuller öppet premiärministern Winston Churchills uttalade strävan efter en ovillkorlig tysk kapitulation, något som ytterligare fjärmade honom från de ledande kretsarna i hemlandet.

Men Fuller visade också förmåga till nytänkande. Hans strävan efter att finna och formulera grundläggande lagbundenheter i kriget hade lett honom till slutsatsen att uppfinnandet av medel och motmedel hela tiden växlade, men att de grundläggande kraven på överraskning, snabbhet, skydd och eldkraft hela tiden var bestående, även om de tog sig olika praktiska former. När kärnvapnen fälldes över Hiroshima och Nagasaki 1945, förutsåg Fuller snabbt hur de stora städerna skulle täckas in av stora förvarningssystem för att snabbast möjligt kunna varna inför en eventuell kärnvapenattack. Han formulerade också en klar syn på den framtida terrorbalansen, vars omfattning han bara kunde ana när han år 1946 skrev *Armament and History*: ”Hela idén med att upprätthålla fred genom kraften av att förstöra är omogen galenskap.”

Mot slutet av sitt liv accepterades Fuller även officiellt som en av Storbritanniens stora tänkare inom det militära fältet och det nära och vänskapliga samarbetet med Liddell Hart återupptogs. När han dog vid 87 års ålder år 1966 var han åter i den politiska värmen. Efter 1945 anammades Fullers läror om det kombinerade pansar- och flygkriget och i synnerhet i Israel har han och Liddell Hart varit vägledande för många av de operativa principerna under krigen 1956, 1967 och 1973.[25] Efter kalla krigets slut har Fullers tankar på den snabba krigföringen med högkvalitativa styrkor kommit att appliceras på nyttjandet av en krigföring som strävade efter strategisk kollaps hos motståndaren med hjälp av högteknologiskt utrustade specialförband, stödda av bemannade och obemannade luftstridskrafter, som till exempel i Afghanistan 2001 och Irak 2003. Även om stridsvagnen har börjat kompletteras med och delvis ersättas av en IT-baserad teknologi, bygger filosofin om systemens användning på mycket av Fullers tänkande. På det sättet är han garanterad fortsatt inflytande som militärteoretiker.

Fuller som militärhistoriker[26]

Fuller var inte en professionell historiker med klassisk akademisk skolning, tvärtom representerar han den andra delen av militärhistorikerskrået, nämligen den grupp som den framstående brittiske miliärhistorikern Brian

Bond har betecknat som "... those who considered themselves to be military historians, nearly all former officers such as 'Boney' Fuller ..."[27]

Fuller har alltsedan 1930-talet haft ett betydande inflytande som militärhistoriker i många andra länder, inte minst i USA.[28] Själv var Fuller övertygad om värdet av militärhistoriskt studium, för att ytterligare lägga en faktagrund när han utmejslade sina tankar om krigets lagar. Hans bok om generalerna Robert E. Lee och Ulysses S. Grant (1933) var också egentligen bara ett avstamp för hans stora, ovan nämnda, kritik av den brittiska militärledningen samma år.

Det är också så man ska betrakta hans stora verk om de avgörande slagen i världshistorien, som för första gången utkom 1939–40, följt av en bok om de avgörande slagen i amerikansk historia (1942). *Decisive Battles of the Western World* kom åter ut 1954–56 (nu i tre delar) och har sedan getts ut i en rad upplagor. Såväl titel som innehåll speglar Fullers övertygelse dels om slagens avgörande betydelse i världshistorien, dels om hur man i efterhand kan analysera och applicera militära teorier på militärt uppträdande i allmänhet och befälhavarnas agerande i synnerhet. Även om Fuller hade ett för sin tid brett perspektiv på slagen och var vaken för omkringliggande faktorers betydelse, är detta hans synsätt och arbetssätt som historiker något föråldrat. Idag studerar forskarna ett brett spektrum av faktorer med betydelse för hela krigföringen, inklusive slaget. Underifrånperspektivet för att försöka komma åt den enskilde deltagarens våndor och agerande är en annan ny och central komponent. Men samtidigt är Fullers tänkande om några grundläggande element i krigföringen ingalunda antikverade, tvärtom är hans idéer om till exempel vikten av snabbhet och vikten av att förekomma motståndarens beslut och agerande (att tränga in i hans beslutscykel) i högsta grad central dagsaktuell militärteori, inte minst den som berör luftstridskrafter.[29]

Det är naturligtvis inte bara forskningsansatsen utan i än högre grad forskningsläget som är föråldrat hos Fuller. Under det dryga halvsekel som gått sedan hans verk skrevs har forskningen gått framåt på många områden. Fullers bristande vetenskapliga skolning avslöjas bland annat när han beskriver förhållanden inom den äldre historien som idag anses vara rent mytiska eller i bästa fall är omdiskuterade av forskningen. Hans framställning är också färgad av samtiden och i synnerhet Fullers egen politiska åskådning. Bland annat i sin beskrivning av kampen mellan det antika Grekland och Persien talar han om ”kampen mellan Europa och Asien – väst och öst – en kamp som skiljer sig från de oräkneliga krigen mellan olika europeiska folk och nationer och som från denna tid till idag utgjort det viktigaste krigsproblemet för Europa som helhet”. Än tydligare blir hans bindning till sin samtid när han tillskriver athenares respektive spartaners nationalkaraktärer som intelligenta respektive dumma och korkade, eller när han talar om greker och perser som ariska folk, fastän vi idag snarast skulle använda termen indoeuropeiska.

I den här utgåvan har dock Fullers text fått kvarstå ograverad i stora stycken, eftersom den i sitt ursprungliga skick representerar en genom åren mycket inflytelserik helhet. En del uppenbara faktafel har dock korrigerats och några uppgifter har kommenterats i nyskrivna noter, författade av faktagranskarna.

Trots dessa reservationer för tidens förändringar är Fuller fortfarande en mycket läsvärd historiker och hans *Decisive Battles* något av det bästa som skrivits inom genren. Fuller var en av de första författare som närmade sig slaget med en genomtänkt teori i botten och försökte genomföra en metodisk analys av den typen av historiska händelser. Det gör att han även idag har mycket att ge en sentida.

Den här utgåvan

I den här förkortade utgåvan, på svenska kallad *De avgörande slagen*, har Fullers massiva verk delats upp i fyra band. Verkets uppbyggnad är något ovanlig, där den brittiske redaktören John Terraines hand syns tydligare än vad som är brukligt i sådana här sammanhang. Det kommer till uttryck i böckernas speciella rytm: slagbeskrivning, redaktörens sammanfattning och krönika. Därefter upprepas samma sekvens och så vidare. Fuller ger först en utförlig beskrivning av ett eller flera viktiga slag, följt av redaktörens sammanfattning, som i komprimerad form beskriver de slag som utelämnats i denna utgåva, och mellan slagbeskrivningarna finns en så kallad krönika av Fuller. Denna ger en kort introduktion till en viss epok eller konflikt samtidigt som den knyter samman det historiska förloppet.

I efterkrigsupplagan lade Fuller till ytterligare slag från andra världskriget och en något halsbrytande jämförelse av gränserna mellan de allierades ockupationszoner i Tyskland 1945 och östgränsen för Karl den stores rike år 814 infördes. Många av de senare tillagda slagstudierna har mera karaktären av studiet av utdragna militära operationer (engelska: "campaigns") än rena slagstudier. Därför avviker de till sin karaktär delvis från resten av innehållet. Detta faktum tillsammans med Fullers bitterhet efter den politiska isoleringen gjorde också att hans senare studier fick en mer dagsaktuell polemisk karaktär än huvuddelen av de tidigare studierna. Av dessa skäl dras gränsen i denna svenska utgåva vid slaget vid Warszawa 1920, som därmed blir den sista studie som kommer med. På det sättet ger de fyra böckerna en mera sammanhållen bild av Fuller som militärhistoriker och militärteoretiker.

För att på ett adekvat sätt möta det ständigt ökande intresset för militärhistoria är det få bokverk som skulle kunna fylla samma goda funktion som Fullers slaghistorik. Detta inte bara för att man som läsare här får en rejäl portion god militärhistoria, utan också för att denna militärhistoria har skrivits av en historiker som förenade historisk kompetens med goda insikter i förutsättningarna för militärt agerande och de olika faktorer som påverkar utgången av militära operationer. Även om tolkningar har förändrats och militärhistorikerns fokus delvis har förflyttats innehåller Fullers historieskrivning mycket av värde även för dagens läsare. Den här kvartetten böcker har således skrivits av en person som både var aktiv militär, militärteoretiker och militärhistoriker.

Lars Ericson Wolke, professor i militärhistoria vid Försvarshögskolan och docent vid Åbo Akademi.

FÖRORD DEL I

Från antiken till slaget vid Hastings 1066

De grekisk-persiska krigen liksom de grekiska på 500- och 400-talen f.Kr. brukar allmänt anses som de första moderna krigen mellan statsbildningar på den europeiska kontinenten. Här fanns ett strategiskt tänkande och en genomtänkt militär taktik på slagfältet. Förvisso hade sådana element förekommit i strider och krig tidigare i historien, såväl i som utanför Europa. I det senare fallet kan vi till exempel titta på de strider om herraväldet i Mellersta Östern som utkämpades mellan Egypten och det hettitiska riket under 1200-talet f.Kr., eller, som Fuller, på Megiddo 1479 f.Kr. mellan Egypten och Kadesh. Även om det bevarade källmaterialet – ofta krönikor författade av på den egna sidan engagerade historiker som greken Thukydides – är relativt magert och inte låter oss komma åt och analysera alla beslut och bevekelsegrunder som påverkat händelseförloppet, så är det ungefär här, i det antika Grekland, som vi kan börja med ett historiskt studium av slaget.

I ett senare europeiskt perspektiv var de grekiska segrarna vid Salamis och Marathon viktiga milstolpar i hävdandet av den europeiska kulturen mot anfall från andra kontinenter, främst Asien. På samma sätt har hejdandet av islams framryckning norr om Pyrenéerna fokuserats på enskilda slag, antingen man valt att tala om Poitiers 731 eller, som Fuller, Tours 732. Men här kan man verkligen tala om att enskilda, små drabbningar blåsts upp till enorma proportioner. Efter att under 700-talet ha avslutat erövringen av större delen av den Pyreneiska halvön, företog mindre arabiska styrkor räder in i vad som idag är södra Frankrike. Dessa räder resulterade i strider med frankiska trupper och det är i detta sammanhang vi ska placera in såväl Poitiers som Tours. Det rörde sig inte om någon fullskalig invasion, långt därifrån, utan skärmytslingar längs en lång och mycket flytande gräns som höll på att etableras mellan Frankerriket och det muslimska kalifatet i Córdoba.

Under en stor del av den epok som behandlas i det första bandet av Fullers verk är Romarriket dominerande i Europa. Med överlägsen militär organisation och taktik höll Rom alla sina små och stora motståndare i schack samtidigt som riket expanderade fram till Rhen och Donau. Men där blev det stopp. År 9 e.Kr. besegrades tre romerska legioner i Teutoburgerskogen strax utanför våra dagars Osnabrück. Härmed hejdades den romerska expansionen in på germanskt område i vad som idag är Tyskland. Här kan man för en gångs skull tala om att ett enskilt slag har haft stor historisk betydelse. Gränsen mellan det romerska kulturområdet och resten av Europa kan spåras än idag, inte bara språkligt utan även i en rad andra kulturella avseenden. Den gränsen bestämdes faktiskt av vad som hände några avgörande timmar i skogarna i det tyska Westfalen.

Mycket av den senantika historien handlar om hur Romarriket ansätts av angrepp från olika barbarstammar, främst germaner. Det rör sig snarare om en ständig infiltration av rikets gränsområden än om regelrätta slag. Detsamma gäller hunnernas invasion av stora delar av kontinenten, även om deras nederlag förvisso kom i ett slag år 451. Några århundraden senare etableras Frankerriket som den militärt starka makten på kontinenten, medan Bysantiska riket förblir en viktig, om än alltmer vacklande, arvtagare till det gamla Rom. Båda dessa viktiga företeelser, som dominerade Europa militärt i århundraden, kommer dock till stor del bort i Fullers stora genomgång.

Några århundraden senare – på 800- och 900-talen – är det båtburna vikingar och beridna ungrare som ansätter Västeuropa militärt. Även här handlar det om serier av små anfall som tillsammans leder till framgång och maktutvidgning för angriparna. Vid enstaka tillfällen, till exempel vid Dublin år 1014, drabbar vikingar samman i större slag med inhemska motståndare på de brittiska öarna. Vikingatågen kan således inte förstås genom analyser av enskilda "slag", utan de är utdragna i tiden och rummet. Symptomatiskt är det först året 1066 som tilldrar sig Fullers uppmärksamhet, och då inte vikingarnas nederlag vid Stamford Bridge utan normandernas invasion kort därefter och deras framgångsrika seger vid Hastings. Där kan vi tveklöst tala om ett avgörande slag, ett av de mest avgörande i Fullers långa rad. Möjligen kan man fundera över den nordiska vikingahärens indirekt stora inflytande genom att den två dagar innan normandernas landstigning orsakade den engelska hären förluster och tröttade ut de överlevande. På det sättet kan också ett slag gå till historien.

Lars Ericson Wolke

INLEDNING

Imperialismens uppkomst

De krig som behandlas i denna bok kan geografiskt indelas i tre grupper: de som från äldsta tid och fram till slaget vid Lepanto 1571 huvudsakligen utkämpades i Medelhavsområdet och sydvästra Asien, de som från den tiden och fram till slaget vid Waterloo utkämpades huvudsakligen i länder intill eller beroende av Atlanten och de som efter 1815, på grund av framstegen inom industri, vetenskap och kommunikationer, i ökande utsträckning utkämpades över hela världen.

Den överlägset främsta politiska händelsen inom den första gruppen var uppkomsten av Romarriket, i den andra det brittiska imperiet och i den tredje vet vi ännu inte vilken den blir. Att den liksom sina två föregångare kommer att skapa någon form av ny imperialism verkar dock troligt. Eftersom Förenta Staterna och Sovjetunionen idag är de enda kvarvarande supermakterna är det troligt att den som skulle få övertaget efter en kommande konflikt dem emellan kommer att skapa ett världsvälde som sannolikt blir globalt.[1] Kant framhåller i sin avhandling *Om den eviga freden* (*Zum Ewigen Frieden*) att krig enligt honom tenderar att i det långa loppet förena människosläktet eftersom sammangåenden och allianser minskar krigens frekvens. Trots att naturens mål är endräkt verkar det som om dess drivande kraft är oenighet. På samma sätt kommer en folkstam genom sin kamp för att förbli en stam och genom att delta i krig mellan olika stammar att övergå till ett samhälle eller folk med flera stammar. Detta gäller också för ett folk som strävar efter att förbli ett slutet samhälle men som genom krig mellan samhällen utvecklas till en nation, och en nation som strävar efter att förbli en nation växer också genom internationella konflikter till ett världsvälde. På samma sätt kommer enheten, oberoende av tidpunkt, genom sin strävan efter att förbli fristående oundvikligen att fördubblas genom absorption, tills den slutligen nått jordklotets biologiska och ekonomiska gränser.

Även om krigandet är en uråldrig företeelse, vilket framgår av utrotandet av moustérienmänniskan efter aurignacmänniskans ankomst, verkar det som om organiserad krigföring har varit en okänd företeelse före civilisationens födelse. Den i sin tur växte fram ur två viktiga förhållanden: upptäckten att vissa grässorter kunde odlas, samt att vissa gräsätande djur kunde hållas som tamdjur. Ur dessa förhållanden utvecklades två mycket olika mänskliga samhällsformer, den åkerbrukande och den boskapsskötande. Den förra tillkom först i Nildalen och i den "bördiga halvmånen" som förenade Palestina med den övre delen av Eufrat och följde denna flod till Persiska viken, den senare antas av några ha sitt ursprung på de eurasiska stäpplanden i den kaspiska regionen.

I det ena fallet blev bildandet av byn – ett inhägnat område till skydd för åkerbrukarna och deras förråd av föda – det första steget mot civilisation, och i det andra tämjandet av hästen och uppfinnandet av hjulet och vagnen. På detta sätt växte två olika livsformer fram, de bosattas och de kringvandrandes, och under historiens gång har de ständigt stått i opposition mot varandra.

Så småningom, och som regel för att skapa säkerhet mot anfall från de kringvandrande, växte samhällena och blev till städer bakom murar där varje samhälle blev en värld för sig själv. Stadsmuren blev ett hinder för vagnen och försvaret blev den kraftfullaste stridsformen. Stadsmännens civilisation kom snart att överglänsa vagnfolkets. Muren kom inte bara att utgöra ett skydd för civilisationens framväxt, utan framtvingade även en uppdelning mellan vapen för krig och de verktyg som krävdes för jakt och boskapsskötsel. I sin tur blev vapnen styrande för den militära organisationens form, där den primitivaste var medborgarfalangen. En sådan som bestod av en linje med sex män i djupled, finns avbildad på ett fragment från ett av sumerernas monument från 2450 f.Kr.[2] Varje hoplit (fotsoldat) är där beväpnad med pilbåge och spjut, bär en läderhjälm samt en fyrkantig sköld som skyddar hela kroppen.

I dessa båda slag av civilisation var de grundläggande krigsorsakerna biologiska och ekonomiska. Ju mer produktiva boskapshjordarna var, desto oftare behövde de söka sig till nya betesmarker, och dessutom kunde alltid en torkperiod resultera i en invasion av nya områden. Liknande förhållanden gällde för stadssamhällena: ju produktivare befolkningen var, desto mer föda krävdes och då blev det nödvändigt att uppodla ytterligare områden. Kriget var därför ständigt närvarande i båda civilisationerna. Magen, oavsett om det var människans eller djurets, visade på dess nödvändighet och *Lebensraum* (livsrum) blev och har förblivit det stora problemet i kampen för tillvaron.[3]

Platon diskuterar i *Staten* stadens problem. I ett samtal mellan Sokrates och Glaukon visar han att kriget är ett element i civilisationen. Med början i en stads enklaste form visar han att med civilisationens framsteg ökar kravet på soldatmaterial, samt att den mark som var tillräcklig för att underhålla en primitiv civilisation är otillräcklig för ett mer avancerat samhälle. Huvudpunkterna i hans argumentation framgår av följande utdrag:

> Vi måste således återigen utvidga staten. Den ursprungliga sunda staten är ej längre tillräcklig ... Men nu komma vi att behöva både svin och många andra slags djur, som kunna duga till föda.
>
> Förvisso ...
>
> Och landet, som förut räckte till att föda sitt folk, skall nu bli litet, allt för litet. Eller hur?
>
> Jo, det är sant.
>
> Om vi således vilja ha tillräckligt med mark för bete och åkerbruk, måste vi tillskansa oss en bit av våra grannars område. Och de måste i sin tur ta en bit av vårt område, om även de överskrida gränsen för det nödvändiga och i obegränsat mått hopa sina ägodelar.
>
> Det är alldeles nödvändigt, Sokrates.
>
> Och sedan skola vi således börja krig, Glavkon. Eller hur?
>
> Jo.
>
> Och vi vilja nu ej tala om, fortsatte jag, om krig är av godo eller av ondo. Nej, vi inskränka oss till att säga, att vi ha funnit, var kriget har sin upprinnelse med alla dess fördärvbringande följder för de olika staterna, för de enskilda lika väl som för det allmänna.
>
> Alldeles riktigt.[4]

Den första kända stora striden mellan folk som livnärde sig på betande djur och en åkerbruksbefolkning inträffade under det tredje årtusendet f.Kr. Från de stora nordliga grässtäpperna i den kaspiska regionen strömmade under flera århundraden ett krigarfolk som är känt som indoeuropéerna. Hord efter hord drog de åt öst, sydöst, väst och söder. Vad som förorsakade dessa rörelser är inte riktigt känt. Det kan ha varit en klimatförändring som resulterat i torkperioder, eller så hade de som några historiker har framhållit i kombination med uppfinnandet av svärdet lyckats få fram en överlägsen hästras.

I väst hade många av dessa nomadiserande horder redan före år 2000 f.Kr. gått över Donau och blivit förfäder till greker, romare och andra europeiska folk. Andra som kallades indoarier delades upp i två grupper omkring 1800 f.Kr. Den ena gruppen drog sig mot sydöst in i Indien och den andra mot sydväst in i de bergiga länder som ligger norr om den "bördiga halvmånen". Den senare gruppen blev känd som iranier och dess två mäktigaste stammar var mederna och perserna.

Ungefärligen vid tiden för dessa folkvandringar uppenbarade sig i den västra delen av Asien ett folk, troligtvis av semitiskt ursprung, som var känt på grund av sina ledare som benämndes hyksos (öknens furstar). Därifrån trängde de vidare in i Nedre Egypten. De förde med sig hästen som då var okänd för egyptierna. Deras framgångar kan huvudsakligen tillskrivas deras hästdragna stridsvagnar och överlägsna vapen. Stridsvagnarna hade de troligtvis övertagit från babylonierna i vars land hästen hade introducerats från norr omkring 2100 f.Kr.

Även om de mötte starkt motstånd i Nedre Egypten var det framför allt från Thebe (Karnak och Luxor) i Övre Egypten som en nationell revolt inleddes mot dem. Den kom att resultera i att de slutgiltigt drevs ut av Ahmose I (1580–1557 f.Kr.)[5], grundare av den 18:e egyptiska dynastin. Den gamla egyptiska milisen ombildades under dessa krig till en välorganiserad armé som bestod av två stora divisioner, en förlagd i deltat och den andra i den övre delen av landet. Soldaterna var beväpnade med bågar och spjut och bar sköldar, men hade inget kroppsskydd. Pilkogret hade introducerats från Asien och "eld" avgavs i skurar. Även om kavalleri ännu inte hade introducerats så använde man sig av stridsvagnar. Tusentals hästar föddes upp i faraos stallar och tillverkning av stridsvagnar utvecklades till en konstart.

Ahmose dog år 1541 f.Kr. Han efterträddes av Amenhotep I och sedan av Thutmosis I, vilka båda var krigarkungar som förde kriget in i Syrien och så långt norrut som till Eufrat. Ingen av dem försökte sig dock på att organisera sina erövringar. När den senare dog regerade hans äldste son, som också hette Thutmosis, i några år och efterträddes därefter av sin halvsyster Hatschepsut, historiens första mäktiga kvinna, som förefaller ha gift sig år 1501 f.Kr. med sin yngre broder – ytterligare en Thutmosis.[6] Han förblev inget annat än en prinsgemål till hennes död omkring 1481 f.Kr. Hatschepsuts regeringstid hade varit så fredlig och omilitärisk att när gemålen efterträdde henne som Thutmosis III[7] ställde kungen av Kadesh sig i spetsen för en revolt mot honom som omfattade alla Syriens och Palestinas stadskungar. Som svar på detta inledde Thutmosis, sedan han samlat sin armé omkring den 19 april 1479 f.Kr. vid Tharu (Kantara), en marsch via Gaza till Yehem (Yemma), en liten stad på den södra sluttningen av Karmelbergen, dit han kom den 10 maj.

Under tiden hade stadskungarnas styrkor, under befäl av kungen i Kadesh, intagit fästningen Megiddo (Harmagedon) som låg på den norra sluttningen av Karmelberget och blockerade huvudvägen från Egypten till Eufrat. Under sin marsch mot Megiddo hade Thutmosis den 14 maj fört sin armé genom det pass som lord Allenby marscherade igenom 3 397 år senare. Han ryckte fram över Megiddoslätten, som ligger söder om fästningen. Dagen därpå avancerade han med sin armé formerad för strid mot Kadeshs kung, vars styrkor var förlagda utanför Megiddo. Med den södra delen av sin armé stödd mot en kulle söder om Kinabäcken och den norra inriktad mot Megiddo, ledde Thutmosis ”som Horus försedd med rovfågelsklor” striden i en skinande stridsvagn tillverkad av en legering av guld och silver, och skingrade i ett enda anfall fienden, som flydde huvudstupa mot Megiddo ”som om de vore förföljda av onda andar”. Männen från Kadesh övergav sina stridsvagnar av guld och silver och när de fann stadsportarna stängda drogs de upp över stadsmurarna av Megiddos invånare.[8]

Thutmosis soldater plundrade oturligt nog fiendens läger i stället för att anfalla Megiddo som befann sig i fullständig oreda. Detta resulterade i att staden måste belägras. Belägringen blev kort, men när staden kapitulerade upptäcktes att Kadeshs kung hade lyckats fly. Krigsbytet blev stort. Det omfattade 924 stridsvagnar, 2 238 hästar, 200 kroppsskydd[9], kungens hela möblemang och en stor mängd guld och silver.

Till skillnad från sina föregångare började Thutmosis omedelbart efter segern att omorganisera de återtagna territorierna. Som första åtgärd bytte han ut stadskungarna mot sådana ur de ledande skikten som det fanns anledning att tro skulle vara lojala mot honom. Han gav dem fria händer att styra sina städer som de ville så länge de ordentligt betalade sin skatt till honom. Därefter sände han deras äldsta söner till Egypten där de sko-

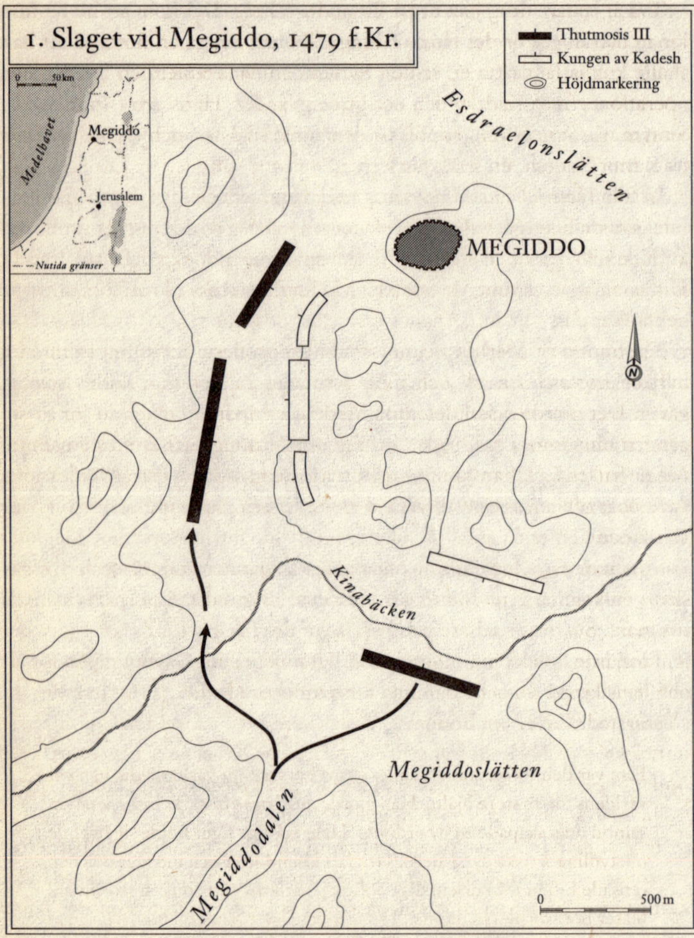

1. Slaget vid Megiddo, 1479 f.Kr.

lades i lojalitet till honom. När de senare efterträdde sina fäder skulle han kunna räkna med dem som pålitliga härskare. När allt detta hade ordnats upp återvände Thutmosis i oktober till Thebe.

Två år senare drog han ut på sitt andra fälttåg. Det kom att bli femton innan han dog. För det femte fälttåget lät han bygga en flotta så att han skulle kunna landsätta en armé i Syrien och där etablera en bas för sina operationer mot Kadesh och det inre av landet. Hans armé gick iland i Simyra något norr om Tripoli på den syriska kusten och ryckte därefter fram mot Kadesh, en stark fästning på vänstra stranden av Orontes, inte långt från Hums. Efter en långvarig belägring lyckades han inta fästningen. I det sjunde fälttåget bekämpade han ett antal revolter i sin rygg, och i det åttonde invaderade han landet Mitanni som beboddes av ett indoiranskt folk som hade ockuperat området vid Eufrats stora "krök". Han intog också Aleppo.

Thutmosis ryktbarhet var nu så stor att de flesta furstarna i området hyllade honom och till och med det avlägsna Babylon sände honom gåvor. Det gjorde också det stora hettitiska imperiet, vilket nu för första gången omnämns i historien. Än mer anmärkningsvärt är att hans flotta var så fruktad att han kunde upprätta sjöherravälde i östra Medelhavet ända bort till den egeiska övärlden, och han fick därigenom kontroll över Kreta och Cypern.

I sitt sista fälttåg förstörde han Kadesh, som än en gång hade lyckats skapa en koalition mot honom. Med det försvann det sista spåret av hyksos makt. Sexton år senare på våren 1447 f.Kr. dog Thutmosis under det femtiofjärde året av sin regeringstid. Han begravdes i Konungarnas dal, och hans kropp finns fortfarande i ett museum i Kairo.

Breasted skriver om honom:

> Han var den förste som lyckades skapa ett verkligt världsvälde, han var världens förste store hjälte. Han gjorde inte bara ett starkt intryck på sin samtid utan skapade en ny ordning. Hans ståtliga figur höjde sig över de obetydliga syriska dynastiernas triviala komplotter och intriger och han rensade luften från orientalisk politik på samma sätt som en stormvind blåser bort förpestad dimma. I tre generationer bibehöll Naharins män sin tydliga fruktan för hans starka arm. Hans namn hade god klang och flera århundraden efter det att hans världsvälde brutit samman fästes hans namn fortfarande på amuletter som ett tecken på makt. Och idag

> står två av kungens största monument, hans obelisker i Heliopolis, på var sin sida av den västra oceanen till åminnelse av världens första imperiebyggare.[10]

Under Amenhotep III hade Egypten omkring 1400 f.Kr. nått höjdpunkten av sitt världsvälde. Farao hade då blivit en internationell härskare och för första gången i historien framkom tanken på en enda universell gud. Han kallades Aton och hans tillbedjan påbjöds av Amenhotep IV, som efterträdde Amenhotep III år 1375 f.Kr.

Amenhotep IV hatade Amon, Thebes gud, och alla andra gamla gudar. Han ändrade sitt namn till Akhenaton (Den-som-Aton-är-nöjd-med), stängde de gamla templen och körde ut prästerna.

Denna religiösa revolution skakade om världsväldet. I den oreda som följde blev den egyptiska makten över de asiatiska lydrikena bara en kontroll till namnet. Akhenaton dog år 1360 f.Kr. och efterträddes av sin svärson, Tutankhaton, som så snart han bestigit tronen av det gamla prästerskapet tvingades återinföra dyrkan av Amon och ändra sitt namn till Tutankhamun ("Amons levande avbild"). Vid hans död, som sannolikt inträffade 1354 f.Kr., övergick styret i en anarki som varade fram till omkring 1350 f.Kr., då en egyptier vid namn Horemheb gjorde sig själv till farao och den gamla ordningen helt återställdes. Under denna oroliga tid översvämmades Palestina av den östra öknens nomadiska stammar, bland dem hebréerna, och Syrien ockuperades av hettiterna.

År 1315 f.Kr. efterträddes Horemheb av Ramses I med sin son Seti I som medregent och därmed var den 19:e dynastin grundad.

Sethos omorganiserade armén och återerövrade Palestina men lyckades inte driva hettiterna från makten i Syrien. Kadesh vid floden Orontes och hela Syrien norr om Palestina förblev i deras händer. Hans son Ramses II efterträdde honom år 1292 f.Kr. och gav sig genast i kast med att återta Kadesh. Han kunde mycket väl ha gjort lika stora erövringar som Thutmosis III om inte två förhållanden verkat emot honom. Det första var att den gamla nationella egyptiska armén hade övergått i en armé av legoknektar som huvudsakligen bestod av nubier samt män från Medelhavets nordliga stränder. Det andra var att hettiterna, åtminstone delvis, var beväpnade med vapen tillverkade av järn, medan hans soldater fortfarande var utrustade med bronsvapen.

Våren 1288 f.Kr. ryckte Ramses fram mot Kadesh, gick i en fälla, blev omringad, lyckades slå sig ut och medan hettiterna plundrade hans läger vände han sig mot dem och vann en pyrrhusseger eftersom Kadesh förblev i deras hand. Detta var det sista slag som vanns av det egyptiska världsväldet.

På gamla dagar – han levde tills han blev mer än nittio år, och härskade i sextiosju år – blev Ramses senil och före hans död år 1225 f.Kr. invaderade libyerna och deras allierade den egyptiska öknen i väster samt utsträckte sitt välde till Memfis murar (20 km söder om Kairo). Med Ramses död var det slut på det egyptiska världsväldet och ända till Assyriens uppgång tre århundraden senare hade Egypten svårt att försvara sina gränser i norr, söder och väster.

Även om Assyrien först omnämndes år 2300 f.Kr., när en nomadiserande semitisk stam slog sig ner i Assur vid Tigris övre lopp och där grundade ett mindre stadskungarike, var det inte förrän under det tionde århundradet f.Kr. som dess stjärna började stiga på det västra asiatiska himlavalvet. Ett sekel senare, under Assurnasirpal II (884–859 f.Kr.), inledde de sina erövringar och skapade ett stort världsvälde som under Salmanassar V (727–722 f.Kr.) och Sargon II (722–705 f.Kr.) nådde fram till Egyptens gräns.

Assyrierna var i allt väsentligt ett krigarfolk och för dem var det armén som utgjorde nationen. Den var en starkt disciplinerad och välorganiserad styrka som för sin tid var mycket välutrustad. Det är känt att den redan under det tionde århundradet f.Kr. disponerade kraftiga murbräckor som var nödvändiga vid strider om städer. Dessa murbräckor var inbyggda i trätorn som drogs på sex hjul. Tornen var försedda med tak, och i fronten skyddades de med metallplattor. Under taket fanns en plattform för bågskyttar som bekämpade försvararna på stadsmurarna. Genom kontakt med hettiterna hade de även fått tillgång till vapen av järn.[11]

Armén var sammansatt av bågskyttar som understöddes av soldater utrustade med spjut och sköldar och arméns rörliga del utgjordes av stridsvagnar. Dess huvudsakliga vapen var dock "terror". Städer stormades, plundrades och raserades systematiskt och fångar spetsades ofta på pålar eller flåddes levande.

Under Sanherib (705–681 f.Kr.) plundrades Tarsus och Babylon utplånades helt. Hans efterträdare, Assarhaddon (681–669 f.Kr.), erövrade Egypten från deltat upp till Thebe och plundrade och brände år 671 f.Kr. dess städer.

När denna erövring lagts till de landområden som redan tagits blev detta assyriska välde det dittills största. Men i sin strävan efter världsherravälde gick Assyrien för långt. Dess förödande krigföring förstörde välståndet i de länder som erövrades, vilket resulterade i ständiga revolter som i sin tur ställde krav på ett enormt nätverk av garnisoner. Till slut översteg det landets förmåga att behålla kontrollen över de erövrade länderna.

Under tiden hade nomaderna på nytt satt sig i rörelse. Horder av arméer drog in från öknen, från övre delen av Persiska viken kom kaldéerna och från de nordliga bergsområdena kom indoeuropeiska folkslag. De leddes av meder och perser och svepte ner över de assyriska hemländerna.

Egypten övergavs senare, men farao Psammetichos I, som fruktade en invasion från de nordliga barbarerna, träffade en överenskommelse med Assyrien och sände en armé för att understödja det vacklande väldet. Dess fall var dock oundvikligt. År 614 f.Kr. intog mederna under Kyaxares Assur. Kaldéerna, som hade besegrat babylonerna under Nabopolassar (625–604 f.Kr.), anslöt sig till dem och år 612 f.Kr. stormade de två tillsammans Nineve och förstörde staden totalt.

> Dina herdar sover, Assyriens konung;
> dina hövdingar slumrar.
> Ditt folk har skingrats över bergen,
> och ingen finns som samlar det.
> Det finns ingen bot för din skada,
> ingen läkedom för ditt sår.
> Alla som hör vad som hänt dig
> jublar över ditt elände.
> Vem drabbas ej
> av din ständiga grymhet.[12]

Under Nabopolassars son Nebukadnessar II (604–562 f.Kr.), som hade återuppbyggt Babylon, mötte kaldéerna sju år senare den egyptiske kungen Necho II:s armé och besegrade den grundligt vid Karkemish vid Eufrat.

> Ge farao, Egyptens kung, detta öknamn:
> Bullret som aldrig kom.[13]

Senare invaderades Judéen av Nebukadnessar som var den störste av kaldéernas kungar. Han intog Jerusalem år 586 f.Kr. och förde judarna till fångenskap och drog sedan vidare till gränsen mot Egypten.

Även om Assyriens fall var snabbt och dramatiskt hade återigen ett stort antal folk tvingats att underkasta sig en ensam härskares makt. Trots assyriernas förstörelselusta gav detta ökat stöd åt tanken på en allomfattande monarki, och när det assyriska väldet hade upplösts dröjde det inte länge innan ett annat folk var redo att ta vid. Denna gång var det varken afrikaner eller semiter, utan indoeuropéer – perserna.

Det blir nu nödvändigt att lämna Asien och gå till Europa för att granska händelserna på denna kontinents sydöstra del under de århundraden som följde på indoeuropéernas ankomst. Det var nämligen deras ättlingar som skulle hejda och slutligt omintetgöra försöket att skapa ett allomfattande imperium.

Det är inte känt vid vilken tid de första grekiska stammarna trängde in i Grekland. Professor Bury säger att år 2000 f.Kr. "åkallades troligen Zeus, den store indoeuropeiske himmelske guden, över hela detta land".[14] Successivt trängde deras förtrupp, ett folk som kallas achaier[15], mot söder och över till Peloponnesos där de övervann och blandade sig med dess högt civiliserade egeiska bosättare. Senare kom en andra folkvåg, dorerna, som nådde Peloponnesos cirka 1500 f.Kr. och underkuvade achaierna.[16] Därefter drog dorerna till sjöss och erövrade Kreta och de egeiska öarna. Omkring 1325 f.Kr. finner vi Eteokles, som själv sade sig tillhöra aiolerna, så fast etablerad på Mindre Asiens västkust att han kunde ha vänskapliga relationer med den hettitiske kejsaren, vars huvudstad var Hattusa (Boğazköy) öster om floden Halys (Kizilirmak). Två generationer senare bröts detta vänskapliga förhållande genom en ny serie av invandrande indoeuropeiska stammar. Frygerna från Thessalien och armenierna från området kring Vansjön översvämmade det hettitiska väldet som upphör att existera omkring 1200 f.Kr.[17] En skara fryger ockuperade också den gamla Hisarlikkullen öster om Dardanellerna och anlade där staden Troja, som efter en nioårig belägring föll år 1184 f.Kr. till achaierna under Agamemnon, som var kung i Argos. År 1000 f.Kr. hade grekerna tagit hela den grekiska halvön och hela den egeiska kusten av Mindre Asien i besittning. Dorerna bebodde den södra, jonerna den centrala och aiolerna den norra delen.

Mellan 1200 och 1000 f.Kr. var hela den västliga världen i kaos. Härskaror, stammar och folkgrupper drog runt i alla riktningar för att erövra, eller för att undgå att bli erövrade. Vågor av flyende från det egeiska området bröt in över den syriska kusten och översvämmade det egyptiska deltat. Några, som själva kallade sig för filistéer, bosatte sig i Palestina och gav landet sitt namn. Denna period av kaos sammanföll med den tid då man började använda vapen av järn och kanske också med att hästen började användas för kavallerianfall och inte bara som dragdjur.

De som slog sig ner i de erövrade länderna byggde där byar i form av grupper av familjehyddor som växte till städer. Den speciella grekiska topografin, ett litet land uppdelat i mindre områden genom många bergskedjor med få vägar, resulterade i uppkomsten av ett antal stadsstater. Var och en av dessa var den enda nation som en grek någonsin kände till. De var alla suveräna, med egen kung, egna lagar, gudar och odlingsmark. Inom stadsstaten var samförstånd den styrande principen, utanför stadens murar gällde fiendskap. På detta sätt växte ett hundratal stadsstater upp i själva Grekland, utefter kusten och på de egeiska öarna. De var inåtvända samhällen som var avundsjuka på varandra och ständigt i krig med varandra. Då och då, när städerna blev överbefolkade, drog de iväg och bildade kolonier. Det var bristen på odlingsbar mark mer än önskan att erövra och plundra som gjorde grekerna till den antika historiens främsta kolonisatörer.

År 750 f.Kr. bildades de första grekiska kolonierna i det centrala Medelhavsområdet, där fenicierna redan var väl etablerade. Grekerna bosatte sig gruppvis i tre områden: euboierna på Sicilien och i Italien, achaierna i södra Italien, som kallades ”Storgrekland”, och dorerna på Sicilien, där Syrakusa var viktigast. Andra kolonier anlades på Cypern, i Lydien, södra Gallien och östra Spanien, och snart fanns de även utefter Svarta havets kuster. Denna ovanliga expansion, som varade till mitten av det sjätte århundradet f.Kr., skulle ha gjort Grekland till det första maritima imperiet i världen om grekerna bott i en enad nation under en härskare. Som läget nu var så var deras sammanlagt över etthundra kolonier inget annat än kopior av deras stadsstater vars existens i sin tur var beroende av den militära styrkan.

I stadskungarnas tidigare skeden var krig dem emellan, som det skildrats av Homeros, inte mycket mer än dueller mellan utvalda hjältar. Tapperhet var den främsta dygden och tapperhet och dygd uttrycktes med samma ord. Det är ur denna tapperhet som Europas historia växer fram. Dess symboler var svärdet och spjutet, och inte bågen och pilen som i Asien.

Det är de modigaste och inte de listigaste som blir ledare och det är deras exempel snarare än deras skicklighet som dominerar slaget. Striden är en kamp man mot man snarare än hjärna mot hjärna. Akilles med spjutet är den typiske hjälten, inte Paris med bågen. Psykologiskt har det blanka vapnet ett övertag över det kastade eller slungade vapnet.

Den i Asien och Egypten redan etablerade falangen kom nu till de grekiska stadsstaterna. Sparta var först med att utveckla den. Med falangen kom successivt fotfolkets betydelse att öka och adelns att minska. De senare hade tidigare varit de som stridit för stadsstaten. Framsteg i metallhanteringen och den därmed följande reducerade kostnaden för rustningar hade även sin inverkan. Med rimliga priser på rustningar kunde varje välbärgad medborgare skaffa sig ett komplett skydd i form av metallhjälm, bröstplatta, benskenor och lårskydd, en rund sköld, spjut och ett tungt tveeggat svärd – bågen användes sällan. Denna förändring var både utjämnande och demokratisk till sin natur eftersom den placerade adelsmannen och den vanlige medborgaren i samma ställning i fält. ”Det är betecknande”, skriver Bury, ”att de demokratriska idéerna aldrig fick fäste i Thessalien, där systemet med tungt beväpnade hopliter inte hade introducerats och kavalleriet alltid fick utgöra arméns kärna.”[18] Överallt där det introducerades skedde däremot utvecklingen på ett sätt som framöver kom att bli normalt i historien.

Då folket inte kunde styra sig självt blev det lätt offer för dem som hade förmåga att leda dem. Ofta blev det så att en ledare i en aristokratisk klick ställde sig i spetsen för missnöjda medborgare, och när han sedan med deras hjälp gjort sig av med sina rivaler blev han stadens envåldige härskare. Sådana härskare kallades ”tyranner”, och ”tyranni” var ett ämbete och inte en term för missförhållanden.

År 650 f.Kr. började tyranner uppträda i Grekland och snart blev de så vanliga att de följande etthundrafemtio åren har kallats ”tyrannernas tidsålder”. De florerade i de joniska städerna och på öarna, i Korinth, på Sicilien, i Euboia och Athen, men inte i Sparta där man för att undvika tyranni i stället hade skapat ett tvåkungavälde, med två kungar som kontrollerade varandra. Spartanerna fruktade tyranniernas framväxt och under den senare halvan av det sjätte århundradet f.Kr. grundade de det peloponnesiska förbundet. Det var en lös allians under Spartas ledning mellan de peloponnesiska staterna. Den innebar autonomi och territoriell integritet för förbundets medlemsstater – en sorts Monroedoktrin. Även om medlemsstaterna hade rätt att bekämpa varandra var de alla skyldiga att förena sig mot en icke-medlem som anföll en medlemsstat. Vid slutet av det sjätte århundradet f.Kr. var hela Peloponnesos inkluderat i förbundet, utom Argos och Achaia. Av alla organisationer var detta den mest permanenta i grekisk politik.

När det peloponnesiska förbundet hade bildats inträffade en händelse i Asien som under de följande åren innebar att förbundet blev utomordentligt betydelsefullt. Förspelet till denna händelse var följande:

När Nebukadnessar erövrade Judéen drog Kyaxares, Mediens kung (634–594 f.Kr.), in i landet öster om Halys. Denna erövring innebar att Medien kom i kontakt med Lydien och resulterade i ett krig mellan dessa båda länder. Det blev ett resultatlöst krig som slutade i en fred som beseglades genom giftermålet mellan dottern till Alyattes, Lydiens kung (ca 617–560 f.Kr.), och Astyages, son till Kyaxares.

Alyattes östra gräns var nu säkrad och han beslöt sig för att driva sin västra gräns bort till Egeiska havet. Han gjorde först ett försök att erövra Miletos (Palatia), den viktigaste staden i det joniska förbundet. Ett långt och resultatlöst krig följde, vilket kunde föras till ett framgångsrikt slut först av hans son Kroisos (560–546 f.Kr.), som kuvade alla de joniska och aioliska städerna och tvingade de doriska till underkastelse. Därefter bestämde sig Kroisos för att bygga en flotta för att även ta de egeiska öarna. Det var då som den ovan nämnda händelsen inträffade – hans svåger Astyages (594–549 f.Kr.) störtades plötsligt från sin tron av en skum persisk prins vid namn Kurush, grekernas Kyros.

Kyros var furste i Anshan och Persis, länder som löd under Medien. Omkring 552 f.Kr. gjorde han uppror där mot det mediska styret. Hans soldater var starka och av härdig bondestam. De var skickliga bågskyttar och det verkar dessutom som om han var den förste härförare som disponerade ett effektivt kavalleri. Inom tre år efter det att han påbörjat sitt uppror var hela Medien hans – en framgång som i stor utsträckning berodde på att Astyages soldater bytt sida.

Detta var oroande för Kroisos. Han övergav sitt egeiska projekt eftersom han fruktade att Kyros nästa drag skulle bli att gå över floden Halys. Han ingick i stället en allians med Egypten, Babylonien (Kaldea) och spartanerna för att få kontroll på den nye erövraren. Nära Pteria (närmare plats okänd) gick han över Halys år 547 f.Kr. och utkämpade sedan en oavgjord strid med perserna. Efter detta slag drog han sig tillbaka till sin huvudstad Sardes (Sart), eftersom vintern var i annalkande. Därifrån skickade han sändebud till sina allierade med hemställan att de skulle förbereda sig för en gemensam framstöt mot perserna följande vår.

Kroisos hade knappt hunnit dra sig tillbaka innan Kyros, som var inställd på att göra det mesta möjliga av sin centrala position, ryckte fram över Halys och besegrade den lydiska armén i ett stort slag utanför Sardes. Därefter intog han Sardes och tog Kroisos till fånga. Sedan han givit sin general, Harpagos, i uppgift att krossa de grekiska kuststäderna, vilket denne på grund av städernas oenighet inte hade några svårigheter att göra, slog sig Kyros ner i Lydien, varefter han år 540 f.Kr. marscherade mot öster och besegrade den babyloniska armén under Belsassar vid Opis (nära Ktesifon). Två år senare intog han Babylon, vars fall är poetiskt beskrivet av profeten Daniel i hans femte kapitel.

Babylons kapitulation innebar att Kyros fick kontroll och makt över alla länder från norra Syrien till den egyptiska gränsen. Han gav sin son Kambyses i uppdrag att förbereda en invasion av Egypten och ägnade sig själv åt att organisera alla sina erövringar. Han tog sig därvid titeln ”kung av Babel, Sumer och Akkad och över världens alla fyra hörn”. Han härskade nu över alla de Österns länder – Hyrkanien, Parthien, Baktrien och Sogdiana – som hade ingått i det mediska väldet. Om de fälttåg som följde i dessa länder och bortom dem är inget känt, utom att Kyros i sitt sista fälttåg stred mot massageterna, som var ett skytiskt folk i området kring Aralsjön. Under detta krig blev han år 528 f.Kr. antingen dödad i strid eller dog av någon annan anledning. Hans kropp fördes till Pasargadai (Morghab) där han begravdes.

År 525 invaderade Kambyses (528–522 f.Kr.) Egypten där han vann en så avgörande seger vid Pelusium (vid den östra Nilmynningen) att det egyptiska motståndet i huvudsak bröt samman. Därefter fortsatte han uppför Nilen för att erövra Etiopien. Detta företag fick dock avbrytas på grund av svårigheterna med att underhålla armén. Under tiden hade den grekiska kolonin i Kyrene underkastat sig honom och han utropades till kung av Egypten.

När Kambyses dog år 522 f.Kr. sträckte sig det persiska väldet från den indiska gränsen till Egeiska havet, från Svarta havet till Nubien och från Kaspiska havet till Indiska oceanen. Fyra stora kungariken – Medien,

Babylonien, Lydien och Egypten – hade upphört att existera. Detta var resultatet av trettio års krigande.

Arvinge till denna väldiga och ännu oklara samling av kungadömen var Hystaspes, lydkonung i Parthien. Eftersom han inte gjorde några ansträngningar för att säkra sin ställning greps makten av en tronpretendent som hävdade att han var Kambyses döde broder. Hans regering blev dock kort. Snart efter det att han tagit makten dödades han av Hystaspes son Dareios (521–483 f.Kr.) som därefter övertog regerandet.

De första åren av Dareios regeringstid upptogs av att kväsa de uppror som spritt sig i många av hans länder. Så snart han lyckats med detta började han organisera sitt imperium. Först delade han in sitt rike i tjugo provinsadministrationer, var och en under sin guvernör, som var en verklig statstjänsteman och inte som tidigare enbart skatteindrivare. Därefter organiserade han en stark fenicisk flotta för kontrollen över östra Medelhavet, samt byggde upp ett nätverk av vägar som sammanband provinserna med hans huvudstad Susa. På var fjärde parasang (omkring 22 kilometer) lät han anlägga poststationer och värdshus, vilket möjliggjorde en så snabb postservice att en kunglig budbärare behövde mindre än en vecka för att med hästombyten färdas från Sardes till Susa, en sträcka på omkring 2 500 kilometer. Han lät även återöppna Pelusiumkanalen, som hade funnits på Seti I:s dagar, och utforskade Indiska oceanen.

Dareios organiserade sin armé i divisioner. Varje division bestod av 10 000 man och var uppdelad i tio bataljoner om tio kompanier var, och varje kompani bestod av tio sektioner. Hans kungliga livvakt, som gick under namnet ”De odödliga” (Amrtaka), bestod också av 10 000 man och var helt persisk liksom hans kavalleri. Så gott som alla högre officerare och garnisonschefer var antingen perser eller meder. Hans armé liknade mycket den senare brittiska indiska armén. Breasted kallar Dareios organisation av sitt imperium för ”ett av de mest framstående stordåden i Orientens äldre historia, om inte i hela världens”[19], och Robinson framhåller att ”den kom att stå som modell för alla senare världsherravälden”[20], och alldeles särskilt för det romerska.

När Dareios imperium var säkrat från inre oroligheter blev hans nästa uppgift att säkra det från yttre fiender – vilket innebar att han måste säkra sina gränser. Av dessa låg de två viktigaste i diametralt motsatta riktningar – en i öster och en i väster. För att säkra gränsen i öster flyttade han den bortom Indus genom ett antal fälttåg. Denna stora flod och bergen väster därom kom tillsammans att bilda en mur med vallgrav mot en fientlig invasion. Det andra problemet var mer komplicerat. Med undantag för mellanrummet mellan Kaspiska havet och Hindukush låg den mest svårförsvarade delen av den persiska gränsen utefter Egeiska havets kust och vid Propontis (Marmarasjön). Orsaken till detta var att folken på båda sidor om dessa mindre hav var besläktade och därför benägna att stödja varandra i orostider. Den enda praktiska lösningen på detta problem var att skapa en etnisk gräns genom att driva den västliga gränsen så långt åt väster att den inneslöt alla greker. Det tycks som om det var denna tanke som drev honom till Donau omkring 512 f.Kr.

Han samlade en flotta som troligen bestod av 200 till 300 skepp och en armé på 70 000 man.[21] Han tog sig över Bosporen i närheten av Chalkedon (Kadiköy) och drog sedan vidare med sin armé till Donau, där hans flotta tog sig upp för flodmynningen och med hjälp av skeppen bildade en bro över floden nära Galantz eller Braila. Sedan fortsatte han vidare norr om Donau, troligtvis för att utforska landet och för att imponera på skyterna med sin stora makt. Hur långt han avancerade är inte känt, men skyterna, som förött sitt land, tvingade honom att vända om och när han gjorde det anföll de hans eftertrupp och erövrade hans tross.

Den asiatiska grekiska avdelning som han lämnat kvar för att bevaka båtbron uppmanades av Miltiades, tyrann på thrakiska Chersonesos (Gallipolihalvön), att förstöra båtbron och därigenom avskära Dareios från sin bas. Histiaios, tyrann i Miletos, övertalade dock grekerna att inte göra detta. Chansen var nämligen stor att de joniska städerna skulle revoltera, avsätta sina tyranner och bli demokratier om Dareios råkade ut for en sådan katastrof. Dareios gick tillbaka över båtbron och tog sig till Sardes. Han lämnade kvar sin ställföreträdare, Megabazos, med en stark armé för att ta Thrakien. Det lyckades Megabazos göra hela vägen från Marmarasjön till floden Strymon (Struma). Även om han misslyckades med att erövra Makedonien svor Alexander, landets kung, trohetsed till Dareios.

På detta sätt inleddes den tvåhundraåriga kampen mellan Grekland och Persien. Även om det var en strid mellan två ariska folk är detta den första dokumenterade kampen mellan Europa och Asien – väst och öst – en kamp som skiljer sig från de oräkneliga krigen mellan olika europeiska folk och nationer och som från denna tid till idag har utgjort det viktigaste krigsproblemet för Europa som helhet.

Medan de ovannämnda händelserna inträffade förvånades grekerna av andra, minst lika viktiga händelser. Samma år som Kyros dog i det avlägsna Sogdiana dog också Peisistratos, som var tyrann i Athen, och han efterträddes av sina två söner Hippias och Hipparchos. Den senare mördades år 514 f.Kr. och fyra år senare hade den förre gjort sig så impopulär bland athenarna att de med hjälp av trupper från Spartas kung Kleomenes (ca 540–491 f.Kr.) kunde avsätta honom. Han flydde då till Dareios hov där han sökte stöd. För att betala Sparta för dess stöd tvingades athenarna ansluta sig till det peloponnesiska förbundet och Sparta fick även viss rätt att blanda sig i Athens affärer.

När athenarna hade befriat sig från sina tyranner inrättade de en demokrati under Kleisthenes, en ädling som var vänligt inställd till folket. Snart därefter vände sig dock Isagoras, en annan ädling och samtidigt hans rival, till Kleomenes för att få honom avsatt. Återigen drog Spartas kung in i Athen, men folket vände sig nu mot honom och han och hans lilla armé, och Isagoras, stängdes in på Akropolis och tvingades att kapitulera – en skymf som inte drabbat någon kung av Sparta tidigare.

Åter vid makten började Kleisthenes reformera den athenska staten. En av de första lagar han införde var den om ostracism. Med stöd av denna lag kunde vilken framstående medborgare som helst som efter en allmän omröstning bedömdes som farlig för staten landsförvisas på tio år. Därefter organiserade Kleisthenes om armén och lät den byggas upp kring de tio konstruerade athenska stammar som han hade skapat. Varje sådan stam ålades att sätta upp en *taxis* eller ett regemente av hopliter och en skvadron kavalleri. Varje *taxis* stod under befäl av en *strategos* (senare en *taxiarchos*) eller general och helheten stod under en titulär överbefälhavare – *polemarchos*.

Eftersom Kleisthenes fruktade att Kleomenes åter skulle försöka invadera Attika för att tvätta bort sin skymf efter kapitulationen vände han sig till Dareios för hjälp. När Kleomenes första koalition mot Athen sedan bröt samman ändrade han sig. Ett eller två år senare bildade Kleomenes en ny koalition för att krossa Attika, men återigen kom gräl mellan hans koalitionsbröder att omintetgöra hans plan. Då han förstod att det var lika utsiktslöst att nå framgång om han var beroende av allierad hjälp som det var att försöka utsträcka Spartas hegemoni till Grekland norr om det korintiska näset så länge som han inte behärskade hela Peloponnesos, bestämde han att hans första åtgärd måste bli att krossa Argos. Argos var den mäktigaste peloponnesiska stat som ännu ej ingick i förbundet. Omkring år 494 f.Kr. invaderade han därför Argos och vid Sepeia (nära Tirynshöjden) besegrade han argivernas armé. Trots att Argos nu låg öppet för anfall efter denna avgörande seger avstod han från att inta staden, troligtvis därför att det i grekernas ögon skulle ha gett en menlig moralisk inverkan på Spartas överlägsenhet att förstöra Argos. Effekterna av segern var dock omedelbara, oppositionen mot Sparta inom det peloponnesiska förbundet upphörde och snart därefter uppgav Athen sitt politiska ledarskap i den grekiska världen till Sparta.

Fem år före denna betydelsefulla seger började en konflikt som kom att få större betydelse för Europas historia än något annat antikt krig. Det var den joniska revolten. Den inleddes på följande sätt:

År 499 f.Kr. styrdes Miletos av Dareios svärson Aristagoras. Han hade som mål att få in Kykladerna under sitt styre. Eftersom han inte disponerade en tillräckligt stark flotta vände han sig till Artafernes, som var satrap (provinsguvernör) i Sardes och bror till Dareios, för att få hjälp. Artafernes fick kungens tillstånd och sände honom sina 200 skepp under befäl av Megabates. Ganska snart efter deras ankomst kom Megabates och Aristagoras i gräl, och den förre valde då, för att få fördel över den senare, att varna invånarna på Naxos om den annalkande faran. Det resulterade i att hela företaget misslyckades. Aristagoras som nu fruktade att falla i onåd och som visste att de joniska städerna gärna ville göra sig av med sina tyranner, beslöt sig för att åter pröva sin lycka genom att driva fram en allmän revolt.

Han begav sig först till Grekland för att försöka få hjälp från Sparta, men då spartanerna vägrade drog han vidare till Athen och Eretria (Aletria) och lyckades få tjugo skepp från den första staden och fem från den andra. Om deras hjälp hade varit mer frikostig kunde revolten kanske ha blivit framgångsrik och historiens hela förlopp hade kunnat bli annorlunda.

Med dessa ynkliga förstärkningar, som skulle få häpnadsväckande följder, återvände Aristagoras på våren 498 f.Kr. till Miletos och marscherade sedan mot Sardes, som han ockuperade. Kastellet lyckades han dock ej betvinga. Denna framgång blev kortvarig för snart därefter besegrades han av en persisk armé i närheten av Efesos och de athenska och eretrianska förstärkningarna valde då att återvända hem.

Erövringen av Sardes följdes av ett allmänt uppror i städerna, ett uppror som snabbt spred sig söderöver till Karien och Cypern och norröver till

Propontis. Stad efter stad gjorde sig fri från det persiska oket. Senare blev de, den ena efter den andra, återtagna och underkuvade. Aristagoras tappade modet och flydde till Thrakien där han fann sin död.

Den viktigaste tilldragelsen under detta krig var belägringen av Miletos, som var centrum för upprorsrörelsen. Perserna inneslöt staden på dess landsida och blockerade den med 600 skepp. Grekerna som hade 353 skepp gav sig ut för att bryta blockaden men blev totalt besegrade utanför ön Lade. Denna katastrof beseglade Miletos öde och med det hela revolten.

Omedelbart efter denna katastrof trängde den feniciska flottan in i Hellesponten och återtog alla städer på Thrakiens kust så långt norrut som till Byzantion (Konstantinopel). Miltiades, som var tyrann i Chersonesos, flydde då från Kardia till Athen, där hans ankomst påskyndade en politisk kris. Athenare av födseln och av hela sin själ fientligt inställd till perserna och peisistratiderna – som hade dödat hans far Kimon – var han just den man som den aristokratiska antipersiska oppositionen behövde för att leda dem mot demokraterna under Kleisthenes, som, vilket vi har sett, var en av de första att kapitulera. Resultatet blev att Miltiades valdes till ledare för sin stam.

När Hellesponten nu åter var i persiska händer blev Dareios uppmanad av Hippias, den landsförvisade athenske tyrannen som fortfarande befann sig vid det persiska hovet, att vända sig mot Athen och återinstallera honom där. Hans vädjan mottogs positivt eftersom den joniska revolten nu hade brutit samman och det var då åter angeläget för Dareios att säkra sin etniska västliga gräns. I Hippias såg han dessutom ett lämpligt verktyg som skulle kunna hjälpa honom att åstadkomma detta. Han bestämde därför att han så snart han hade omorganiserat det asiatiska Grekland skulle återta Thrakien och Makedonien som han förlorat under revolten samt återinsätta Hippias som tyrann och sin vasall. Därefter skulle han kunna ta Sparta och resten av Grekland bit för bit. Hans mål var sedan att ockupera Athen och när det var gjort skulle Sparta vara isolerat.

År 492 f.Kr. gav han sin svärson, Mardonios, i uppdrag att tåga med en armé till Thrakien. Han intog Thrakien och tvingade Alexander, som var Makedoniens kung, att ännu en gång underkasta sig Persien. Han var beredd att marschera in i Grekland när huvuddelen av hans flotta gick under i en storm utanför det heliga berget Athos. Han tvingades då att återvända till Asien. Detta bakslag påverkade på intet sätt Dareios beslut utan han gav genast order om ett nytt företag som denna gång skulle gå tvärs över Egeiska havet och inte gå landvägen. Eftersom Mardonios hade blivit sårad överlämnade han befälet över företaget till Artafernes, son till satrapen i Sardes, och till Datis som var en medisk amiral. Hur starkt detta företag var är inte känt, kanske 25 000 man infanteri och 1000 kavalleri.[22] Eftersom hela företaget förflyttades till sjöss kan det knappast ha varit mycket större.

Vad hade perserna för plan för detta fälttåg? I det avseendet får vi förlita oss på förmodanden, som får grundas på vad som hände och inte på vad som var avsett att hända. Den skildring som lämnats av Herodotos innehåller inte någon tydlig strategisk plan. Om vi följer Munros spekulationer[23], som till dels är accepterade av Grundy[24], så skedde följande, vilket på intet sätt motsäger det Herodotos sagt:

Dareios hade genom Hippias fått reda på att alkmaioniderna[25] i Athen var starkt emot Miltiades och att de var beredda att stödja Dareios. De var vidare beredda att samarbeta med perserna för att därigenom få förlåtelse för den roll athenarna spelat under den joniska revolten. Det fanns med andra ord i Athen vad vi idag skulle kalla en kraftig "femte kolonn" som höll på Persien. Om den athenska armén kunde luras bort från Athen och en persisk styrka samtidigt kunde landsättas vid Faleron för att understödja alkmaioniderna skulle Athen kunna intas genom revolt i stället för genom ett fältslag. Dock måste två huvudproblem få sin lösning genom persernas plan. Det första var hur de skulle kunna förstärka moralen hos de athenska konspiratörerna och det andra hur de skulle kunna lura bort den athenska armén från Athen.

Lösningen till det första problemet försökte de åstadkomma genom att först betvinga Eretria – som knappast kunde förväntas göra något mer omfattande motstånd. Dess betvingande skulle sedan skrämma athenarna och driva dem i konspiratörernas armar. Det andra problemet avsåg de lösa genom att landsätta en armé i Marathonbukten – 40 kilometer nordöst om Athen. Genom att hota att marschera vidare mot Athen skulle de dra athenarnas armé ut ur staden.

I slutet av augusti eller början av september 490 f.Kr. var allt klart för att sätta denna listiga plan i verket. De persiska transportfartygen seglade under eskort av flottan från Samos till Naxos och efter att ha opererat i Kykladerna nådde den Karystos (Karysto) på sydkusten av Euboia (Negroponte). Därifrån seglade flottan genom Euboiakanalen till Eretria varvid persernas avsikter också uppenbarades för grekerna. Då eretrianerna var fast beslutna att göra motstånd sände de ett brådskande budskap till Athen om hjälp. Athenarna var beredda att lämna hjälp men också medvetna om att de inte ensamma skulle vara tillräckligt starka. De sände en kurir, Feidippides, till Sparta med vädjan om hjälp, och troligtvis även en annan kurir till Plataiai. Feidippides tog sig till Sparta – 240 kilometer – på fyrtioåtta timmar. Han kom dit den 9 september. Eftersom Athen var medlem av förbundet lovade Sparta genast att ställa upp med hjälp, men de framhöll samtidigt att Karneiafestligheterna gjorde det omöjligt för dem att gå i krig före fullmånen natten mellan den 19 och 20 september. Först därefter kunde de ge sig iväg.

Artafernes inledde med delar av den persiska armén en belägring av Eretria, och Datis gick genom Euripossundet med resten av armén som landsteg i Marathonbukten. Samtidigt marscherade athenarnas armé, 9 000 till 10 000 man stark, norrut från Athen under befäl av Kallimachos, polemarken, som åtföljdes av sina tio stamgeneraler, bland dem Miltiades. De hade inte nått långt när de nåddes av budet att perserna hade landstigit i Marathonbukten (Marathona). Kallimachos svängde då åt höger och gick in i Avlonadalen där han slog läger med armén vid Herakles helgedom. Där anslöt 1 000 man från Plataiai.

När athenarna anlände till Herakleshelgedomen – något norr om Vrana – låg sannolikt den persiska flottan för ankar på västra sidan av Kynosuraudden. Armén[26] som redan var iland hade slagit läger i skydd av det stora träsk som flankerade denna kustdel. Söder om träsket låg Marathonslätten, som delades i två delar av den lilla floden Charadra[27], och söder om slätten fanns ytterligare en våtmark som kallades lilla träsket, mellan kusten och foten av Agrielikiberget.

Den ställning som athenarna intagit var så gott som omöjlig att anfalla. Det måste vidare ha stått klart för dem att perserna inte hade för avsikt att ta sig landvägen till Athen eftersom de inte hade tagit de pass i besittning som ledde från slätten mot Athen – nämligen vägen via det lilla träsket och Charadra- och Avlonadalgångarna. Den enda risk de löpte om de inte anföll perserna var att Athen var öppet för förräderi eftersom staden var oförsvarad. Annars hade de all anledning att vänta med sitt anfall till efter nästa fullmåne, då spartanerna skulle anlända. Situationen var nu den att de två arméerna utan att strida stod mitt emot varandra under åtta dagar,

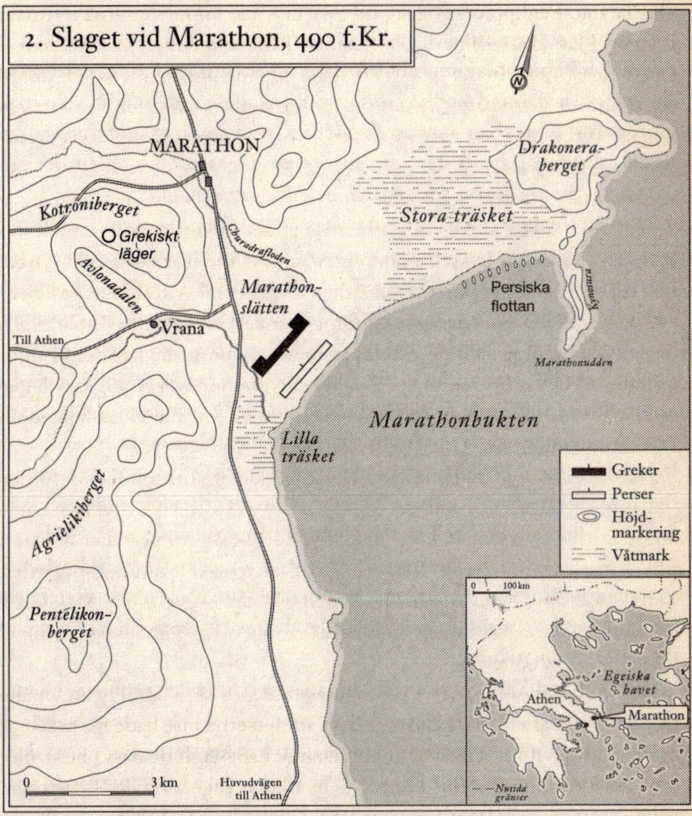

2. Slaget vid Marathon, 490 f.Kr.

och inte förrän under den nionde dagen, när det blev känt för athenarna att Eretria hade fallit genom förräderi, stod det klart för Kallimachos och hans generaler att de måste komma till ett beslut. Anledningen var att Artafernes nu kunde röra sig fritt, och om han gjorde det under skydd av Datis bindande operation skulle han via sjövägen kunna ta sig runt till Athen. Ett krigsråd sammankallades under vilket Miltiades argumenterade för ett omedelbart anfall. Eftersom fem generaler var emot hans förslag och fyra höll med honom, vände han sig till Kallimachos, som gav honom sin röst, och därmed var frågan löst – de skulle gå till anfall. Men inget gjordes förrän det blev känt att Artafernes lät embarkera sina trupper, och det slumpade sig så att den informationen sammanföll med att det blev Miltiades tur att överta det taktiska befälet över armén.[28]

Det var troligen den 21 september som Miltiades, som var dagens general, formerade den athenska armén för strid. Det verkar som om han marscherade med sina 10 000 till 11 000 man i två parallella kolonner, vardera cirka 800 meter lång. När de kom ner på Marathonslätten svängde han dem utåt och bildade linje. När perserna såg detta grupperade de omedelbart sin armé mellan Charandras högra strand och det lilla träsket så att deras front löpte parallellt med stranden. Utrymmet mellan de två arméerna uppges ha varit mindre än åtta stadier, eller omkring en och en halv kilometer.[29] För att förhindra att den persiska fronten sköt ut över den grekiska tunnade Kallimachos eller Miltiades därefter ut den grekiska centern till möjligen fyra led, men bibehöll åtta på flankerna.[30] Grekernas högra flygel – den förnämsta platsen – stod under befäl av Kallimachos. Plataiaierna fanns på den vänstra flygeln och Miltiades befann sig troligen i ledningen för sitt stamregemente. Bland de närvarande fanns Aischylos, den store dramatikern.

Taktiskt stod Kallimachos och Miltiades inför ett svårt problem. Huvuddelen av det persiska infanteriet bestod nämligen av bågskyttar. När de väl kommit in på närstridsavstånd kunde de två generalerna lita på att deras bepansrade hopliter skulle kunna bryta den persiska fronten, men så snart de kommit inom bågskyttarnas skottvidd måste framryckningen gå mycket snabbt. När de väl kommit in i denna farliga zon – det vill säga från cirka 200 meter framför de persiska bågskyttarna – måste anfallet ske i högsta möjliga fart. Att bibehålla formeringen i en sextonhundra meter lång falang i sådan fart var omöjligt, risken för oordning var därför stor.

Så snart stridsformeringen intagits och förlusterna bedömts bli acceptabla inleddes framryckningen i långsamt tempo för att sedan, så snart de kommit inom skottvidd för bågskyttarna, övergå i språngmarsch. Även om det som nu hände får grundas på gissningar går det ändå att skapa sig en bild av det fortsatta förloppet. Under en framryckning med ett förband grupperat i en lång linje mot en fientlig frontal eldgivning är det normalt att flyglarna avancerar fortare än centern. Så skedde troligtvis också här med resultat att den grekiska fronten fick en konkav böjning. Eftersom centern förmodligen var fyra led djup, och flyglarna grupperade i åtta led, började det bli luckor i den förra, vilka perserna kunde utnyttja för att bryta igenom och samtidigt driva centern tillbaka. Genom den grekiska reträtten i centern drogs de grekiska flyglarna inåt, och förutom att få den persiska fronten att böja sig i en konvex båge reducerade den därigenom frontens ursprungliga längd. Denna förkortning ledde automatiskt till en fortsatt böjning inåt av de grekiska flyglarna mot den persiska linjens flanker. Resultatet blev en dubbel omfattning, mycket lik den som tre hundra år senare avsiktligt åstadkoms av Hannibal vid Cannae. Slaget slutade när hela persiska armén, som nu var hopträngd och i oreda, i panik och förföljda av grekerna kämpade sig tillbaka till sina skepp. Striden fortsatte sedan på stranden men Datis lyckades undkomma med en förlust av sju skepp och 6 400 man.[31]

Det har berättats att endast 192 athenare stupade. De inkluderade den tappre polemarken Kallimachos, en annan general och Aischylos bror, Kynaigeiros. Plataiaiernas förluster har inte angivits. De döda begravdes under en gravhög som fortfarande utmärker slagfältet.

När Datis i oordning embarkerade resterna av sin armé måste Artafernes ha befunnit sig till sjöss och hans tät kan mycket väl ha passerat Kynosuras udde. I detta ögonblick sände någon en solkattssignal med hjälp av en sköld på berget Pentelikon.[32] Vem som höll skölden och signalens innebörd är okänt, men senare dagars tolkning är att det var en inbjudan till perserna att segla direkt till Athen och understödja konspiratörerna.[33]

För grekerna var nu varje minut dyrbar. Så snart Datis gått till sjöss marscherade de till Athen. De kom dit i tid för att förhindra Artafernes från att få fotfäste vid Faleron. Artafernes förstod att han missat sin chans, gick åter till sjöss och satte kurs mot Asien. Samma eftermiddag kom spartanernas förtrupp till Attika. De fick då reda på att slaget redan var utkämpat och vunnet. De fortsatte till Marathon för att själva se de döda perserna.

Marathon var ett märkligt slag, både vad avser persernas strategi, som var beundransvärd, och vad avser grekernas taktik, som inte var mindre beundransvärd. Även om slaget spolierade Dareios straffexpedition var det inte på något sätt en avgörande seger. Det utgjorde inte slutpunkt för striden mellan greker och perser om herraväldet, snarare kom det att bereda vägen för den konflikt som skulle bli slutpunkten. ”Det var”, skriver Munro, ”en strålande prolog till ett stort drama.”[34] För första gången i sin historia hade grekerna besegrat perserna på det område där de var som allra bäst – i markstrid. Marathon kom att skänka segraren en tro på och en tillit till sitt eget öde som skulle komma att vara under tre århundraden – en tidsperiod under vilken den västliga kulturen växte fram. Med Marathon föddes Europa.

Slagen vid Salamis 480 f.Kr. och Plataiai 479 f.Kr.

”I Athen fanns vid denna tid en man”, skriver Herodotos, ”som nyligen börjat att få anseende som en av de yppersta i staden. Hans namn var Themistokles, med tillnamnet Neokles son.”[1] Han var klarsyntare än de flesta av sina samtida och han förstod att Marathon inte var något annat än inledningen till ett krig mot Persien, och inte dess slut som många trodde. Han förstod också att Athens öde skulle vara beseglat om inte staden byggde en tillräckligt stark flotta för att kunna vinna herraväldet över Egeiska havet.

När stora män agerar, och Themistokles är en av de allra största, händer det ofta att skeendet spelar dem i händerna. Så skedde vid detta tillfälle. För det första kom ett krig mellan Athen och Egina att tydligt visa på behovet av en stark athensk flotta. Dareios, som var mer inriktad på att fullfölja kriget mot Grekland än någonsin tidigare, hindrades för det andra från detta genom en revolt i Egypten. För det tredje upptäcktes en rik silverfyndighet vid Maroneia i gruvdistriktet vid Laurion, och även om det först kom förslag om att silvertackorna skulle delas mellan medborgarna i Athen lyckades Themistokles ändå övertala folkförsamlingen att i stället spendera dem på att bygga ett hundra triremer. Och slutligen: innan Dareios lyckades omintetgöra revolten i Egypten dog han och efterträddes av sin son Xerxes (485–465 f.Kr.). Det innebar ytterligare andrum för Grekland. Xerxes behövde inte bara tid för att slutföra kampen mot revoltörerna utan måste också få tid för att ta ett säkert grepp om tronen och makten.

Så snart som ordningen återställts i Egypten, vilket var genomfört år 484 f.Kr., började Xerxes förberedelser för den nu mycket försenade invasionen av Grekland. Trots Herodotos alla överdrifter visade det sig att de fyra år som utnyttjats för dessa förberedelser resulterat i en fruktansvärd styrka. Varje satrap avkrävdes att leverera sin kvot av stridsberedda soldater. "Ty fanns det något folk", skriver Herodotos, "som Xerxes inte förde från Asien mot Hellas?"[2] Sir Frederick Maurice bedömer styrkan av detta uppbåd till 150 500 man[3] och Munro till 180 000 stridande[4], vilket är låga siffror jämfört med Herodotos 2 641 610. Vilket antalet än var, så var det alldeles för stort för en sjötransport. Därför fick landvägen utnyttjas, och denna gång tog de sig till Europa via Hellesponten och inte via Bosporen. För att undvika en sådan katastrof som den som Mardonios råkat ut för år 492 f.Kr. gav Xerxes order om att en kanal skulle grävas genom det smala näs som förbinder Athosberget med fastlandet vid Chalkidike. Han gav även order om att en bro skulle byggas över floden Strymon, samt att förrådsdepåer skulle läggas upp utefter den kustväg som armén skulle utnyttja.

Att ta sig över Hellesponten mellan Abydos och Sestos var ett enormt företag för sin tid. Även idag skulle det ha varit mycket svårt. Det första försöket misslyckades, men det andra, som leddes av den grekiske ingenjören Harpalos, blev framgångsrikt. Två båtbroar bildades av triremer och pentekonter (galärer med femtio åror) som sammanbands med sex långa kablar, två av lin och fyra av papyrus. Över galärerna lades sedan en träbro. Totalt utnyttjades 314 skepp för den västra bron och 360 för den östra.

Med vinterns ankomst år 481 f.Kr. avslutades förberedelserna. Xerxes förlade sitt högkvarter till Sardes och sände bud till alla grekiska stater, utom Athen och Sparta, med krav om jord och vatten – symbolerna för underkastelse. När våren kom började de sin marsch. De drog först mot Abydos, dit, enligt Herodotos, 1 200 örlogsskepp och 3 000 transportfartyg redan var förlagda. I Abydos inspekterade Xerxes sin armé. Därefter tog den sig över till Sestos, marscherade vidare upp utefter Chersonesoshalvön (Gallipolihalvön) i Thrakien, rundade Melasbukten och nådde sedan Doriskos, där den förenade sig med flottan som senare passerade genom kanalen norr om Athosberget. Xerxes inspekterade flottan och drog sedan vidare till Therme (Thessaloniki) där armén vilade medan kungen fortsatte med skepp för att rekognoscera Tempepasset, som ligger mellan Olympos- och Ossabergen.

Innan de därpå följande händelserna beskrivs bör vi i korthet betrakta hur grekerna förde krig vid denna tid, och för att göra det mer fullständigt bör också utvecklingen fram till slutet av det femte århundradet innefattas.

Vid denna tid hade falangorganisationen nått sin höjdpunkt i Sparta, där enligt lag dess medborgarsoldater var skyldiga att "segra eller dö". För en sådan soldat var kriget en fest och slaget en tävlan i mod. Varje spartansk soldat åtföljdes av en sköldbärare, eftersom hans utrustning vägde omkring trettiofem kilo. Vid slaget vid Plataiai år 479 f.Kr. hade hopliten sju heloter (slavar) i leden bakom sig, vilket gav falangen ett djup av åtta. Dessa män slog ihjäl sårade fiender och skötte om sina herrar om de blev skadade. För att kunna hålla stridslinjen höll hopliterna takten med hjälp av flöjtspelare.

I dessa ceremoniella slag var taktiken begränsad till stötar med pikar och förblev så tills lättare utrustade soldater tillfördes falangen. Hade det inte varit för det religiösa inflytandet med tonvikt på tapperhet hade sådana säkert införts redan från början. Med undantag för de nordliga halvgrekiska stammarna föraktades fortfarande de lätta soldaterna så sent som under peloponnesiska kriget (431–404 f.Kr.). År 426 f.Kr. blev dock athenarna under Demosthenes totalt besegrade av spjutbärande män från Aitolien som vägrade gå i närstrid och som valde att i stället bekämpa falangen på avstånd. Omständigheterna framtvingade denna förändring, och i början av det fjärde århundradet f.Kr. satte den athenske generalen Ifikrates upp ett förband som helt bestod av lätt infanteri. Soldaterna kallades peltaster och var utbildade för snabba förflyttningar. De var klädda i jackor som var vadderade eller av läder och de bar sköldar, spjut och svärd. År 390 f.Kr. visade Ifikrates deras effekt genom att nedgöra en spartansk *mora* (bataljon).

Det är egendomligt att det dröjde så länge för intelligenta människor som athenarna att skapa ett så nödvändigt vapenslag som detta. De hade nämligen under längre tid haft ett mycket effektivt förband med marina bågskyttar, som rekryterats från den näst högsta samhällsklassen, de som inte var tillräckligt förmögna för att kunna hålla en häst. Under peloponnesiska kriget utnyttjades dessa bågskyttar så framgångsrikt i sjöräder mot Sparta att spartanerna, enligt Thukydides, tog det ovanliga steget att ställa upp fyra hundra hästar och ett förband bågskyttar för att möta dem.

Vid tiden för den persiska invasionen var de enda riktiga grekiska kavalleristerna de som fanns i Thessalien. De spelade dock ingen roll i försvaret av Grekland eftersom det persiska kavalleriet vida överträffade dem. Trots landets bergiga karaktär är det förvånansvärt att grekerna låg så långt efter inom detta vapenslag. Tjugo år tidigare, år 511 f.Kr., hade nämligen spartanerna fått uppleva kavalleriets värde på egen bekostnad då de besegrades av thessaliska ryttare inte långt från Athen. Enligt Delbrück bestämdes de persiska krigens hela förlopp av grekernas fruktan för de persiska ryttarna.

Det är värt att i denna korta redogörelse för grekisk krigföring påpeka att varje förändring i vapenutrustningen alltid var framtvingad. Under hela denna period var det nämligen främst tapperhet som uppskattades medan idérikedom inte var något man tog vara på. Det var endast under belägringar som fantasin fick spela fritt. Vid belägringen av Plataiai år 429 f.Kr. tycks plataiaierna ha använt sig av brinnande pilar för att sätta eld på belägrarnas kastmaskiner. Vid belägringen av Delion gjordes ett anfall med hjälp av brinnande svavel och beck och år 413 f.Kr. verkar det som om Syrakusaborna försvarade sina murar med hjälp av en brinnande vätska.

Långt innan Xerxes kom till Therme hade många grekiska städer sänt delegater till den panhellenska kongressen för att diskutera hans framryckning. De möttes på det korintiska näset under Spartas ordförandeskap. Flera stater deltog inte, de viktigaste var Thessalien samt de flesta städerna i Boiotien.

Den försvarsmetod som diskuterades styrdes först och främst av det faktum att Peloponnesos av dess stater sågs som ”det grekiska oberoendets citadell” och försvaret av det korintiska näset var därför en absolut nödvändighet för dem. Nästa förhållande de hade att beakta var att om försvaret enbart koncentrerades till näset innebar det att hela norra och centrala Grekland måste överges, och när dessa områden väl ockuperats av fienden kunde näsets försvar kringås till sjöss. För att undvika denna risk var det därför nödvändigt att hejda fienden så långt norr om näset som möjligt. På grund av sin numeriska underlägsenhet kunde armén endast hoppas på att göra detta i trånga pass och flottan i farvattensförträngningar. Förutom vid själva näset var det endast dalen vid Tempe och passet vid Thermopyle som erbjöd sådana möjligheter för armén, och förutom sundet vid Salamis erbjöd Euripossundet vid Euboia motsvarande goda förhållanden för flottan. Eftersom det sistnämnda sundet flankerade alla tänkbara landstigningsplatser på den grekiska östkusten mellan Tempe och Thermopyle, kunde en flotta som opererade där samverka med en armé som antingen höll Tempe eller Thermopyle. En armé där behövde inte vara stor, endast tillräckligt stark för att fördröja den persiska framryckningen så länge att perserna förleddes att kringgå den ställning som hölls av deras flotta och därigenom framtvinga en sjöstrid i Euripossundet, där deras numeriska överlägsenhet skulle vara mindre betydelsefull. Om perserna led ett avgörande nederlag i dessa farvatten skulle näset vara säkrat för en kringgående attack från sjösidan.

När den ovan redovisade strategin diskuterades och Xerxes fortfarande befann sig vid Abydos, vände sig thessalierna till den grekiska kongressen med en vädjan om att dalen vid Tempe skulle spärras. Det resulterade i att en grekisk flotta med 10 000 hopliter organiserade i två divisioner sändes genom Euripossundet till Halos. Den ena divisionen var spartansk och stod under befäl av Euainetos och den andra var athensk under Themistokles. Från Halos marscherade Euainetos, som var högste chef, till Tempe. Då han där konstaterade att det inte fanns ett utan många pass och att han inte hade tillräckligt med män för att hålla alla beslöt han sig för att återvända till näset. Denna reträtt, som gjordes alldeles innan striderna skulle inledas, kom att göra de nordliga grekerna mycket modfällda, och den kom även att styrka uppfattningen hos dem i kongressen som ansåg att försvaret skulle begränsas till det korintiska näset.

Situationen komplicerades vidare av att oraklet i Delfi, som blivit påverkat av omfattningen av de persiska förberedelserna – som Xerxes på intet sätt försökte dölja – spådde svåra motgångar för den grekiska saken: ”Varför sitta ni här? Fly bort till världarnas ände, lämna ert hem och er stad med dess ringmurs resliga tinnar.”[5]

Detta råd gavs endast till athenarna, tydligen därför att oraklet trodde att Athen var straffexpeditionens enda mål och om Athen straffades skulle de andra stadsstaterna klara sig om de inte understödde Athen.

Athenarna blev så nedslagna av denna dystra profetia att de vände sig till oraklet ännu en gång[6] och fick då ett nytt uttalande, som slutade med dessa välkända rader:

> ett blott – muren av trä – ger dundraren Zeus åt Atene,
> oförstört det förblir, till gagn för dig själv och ditt släkte.
> Bida dock icke i lugn, när fiendens hästar och fotfolk
> översvämma ditt land. Det är bättre att vika tillbaka.
> En gång kommer den stund, då du möter dem öga mot öga.
> O du gudomliga Salamis, vet, att när sådden har börjat
> eller när skörden blir bärgad, skall kvinnornas barn du förgöra.[7]

Har dessa ord någonsin yttrats? Om så är fallet förefaller det som om oraklet ganska noga hade vägt de olika möjligheterna och kommit fram till att ett avgörande skulle komma att ske till sjöss och inte på land. Det må vara hur det vill med det, men snart efter det att Euainetos återvänt vände sig kongressen till den starkaste makten i den grekiska världen för hjälp: till Gelon, tyrann i Syrakusa, vars flotta var lika stark som athenarnas.

Enligt Herodotos hade Gelon gärna hjälpt Athen, men han kunde inte göra det eftersom han samtidigt hotades av en stor karthagisk invasion av Sicilien.

Detta ger anledning till en intressant fråga: Ingick invasionerna från Persien och Karthago i en kombinerad operation, som syftade till att inte bara störta Grekland utan hela den grekiska världen?

Diodoros skrev att Xerxes ”som önskade driva alla greker från deras hem, sände en delegation till karthagerna och uppmanade dem att understödja honom i detta företag. Han träffade ett avtal med dem, med innebörden att han skulle gå i krig mot de greker som bodde i Grekland medan karthagerna vid samma tid skulle samla stora styrkor och krossa de greker som bodde i Sicilien och Italien”.[8] Grundy finner detta sannolikt för det första eftersom fenicierna var både persiska undersåtar och förenade i blodsband med karthagerna och för det andra eftersom de båda invasionerna så tydligt skulle stödja varandra.

Fiaskot vid Tempe tillsammans med misslyckandet med att få Gelons stöd tvingade den grekiska kongressen att besluta sig för en av två handlingsvägar: antingen en sjöstrid i Euboiakanalen, vilken dock förutsatte att ställningen vid Thermopyle kunde hållas, eller att hålla stånd vid näset och avvakta en sjöstrid vid Salamis. Spartanerna argumenterade för det senare alternativet och athenarna för det första. Till slut fick dock spartanerna ge med sig. Om Attika övergavs skulle nämligen athenarna bli benägna att kapitulera snarare än att se sitt land förött, och om de gjorde det skulle deras flotta övertas av perserna, och utan den skulle näset förlora sitt värde för försvaret av Peloponnesos.

Därför sände kongressen den allierade flottan till Artemision (Potaki?) på Euboias nordvästkust och armén under Leonidas, som var agiadernas kung i Sparta, till Thermopyle. Armén bestod av 7 000 till 8 000 hopliter samt lätt beväpnade soldater och inkluderade även den kungliga livvakten som bestod av 300 spartaner. Flottan bestod av 324 triremer och nio pentekonter. Den athenska delen bestod av 180 skepp under befäl av Themistokles och trots att den spartanska delen, under befäl av Eurybiades, endast bestod av tio skepp fick han befäl över den samlade flottan eftersom han representerade den ledande medlemmen i förbundet.

Även om den stora disproportionen mellan sjö- och markstridskrafter visar att strategin i stort var inriktad mot ett sjöslag, var ställningen vid Thermopyle lika viktig. Om grekerna kunde hejda den persiska armén där skulle de tvinga den persiska flottan till strid. Svagheten i den grekiska planen var, som vi ska se, att Leonidas – liksom Euainetos före honom – inte hade tillräckligt med soldater för att lösa sin uppgift. Detta var en följd av att spartanerna insisterade på att garnisonen vid näset inte fick bli för svag.

Den persiska planen innebar att armén och flottans huvuddel skulle anlända samtidigt till Thermopyle och det norra inloppet till Euboiakanalen, samt att flottan skulle anfalla den grekiska flottan. Samtidigt skulle ett feniciskt förband om 200 skepp segla runt Euboias östra och södra kust och spärra det södra inloppet till kanalen. Därigenom skulle den grekiska flottan bli inringad.

På det tolfte dygnet efter det att den persiska armén börjat sin marsch från Therma gick den persiska flottan och det feniciska fartygsförbandet till sjöss. Eurybiades fick underrättelser om fartygsförbandets rörelser och sände 53 attiska skepp till Chalkis för att kunna hålla den smalaste delen av kanalen. Medan flottan seglade utefter den Magnesiska halvöns östkust och innan den nådde till redden vid Afetai drabbades den av en sydöstlig storm – *hellespontias* – då, enligt Herodotos, minst 400 krigsskepp förstördes. Förrådsfartygen som gick under var det ”inte möjligt att räkna”.[9]

Eurybiades kallade till krigsråd för att diskutera katastrofen. Under detta var – enligt Diodoros – alla befälhavarna utom Themistokles för en defensiv. Han lyckades ändå övertala dem att agera offensivt. Hans argument var att den part alltid hade en fördel som i god ordning gjorde det första anfallet mot en fiende i oordning.[10] En envis och resultatslös diskussion följde och dagen därpå mottogs i Artemision nyheten från Chalkis att det feniciska fartygsförbandet hade drabbats av stormen och till sin huvuddel gått under, samt att de 53 attiska skeppen återvände. De var troligtvis tillbaka i Artemision på kvällen för slaget.

Dagen därpå var det den persiska flottan som gick till offensiv. Grekerna grupperade sina skepp i en halvmåne med uddarna riktade mot land för

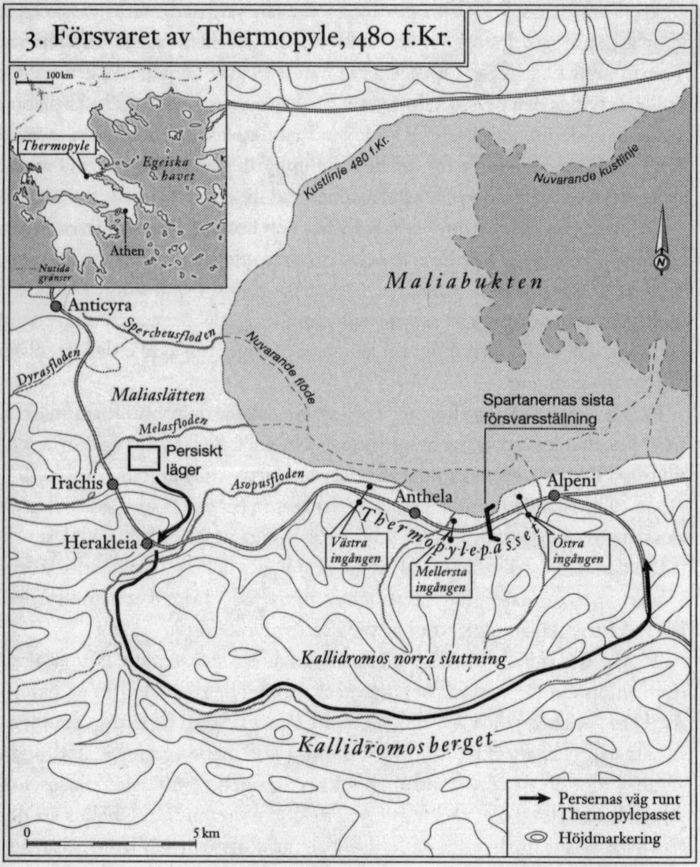

3. Försvaret av Thermopyle, 480 f.Kr.
0
100 km
Thermopyle
Egeiska havet
Athen
Nutida gränser
Kustlinje 480 f.Kr.
Nuvarande kustlinje
Maliabukten
Anticyra
Spercheusfloden
Nuvarande flöde
Dyrasfloden
Maliaslätten
Melasfloden
Spartanernas sista försvarsställning
Persiskt läger
Asopusfloden
Trachis
Alpeni
Anthela
Thermopylepasset
Herakleia
Västra ingången
Mellersta ingången
Östra ingången
Kallidromos norra sluttning
Kallidromos berget
Persernas väg runt Thermopylepasset
Höjdmarkering
0
5 km

att förhindra att deras flanker skulle kunna kringgås, och på en signal anfölls de framryckande perserna. Slaget övergick snart i närstrid och handgemäng, men det kom inte heller denna gång till något avgörande. De grekiska amiralerna samlades till rådslag efter slaget för att överväga reträtt. Medan de diskuterade anlände en triakonter (galär med trettio åror) från Thermopyle med den olycksbådande nyheten att grekerna hade förlorat passet, att Leonidas hade stupat och att perserna befann sig på marsch mot Athen.[11] Det fanns då inget annat alternativ än att slå till reträtt och i skydd av mörkret seglade grekerna söderut mot Salamis.

Före en redogörelse för de händelser som ledde fram till denna katastrof är det nödvändigt att kortfattat beskriva passet. År 480 f.Kr. löpte det utefter Maliabuktens södra strand och hade tre ”portar”, den västra, mellersta och östra. Den första av dessa låg något öster om Asoposflodens mynning, den tredje på västra sidan av staden Alpenos och den mellersta halvvägs mellan dessa två. I söder låg Kallidromosberget över vars norra sluttning en stig som kallades Anopaia löpte, från östra ingången till en plats på berget som hette Drakospilia och därifrån mot väster till Asoposklyftan i närheten av Trachis-citadellet. Genom att utnyttja denna stig kunde kustvägen som löpte genom de tre portarna anfallas antingen från öster eller väster.[12]

Så snart Leonidas anlänt till Thermopyle gick han i ställning vid den mellersta porten och för att säkra sin vänstra flank grupperade han 1 000 foker vid Anopaia, inte långt från Drakospilia.[13] Ganska snart därefter anlände Xerxes till Maliaslätten och slog läger med sin armé väster om den västra ingången och Asopos. Där väntade han i fyra dagar och räknade med, säger Herodotos, att den väldiga omfattningen av hans armé skulle skrämma iväg grekerna. Det förefaller dock troligare att han väntade på att hans flotta skulle få tid för att vinna ett sjöslag och att han därefter skulle vända sig mot den grekiska ställningen.

Den femte dagen satte han in sitt första anfall mot den mellersta ingången men endast för att konstatera att hans oskyddade män lätt slogs tillbaka av de välutrustade och välskyddade grekerna. Dagen därpå genomfördes ett nytt anfall som också slogs tillbaka. Perserkungens ställning blev nu kritisk. Varken hans armé eller hans flotta kunde slå sig fram och det är rimligt att anta att förråden för den förra höll på att ta slut. Om grekernas styrka i detta läge bestått av 16 000 man i stället för 8 000 är det sannolikt att Xerxes hade tvingats slå till reträtt, och om han hade gjort det är det mer än sannolikt att den grekiska flottan också hade gått till anfall.

Xerxes var villrådig om vad han skulle företa sig när en man, Efialtes, berättade för honom om "gångstigen, som ledde över berget till Thermopyle".[14] Xerxes såg nu en möjlighet att komma runt den mellersta ingången genom förflyttning utefter denna stig, och han sände "vid mörkrets inbrott" Hydarnes med de Odödliga för att göra ett försök.[15] De marscherade hela natten och i dagningen överraskade de det fokiska förbandet nära Drakospilia och drev det upp i bergen varefter Hydarnes kunde tränga vidare. Någon tid senare kom spejare – troligtvis foker – till Leonidas och berättade för honom om katastrofen. Vad som hände därefter är oklart. Enligt Grundys rekonstruktion av slaget delade Leonidas upp sin armé i två divisioner. Han behöll soldaterna från Sparta, Thebe och Thessalien vid den mellersta ingången och sände iväg resten för "att ta kontroll över skogsstigen innan perserna fick tid att rycka fram på den med större styrka"[16], så att hans förbindelseled därigenom kunde hållas öppen. Vad som hände därefter är oklart, men det verkar som om arméns kö antingen anlände för sent för att perserna skulle kunna stoppas eller så greps den av panik och drog sig tillbaka genom östra ingången till Elateia. Vad som än hände så blev Leonidas anfallen från två håll och han stupade i strid hellre än att ge sig. Passet var nu tillgängligt för perserna och vägen till Athen låg öppen.

Xerxes drog genast vidare mot söder för att påtvinga athenarna och spartanerna sin vilja och för att avsluta kriget i triumf. Hans stora makt i den kända världen gjorde att han inte kunde gå med på något mindre än detta, och inget tycktes nu kunna hindra honom från att lägga hela den grekiska halvön till sitt imperium.

I Athen rådde bestörtning. Medborgarna hade räknat med att få se sina peloponnesiska allierade marschera in i Boiotien och hejda barbarernas framryckning. I stället fick de höra att de var fullt sysselsatta med att befästa näset. Hellre än att kapitulera fattade de det mest hjältemodiga beslutet i sin historia. De blockerade, befäste och förlade sina soldater till Akropolis, evakuerade Athen och Attika och sände sina familjer till Egina, Salamis och andra öar.

Trots all den villervalla som evakueringen måste ha förorsakat och trots Spartas själviskhet hade Themistokles fortfarande ett trumfkort – Athens flotta. Om Thermopyle hade varit beroende av flottan så var försvaret av näset nu i ännu högre grad beroende av den. Men hur skulle flottan utnyttjas? Vid Artemision, och i ännu högre utsträckning i det andra sjöslaget, hade deras misstag varit att möta en numerärt överlägsen fiende på öppet hav. Eftersom Themistokles var angelägen att inte upprepa detta misstag inriktade han sig nu mot sundet vid Salamis. Men, som Grundy framhåller, "om perserna hade valt att ignorera den grekiska flottan vid Salamis och i stället seglat rakt mot näset, skulle situationen blivit ytterst allvarlig".[17] Themistokles stora problem blev därför att få perserna att gå till anfall på den plats som han själv valt.

Ön Salamis ligger i bukten söder om Eleusis. Det går att komma dit från väster och öster genom två trånga sund, det ena mellan Salamis och Megara och det andra mellan udden på Kynosura och Piraeus mynning. Det senare sundet delas genom ön Psyttaleia i två passager, den västra 800 meter bred och den östra något mer än en kilometer bred.

För att locka perserna att göra samma manöver som den de försökte vid Artemision – nämligen att innestänga den grekiska flottan och fånga den i stället för att förstöra den – tog Themistokles den oerhörda risken att lämna sundet mellan Salamis och Megara obevakat. För försvaret av de två östliga passagerna kunde han räkna med 366 triremer och sju pentekonter.[18]

Låt oss för ett ögonblick betrakta denne store man genom Thukydides ögon. Han säger om honom:

> Themistokles var förvisso en man som visade obestridliga naturgåvor; i det hänseendet förtjänade han en alldeles särskild beundran, mer än någon annan. Enbart genom sin medfödda intelligens, utan hjälp av tidigare eller senare studium, hade han en ojämförlig förmåga att bedöma brådskande problem efter det kortaste övervägande och förutse vad som skulle komma att ske i den mest avlägsna framtid. Allt han själv kände till var han också i stånd att förklara, men även i frågor med vilka han ej var förtrogen var han ytterst omdömesgill. Han var särskilt skicklig i att på förhand se de potentiella fördelarna och nackdelarna av en viss politik. Kort sagt: med sin begåvnings kraft och utan lång förberedelse var han en mästare i att göra det rätta i det rätta ögonblicket.[19]

Medan Themistokles planerade, marscherade Xerxes. Han nådde fram till Athen, belägrade Akropolis, intog den efter en våldsam strid och dödade alla dess försvarare. Denna till synes oväntade katastrof gjorde att

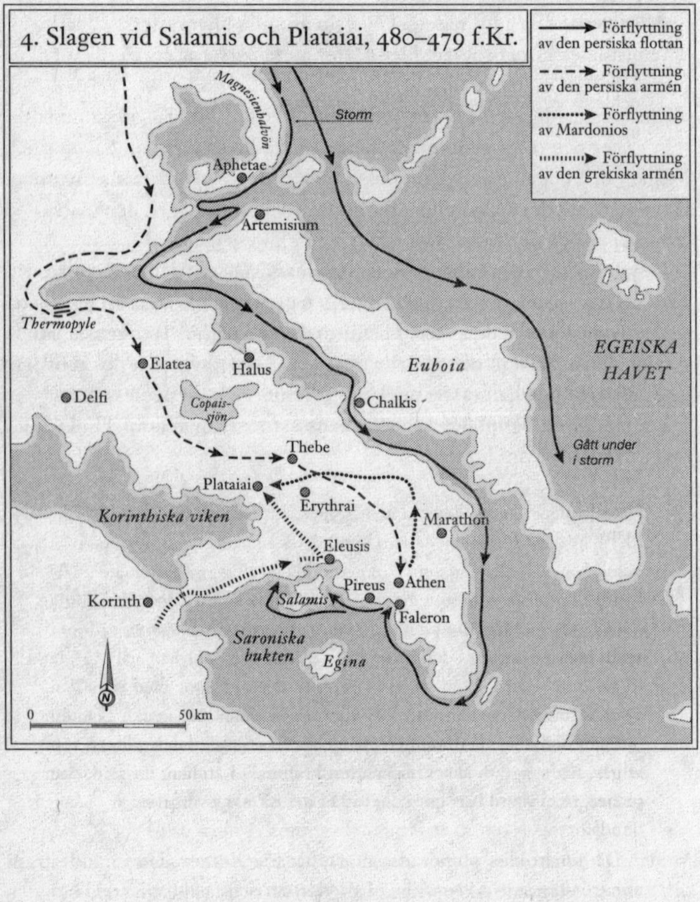

4. Slagen vid Salamis och Plataiai, 480–479 f.Kr.

besättningarna i den grekiska flottan greps av panik, vilket gav anledning till ett nytt krigsråd. Men förvirringen var så stor att några av fartygscheferna ”inte ens inväntade besluts fattande i frågor som behandlades, utan störtade ombord på fartygen och hissade segel för att fara bort”.[20] Då Themistokles fick höra detta övertalade han Eurybiades ”att lämna skeppet och kalla anförarna till ett möte”.[21] Därefter talade Themistokles, och sade:

> I din makt står det att rädda Hellas, om du lyder mig och stannar kvar och strider här, i stället för att lyssna till de andras ord och bryta upp med flottan till Istmos. Hör på och väg bägge förslagen mot varandra. Om du börjar striden vid Istmos, skall du strida på ett öppet hav, och det är inte till gagn för oss ... Och samtidigt med persernas flotta skall även deras lanthär komma, och på det sättet skall du själv locka dem till Peloponnesos, och du skall bringa hela Hellas i fara. Om du däremot gör som jag säger, skall du därmed vinna följande fördelar. För det första skall vi, mänskligt att döma, vinna en stor seger, om vi i ett trångt farvatten med våra få skepp strider mot deras många. Ty att strida på ett litet område är till vår fördel, men att kämpa på öppet vatten är till deras nytta ... Och ytterligare innebär mitt förslag just detta, som ni allra mest är ivriga efter. Om du nämligen stannar kvar här, skall du kämpa för Peloponnesos lika mycket, som om det vore vid Istmos ... Människor, som fattar förnuftiga beslut, brukar även ha lyckan med sig. Men om man inte fattar förnuftiga beslut, vill inte heller gud bistå människornas planer.

Adeimantos från Korinth opponerade mot Themistokles och föreslog Eurybiades att förkasta hans plan. Vänd till Eurybiades spelade nu Themistokles ut sitt trumfkort:

> Om du stannar kvar här, skall du visa dig som en ärans man ... Om du inte gör det, skall vi, athenare, ta med oss våra familjer och alldeles som vi går och står fara till Siris [Torre di Senna?] i Italien, en stad, som sedan gammalt tillhör oss ... Men när ni så har övergivits av sådana bundsförvanter som vi är, skall ni nog erinra er mina ord.
>
> Då Temistokles yttrade detta, ändrade Eurybiades mening. Enligt min tro var han därvid mest ängslig för att athenarna skulle överge dem, om han förde flottan till Istmos. Ty om athenarna gjorde det, bleve de

återstående inte striden vuxna. Han antog därför förslaget att stanna kvar och utkämpa en avgörande drabbning.[22]

Dagen därpå, den 22 september 480 f.Kr., alldeles före slaget, berättar Aischylos, som var närvarande, att Xerxes mottog ett meddelande från den grekiska flottan. Det löd i Emil Zilliacus översättning:

att när den mörka natten fallit på,
då skulle Hellas' män ej längre bida
men störtande till skeppens roddarbänkar
sin räddning söka genom lönnlig flykt,
och var på sitt håll …[23]

När Xerxes mottog detta meddelande – vilket troligtvis skedde tidigt på eftermiddagen – upphävde han den avgångsorder han redan givit till flottan och senarelade avgången till kvällningen. Vem hade sänt detta meddelande och varför? Enligt Herodotos hade följande hänt:

Det fanns så mycket missnöje inom flottan över Eurybiades beslut att strida vid Salamis att ett tredje krigsråd sammanträdde på morgonen den 22 september. Då diskuterades åter samma gamla ämne. Men "När emellertid Tenistokles såg, att hans förslag förkastades av peloponnesierna, gick han oförmärkt bort från sammankomsten. Därpå sände han en man i en båt till medernas läger och gav honom i uppdrag, vad han skulle säga." Och detta är vad budbäraren senare sade till Xerxes:

> Athenarnas befälhavare har i hemlighet för de övriga athenarna sänt mig hit. Han står nämligen på konungens sida och önskar hellre seger åt er än åt hellenerna. Jag har i uppdrag att säga, att hellenerna i sin stora ängslan tänker på att fly. Nu har ni tillfälle att utföra en härlig bragd, om ni hindrar dem att fly undan. Ty de är inte sinsemellan eniga, och de skall inte heller hålla stånd mot er, och ni skall få se, att de kommer att kämpa mot varandra, de som står på er sida och de andra.[24]

Att Xerxes föll i denna fälla är lätt att förstå eftersom han tidigare säkert hade fått många rapporter genom sina spioner om skiljaktiga meningar inom fiendens läger. Som redan sagts ändrade han genast sin plan och beslöt att i hemlighet spärra de västra och östra inloppen till Salamissundet.

Därigenom skulle den grekiska flottan bli innesluten från två håll. Enligt Aischylos skulle dessa operationer inledas i kvällningen.[25]

Det egyptiska förbandet på 200 skepp fick order att segla runt Salamis och spärra det västra inloppet medan den återstående delen av flottan grupperades på en tredubbel linje från sydspetsen på Kynosurahalvön till Pireus. Ön Psyttaleia skulle besättas med persiska trupper. Dessa förflyttningar tycks ha varit genomförda före gryningen den 23 september.

Medan dessa förflyttningar pågick diskuterade fortfarande de grekiska fartygscheferna, som uppenbarligen var ovetande om vad som höll på att ske. De tystades plötsligt ner av Aristides, Themistokles rival. Han hade just anlänt från Egina. Han tog Themistokles avsides och sade till honom att "inte ens om korintierna och Eurybiades själv vill det, skall de vara i stånd att nu fara bort. Ty vi är omringade av fienderna."[26] Themistokles bad honom då att tala till krigsrådet. Det gjorde han. Spartanerna vägrade dock att tro honom, och inte förrän en trirem från Tenos som hade deserterat från perserna anlände, vilken bekräftade vad Aristides sagt, förstod de att det problem de diskuterat nu var löst utan deras egen medverkan.

När de nu var tvingade att gå till strid började de grekiska amiralerna snabbt förbereda sig för den kommande striden. Det kan antas att det korintiska förbandet fick i uppgift att hålla det västra inloppet mot egyptierna. De grupperade därefter sina skepp i stridslinje tvärs över sundet mellan staden Salamis och stranden vid Herakleion på Aigaleosbergets södra sluttning. Grupperingen intogs med Eurybiades med sexton skepp på den högra flygeln, med athenarna med mer än hälften av de deltagande skeppen på den vänstra flygeln och i centern resten av de allierade.

Den persiska flottan som fortfarande inte hade siktats var grupperad i tre linjer. Den grupperades om i kolonner med fenicierna till höger och de joniska grekerna till vänster för att passera Psyttaleia. Så snart denna manöver påbörjats uppstod villervalla inom kolonnerna, antingen på grund av det stora antalet skepp, besättningarnas oerfarenhet eller den grova sjön – eller troligen på grund av allt detta. De persiska kolonnerna var fortfarande i oordning när grekerna rodde mot dem och det uppstod ett kaos i vilket de största och inte de snabbaste skeppen hade fördel. Snart tvingades de ledande persiska skeppen bakåt och de föll tillbaka mot den bakre delen av kolonnerna och fördubblade därigenom virrvarret. De starkare byggda athenska skeppen strök då tätt förbi fiendens skepp och skar därigenom av

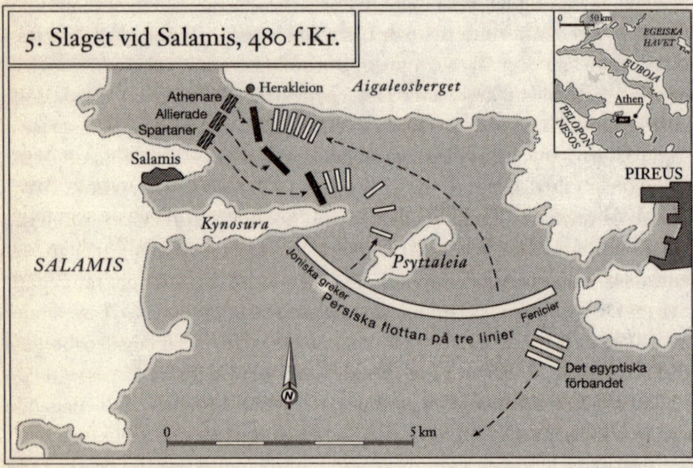

5. Slaget vid Salamis, 480 f.Kr.

deras åror på den ena sidan och gjorde dem manöverodugliga. Därefter girade de runt och rammade skeppen midskepps. På varje athensk trirem fanns en bordningsstyrka om arton marinsoldater – fjorton hopliter och fyra bågskyttar.

Den avgörande striden utkämpades på grekernas vänstra flygel. Athenarna och aiginerna, som rodde tätt intill stranden, kringgick feniciernas högra flygel och drev den tillbaka mot persernas center, där striden fortfarande var jämnare – i full åsyn av Xerxes som hade tagit plats på ett berg norr om Pireus för att kunna åse den grekiska flottans kapitulation. Den grekiska högra flygeln, som avancerat alltför snabbt, anfölls däremot liksom fenicierna i flanken. Långsamt förflyttade sig segervågen från grekernas vänstra flygel till den högra, ända tills athenarnas och eginernas inringning av persernas center hotade att åstadkomma en attack i ryggen på den persiska vänstra flygeln. De joniska grekerna började då dra sig tillbaka, och deras reträtt innebar slutet på en våldsam strid som varat i sju till åtta timmar.

Det verkar som om grekerna inte upptog något förföljande. De hade troligtvis fått nog. Psyttaleia rensades på sina persiska försvarare av Aristides. De besegrade perserna drog sig tillbaka till Faleron och de segrande grekerna till Salamis. Det finns ingen tillförlitlig uppgift om förlusterna under slaget. Enligt Diodoros[27] förlorade grekerna 40 skepp och perserna 200, och då är inte de skepp som erövrades inräknade.

Taktiskt var Salamis ingen stor seger. Strategiskt fick slaget däremot förödande konsekvenser. Det slog botten ur den persiska planen, som för sin framgång var beroende av bästa tänkbara samverkan mellan flottan och armén. Det var inte fartygsförlusterna som var allvarligast för Xerxes, det var förlusten i prestige. De förra kunde ersättas, den andra gick inte att ersätta i ett hopgyttrat imperium som hölls ihop av sin enväldige härskare. Slaget var en förlust som förebådade uppror i de bakre delarna och alldeles särskilt bland de joniska grekerna.

Fram till tiden för slaget vid Salamis hade den persiska sjömakten haft herraväldet på Egeiska havet, dels genom sitt stora antal skepp, dels därför att de persiska baserna hade varit säkra på den joniska kusten sedan det joniska upproret misslyckats. Nu var det inte längre på det sättet. De grekiska triremerna hade inte bara skingrat den persiska flottan vid Salamis utan samtidigt skakade de den joniska lojaliteten gentemot Persien. Även om det vid denna tid inte uppfattades så av båda sidor innebar Salamis slutet för det persiska herraväldet över Egeiska havet, och utan det var det inte möjligt för perserna att underhålla en stor armé i ett så fattigt land som Grekland. De väldiga styrkor de hade fört dit fick nu, som Grundy säger, reduceras till en omfattning som gjorde det möjligt för grekerna att framgångsrikt möta dem i fält. Han skriver: ”Salamis var krigets vändpunkt. Plataiai var fullbordandet av Salamis.”[28]

Oron för säkerheten för broarna över Hellesponten kom att överskugga allt annat för Xerxes nu när slaget var över. Han verkar ha tappat kontrollen över sig själv och tycks ha förstorat denna fara. Skulle broarna förstöras, antingen av de segrande grekerna eller av jonerna, innebar det att hela hans stora armé skulle gå under. Han beslöt därför att genast sända flottan tillbaka till Asien för att upprätthålla kontrollen över Egeiska havets östra kust, och några dagar senare satte hans stora armé sig i rörelse mot norr.

Grekerna som såg den persiska armén där den låg, utgick ifrån att också den persiska flottan låg kvar vid Faleron. Inte förrän armén började dra sig tillbaka vidtog de åtgärder för att kontrollera flottans läge. De fann då att den persiska flottan hade gett sig av. Då de inte lyckades komma ifatt några persiska skepp fortsatte de inte längre än till ön Andros, där de steg iland och höll krigsråd. Themistokles föreslog att de skulle segla vidare till Hellesponten och förstöra broarna. Men hans förslag rönte motstånd från Eurybiades. Om det genomfördes skulle den persiska armén bli avskuren från Asien och bara för att kunna överleva måste den i så fall föröda hela Grekland. När flertalet förklarade sig vara av samma uppfattning övergavs förslaget.

Det verkar som om Xerxes återfick fattningen när han konstaterat att den grekiska flottan höll sig passiv. Han förstod nu att om han drog tillbaka hela armén från Grekland skulle det bli nästan lika olycksbringande för honom som att låta den gå under där. Det skulle då stå klart för alla vilket fruktansvärt nederlag han lidit och det skulle skaka själva grunderna för hans välde. Han bestämde sig därför för att hålla fast vid Grekland. Han lämnade Mardonios och Artabazos, den ene i Thessalien och den andre i Thrakien och Makedonien, med en del av armén. I dessa länder fanns nämligen förråd som lagts upp tidigare och förbindelsevägarna till Asien var korta. Med arméns andra del drog han sig tillbaka över Hellesponten för att vara i ett bättre läge för att slå ner varje uppror som kunde tänkas utbryta.

Enligt Herodotos fick Mardonios 300 000 man av den persiska arméns bästa trupper. Även om detta är en överdriven siffra[29], så var det verkliga antalet fullt tillräckligt för att Mardonios åter skulle gå till offensiv när han så fann lämpligt. Men eftersom den persiska flottan hade dragit sig tillbaka skulle detta inte lösa problemet med näset. Det är tydligt att detta stod klart för honom. I stället för att gå till offensiv försökte han nämligen vända de aldrig upphörande diskussionerna mellan och inom de grekiska stadsstaterna till sin fördel.

År 479 f.Kr. inleddes i Athen med ett nytt generalsråd. Themistokles hade inte återvalts – vi vet inte varför – utan två av hans politiska motståndare, Aristides och Xanthippos, hade blivit valda. Detta var fördelaktigt för Mardonios eftersom deras tidigare agerande gjorde det troligt att de skulle föredra en förlikning med perserna före en allians med Sparta. Kunde han bara vinna över dem till sin sida skulle problemet med näset vara ur världen.

Tidigt på sommaren 479 f.Kr. sände han Alexander från Makedonien till athenarna med ett erbjudande om amnesti för det förgångna och ett förbund på lika villkor med Persien. Detta blev känt för spartanerna som genast reagerade mycket kraftigt. Athenarna gick då med på att förkasta detta erbjudande på villkor att spartanerna skulle förena sig med dem i en offensiv mot den gemensamma fienden.

Mardonios sökte då ställa till bråk med peloponneserna. Eftersom han visste att invånarna i Argos var fientligt inställda till spartanerna intrigerade han med dem för att få dem att anfalla spartanerna. Han skulle då snabbt marschera ner från norr och ta näset genom en nådastöt medan de var upptagna av varandra. Planen misslyckades.

Mardonios övergick då till en modifierad variant av sin ursprungliga plan. Denna gång ville han tvinga spartanerna till strid genom att sätta press på athenarna. På sin väg ner från Thessalien ändrade han som följd av detta sina direktiv och marscherade mot Athen. Han skickade samtidigt ett sändebud till Salamis för att inleda förhandlingar med athenarna i förhoppning om att därigenom skrämma och oroa spartanerna. Han lyckades med sin plan. Aristides sände genast representanter till Sparta och krävde omedelbara åtgärder från deras sida om spartanerna fortfarande ville bibehålla sin vänskap med athenarna. Detta resulterade i att en fältarmé bestående av 5 000 hopliter och 35 000 beväpnade heloter efter en avsevärd fördröjning sändes till näset under befäl av Pausanias, som regerade för

Pleistarchos, den unge kungen i Sparta. Mardonios, som hittills avstått från att skada Athen, brände nu staden, och drog sig sedan tillbaka till Boiotien för att locka spartanerna och deras allierade in i en terräng som var mer lämpad för operationer med hans kavalleri.

När Pausanias kom till näset, vilket troligtvis skedde i juli, tog han först över den peloponnesiska kontingent som redan fanns där och gick sedan över näset till Eleusis där Aristides anslöt sig till honom med 8 000 hopliter och ett stort antal bågskyttar. Från Eleusis ryckte de fram till Erythrai (platsen osäker) och från Kithairons nordliga sluttningar kunde de se Mardonios befästa läger vid floden Asopos strand.

Mardonios, som var angelägen att anfalla innan grekerna kunde få förstärkningar, beslöt sig för att sätta in hela sitt kavalleri, under Masistios, mot grekerna trots att den bergiga och brutna terrängen kring den grekiska ställningen var ofördelaktig för hans kavalleri. Resultatet blev förödande. En athensk pil träffade Masistios som föll av sin häst och dödades. En våldsam strid om hans kropp följde i vilken perserna besegrades och sedan drog sig tillbaka.

Även om denna strid inte var mycket mer än en större skärmytsling fick den stor taktisk betydelse. Perserna fick lära sig läxan att i bruten och bergig terräng hade inte kavalleriet en chans i närstrid mot tungt infanteri i sluten formering. Men grekerna var så upprymda över sin seger att de begick misstaget att tro att de hade förmågan att besegra kavalleri i vilken terräng som helst. Som vi kommer att se blev resultatet att perserna i nästa strid var överdrivet försiktiga och grekerna övermodiga.

Framgången mot det persiska kavalleriet, otillräcklig tillgång till färskvatten vid Erythrae och, som det verkar, svårigheten att återuppta en offensiv mot den persiska högra flanken, som om den skulle kunna kringgås skulle blottlägga Mardonios förbindelse med sin bas i Thebe, övertygade Pausanias, som höll sig dold bakom höjderna och utom synhåll för perserna, att överge sin goda defensiva position och gå ut på slätten mellan Plataiai och Asopus. Där grupperade han sin armé med spartanerna på högra flygeln, athenarna på den vänstra och de återstående allierade – nitton kontingenter – i centern mellan de två.[30] Sammantaget bestod armén – enligt Herodotos – av 108 200 man.[31]

I sin nya ställning hade Pausanias ett gott utgångsläge för att anfalla persernas högra flank så länge han gick till angrepp innan hans fiende hade hunnit anpassa sig efter hans nya gruppering. Det är därför förvånande att han inte gick till anfall så snart han intagit sin nya ställning. Vad än skälet kan ha varit upptäckte Mardonios snart sin motståndares nya läge. Han lämnade då sitt befästa läger och grupperade sin armé på Asopus andra (norra) strand – mitt emot grekerna. På hans vänstra flygel fanns de persiska trupperna mitt emot spartanerna, de asiatiska kontingenterna var grupperade i centern och de boiotiska och andra greker på den högra flygeln mitt emot athenarna, plataiaierna och megarerna.

Under åtta dagar, säger Herodotos, stod de två arméerna mitt emot varandra utan att gå till anfall, och man har frågat sig varför.[32] Det finns två tänkbara skäl: 1. att det persiska kavalleriet hade blivit så illa tilltygat vid Erythrae av det tunga infanteriet i täta grupperingar att Mardonios i stället väntade på att hans fiende skulle gå över Asopus vilket, även om floden var halvtorr, skulle ha bringat oordning i de grekiska leden innan han gick till anfall, samt 2. då Pausanias inte längre förmådde gå runt persernas högra flank och då han hade vunnit sin senaste framgång i ett stationärt läge och i perfekt stridsordning väntade han nu på att hans fiende i stället skulle gå till anfall.

På den åttonde dagen föreslog slutligen en theban, Timagenidas, Mardonios att bevaka passen vid Kithairon. Han berättade att det genom passen dagligen strömmade män och förråd och han försäkrade honom att han kunde skära av stora mängder där. Det var genom dessa pass som Pausanias underhållskolonner kom. Dryoskefalai ("ekhuvuden") var det viktigaste. Han följde detta råd och genomförde en kavalleriräd mot Dryoskefalai som kröntes med omedelbar framgång. En grekisk underhållstransport med 500 packdjur fångades in i passet och nedgjordes. Inte en enda man eller djur kom undan.

Vad räden i själva verket visade var att Pausanias ställning var ohållbar. Han saknade nämligen kavalleri och därför kunde han endast skydda sina bakre förbindelselinjer genom att dra sig tillbaka till passen. Vidare kom räden att tjäna som en väckarklocka för perserna. Under de två följande dagarna kom det till många skärmytslingar mellan de båda arméerna, som ledde till förluster för grekerna vilka hade mycket färre bågskyttar än fienden.

Då Mardonios var otålig att utnyttja sin fiendes ohållbara situation och sannolikt också på grund av att hans underhållssvårigheter blev allt större

– särskilt för hans kavalleri – övervägde han att gå till offensiv. Artabazos föreslog att Mardonios i stället skulle dra sig tillbaka till Thebe och försöka muta de grekiska befälhavarna. Då Mardonios hyste större förtroende för sin armé än för sin kollega beslöt han sig för att sätta in ett nytt kavallerianfall. Denna gång dock med utnyttjande av kastade vapen på långt håll och inte i närstrid.

Grekerna stod nu i linje söder om Asopos. Athenarna var grupperade på vänstra flygeln och de allierade fanns i centern. Båda var beroende av floden för sin vattenförsörjning medan spartanerna på den högra flygeln fick sitt vatten från källan vid Gargaphia. Flodvattnet var en osäker färskvattentillgång eftersom Asopos flöt mellan de grekiska och persiska stridslinjerna. Källan var däremot tillräckligt säker eftersom den låg bakom spartanernas flygel. När det persiska kavalleriet ryckte fram satte det in en så fruktansvärd kastvapenattack mot athenarna och de allierade att dessa blev avskurna från Asopos och därefter tvingades hämta sitt vatten från källan vid Gargafia. Spartanerna tycks också ha pressats tillbaka, även om det inte framgår. Perserna ”fördärvade även och fyllde igen” källan innan spartanerna kunde återta sina ställningar med resultat att den var obrukbar när den återtogs.[33]

Grekernas situation hade blivit kritisk sedan deras underhållslinje bakåt blivit osäker och med förlusten av färskvattenkällan blev den ohållbar. På morgonen den andra dagen efter anfallet hölls ett krigsråd varvid det beslöts att de nattetid skulle dra sig tillbaka till en ställning som kallades ”Ön”, ett markområde en och en halv kilometer öster om ruinerna i Plataiai och mellan floden Oëroës två huvudfåror söder om Gargafia. ”De beslöt vidare”, skriver Herodotos, ”att sedan de kommit fram … skulle de samma natt skicka hälften av hären till Kitairon för att hämta de tjänare, som gått bort för att hämta livsmedel: dessa var nämligen avspärrade på Kitairon.”[34]

Av detta och av det som faktiskt hände förefaller det som om tillbakadragandet var planerat på följande sätt: hela armén drar sig tillbaka till Kithaironberget, där den kontrollerar de tre passen, Plataiai–Megarapasset, Plataiai–Athenpasset och Athen–Thebepasset (Dryoskefalai). Tillbakadragandet komplicerades av tre faktorer. Den första var att underhållstransporterna fortfarande var belägrade och de måste befrias *så fort som möjligt*. Den andra var att förflyttningen måste genomföras nattetid och därför kom att ta lång tid, alltför lång tid för att arméns vänstra flygel och center skulle kunna nå Kithaironberget och hinna formera en stridslinje där före gryningen. På grund av dessa svårigheter fattades beslut om att dra tillbaka den högra flygeln (spartanerna) – som befann sig närmast passen – för att understödja de belägrade underhållstransporterna och att samtidigt låta centern och den vänstra flygeln tillfälligt ta ställning på Ön. Taktiskt måste denna ställning ha sträckt sig från Citadellet i Plataiai till Megara–Thebevägen, en sträcka på mer än tre kilometer – en och en halv kilometer på vardera sidan av kullen som utgör centrum i Ön. Det är nu som den tredje faktorn gör sig gällande. Det hade utan tvekan varit enklast att dra tillbaka centern (de allierades mindre förband) till ett läge öster om kullen och den vänstra flygeln (athenarna) till ett läge väster om den men det skulle ha stridit mot det militära regelverket. De allierade mindre förbanden blev därför beordrade till den nya vänstern och athenarna till den nya högern. Detta innebar att athenarna inte kunde dra sig tillbaka förrän de allierade mindre förbanden och spartanerna hade ryggen fri. De var därför de sista att sätta sig i rörelse.

Under nattens andra vakt inleddes tillbakadragandet. Den grekiska centern drog sig tillbaka till sin nya ställning mellan Plataiai och kullen och tycks ha fullgjort sitt uppdrag trots Herodotos kritik.[35] När Pausanias hörde att centern var under förflyttning gav han order till sin högra flygel att dra sig tillbaka. Men en av hans divisionschefer, Amomfaretos – en typisk dum spartan – framhöll att en reträtt inför en fiende var vanhedrande och vägrade därför att följa ordern. Resultatet blev att större delen av natten kom att utnyttjas för det vanliga grekiska käbblandet, och det var inte förrän i gryningen som Pausanias satte sig i rörelse och lämnade Amomfaretos bakom sig. Under tiden hade athenarna, som hade väntat på att centern skulle göra plats för deras reträtt, fördröjts ytterligare genom att de varit tvungna att vänta på att Pausanias skulle göra samma sak.

Strax efter det att Pausanias inlett sitt tillbakadragande, fann Amomfaretos – som var orsaken till all denna fördröjning – sig övergiven och satte sig i sista ögonblicket i rörelse efter den högra flygeln, och just då han fått kontakt med den anföll det persiska kavalleriet. Förseningen hindrade spartanerna från att nå den bergiga terrängen i tid och de anfölls nu i en öppen terräng som på alla sätt var gynnsam för det persiska kavalleriet, vars uppgift uppenbarligen var att blockera spartanernas förflyttning innan de nådde Kithairons bergiga terräng och hålla dem på plats tills det persiska infanteriet anlände.

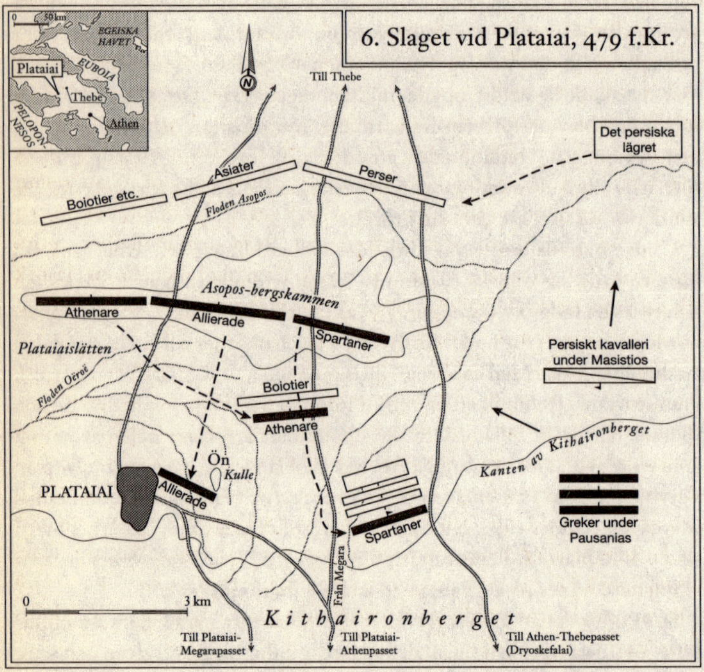

6. Slaget vid Plataiai, 479 f.Kr.
0
50 km
EGEISKA HAVET
Plataiai
EUBOIA
Thebe
PELOPONNESOS
Athen
Till Thebe
Det persiska lägret
Asiater
Perser
Boiotier etc.
Floden Asopos
Asopos-bergskammen
Athenare
Allierade
Spartaner
Plataiaislätten
Persiskt kavalleri under Masistios
Floden Oëroë
Boiotier
Athenare
Kanten av Kithaironberget
Ön
Kulle
PLATAIAI
Allierade
Spartaner
Greker under Pausanias
Från Megara
0
3 km
Kithaironberget
Till Plataiai-Megarapasset
Till Plataiai-Athenpasset
Till Athen-Thebepasset (Dryoskefalai)

Mardonios lät sin högra flygel gå mot athenarna – som fortfarande var långt efter – och beordrade sedan sitt persiska infanteri att understödja kavalleriet och bakom dem satte han sedan hela sin asiatiska center i rörelse. Pausanias, som såg att huvuddelen av fiendens armé befann sig i rörelse rakt mot honom, sände ett ilbud till athenarna om att komma till undsättning. De hade emellertid ingen möjlighet att efterkomma denna önskan eftersom den persiska högra flygeln var under framryckning rakt mot dem. Därför blev det Pausanias och hans män som ensamma fick möta huvuddelen av den persiska armén.

Det persiska kavalleriet som nu hade lagt sig till med en ny kastvapentaktik fick snart spartanerna i en ohållbar ställning, och medan striden pågick anlände det persiska infanteriet som avlöste kavalleriet. De "sammanstötte sina sköldar och avsköt en oerhörd massa pilar" så att "spartanerna hårt ansattes".[36] Det var nu som Mardonios begick sitt avgörande misstag, som kom att kosta honom både segern och hans eget liv. I stället för att lämna gott om utrymme bakom sina bågskyttar för att ge dem möjlighet att dra sig tillbaka och sedan åter avancera, och på det sättet bibehålla en elastisk taktisk front, lät han huvuddelen av sina asiatiska trupper trycka på bakifrån och fick därigenom en stel bågskyttefront.

Slutligen stämde förebuden med verkligheten, eller med andra ord: när Pausanias såg att han genom detta asiatiska tryck själv fått ett gynnsamt läge i striden satte han in sitt motanfall. Hans hopliter splittrade bålverket av sköldar och drev bågskyttarna tillbaka mot asiaterna. En våldsam strid följde. Herodotos skriver: "barbarerna grep fatt i hellenernas lansar och bröt sönder dem. I mod och styrka var perserna inte underlägsna, men de var lättbeväpnade och dessutom oerfarna och inte sina motståndare vuxna i skicklighet. De rusade fram en och en eller tio och tio, eller i litet större eller mindre skaror, anföll spartanerna och blev nedgjorda." Herodotos fortsätter:

> På den plats, där Mardonis själv befann sig – han red på en vit häst och hade ettusen av de yppersta perser bakom sig – där ansatte de allra hårdast sina motståndare. Så länge Mardonis var i livet, höll de andra stånd, värjde sig tappert och fällde många lakedaimonier. Men när Mardonis fallit och de män, som han hade haft omkring sig – härens kärntrupper – hade nedgjorts, vände de övriga ryggen till och vek tillbaka för lakedaimonierna. Framför allt fick de lida på grund av sin

ofullständiga utrustning: själva lätt beväpnade, måste de strida mot tungt beväpnade.[37]

Sålunda ”vann Pausanias, son av Kleombrotos ... den härligaste segern av alla, som jag känner”.[38] Datumet för hans seger var med största sannolikhet den 27 augusti 479 f.Kr.

Vad hände då under tiden med athenarna? När de mottog Pausanias brådskande meddelande ändrade de direkt riktning och satte av mot där den spartanska flygeln var. Men de hade inte hunnit göra mer än att ändra marschriktning förrän boioterna och andra greker som gått över till perserna svepte ner mot deras vänstra flank och tvingade dem att bilda en front. En hård strid följde som slutade med att boioterna drevs på flykt i oordning mot Thebe. Samtidigt såg den grekiska centern som under tiden hållit öpositionens vänstra flank, och som hittills inte varit i strid, att fienden befann sig på flykt. De avancerade då snabbt i två kolonner. På slätten nedanför blev den vänstra kolonnen fullständigt nedgjord av thebanernas kavalleri och förlorade 600 man där. Det var den enda förlust grekerna led i detta ovanliga slag.

Inte mycket är känt om förlusterna i detta slag. Herodotos skriver: ”av trehundratusen människor”, som utgjorde persernas armé, ”knappt tretusen blev vid liv”, och att spartanerna förlorade 91, tegeanerna 17 och athenarna 52.[39] Plutarchos säger i *Levnadsteckningar över berömda greker och romare* att totalt 1 360 greker dödades.[40]

Tio dagar efter segern belägrade grekerna Thebe och på belägringens tjugonde dag kapitulerade Mardonios läger till dem på vissa villkor.

På dagen för slaget vid Thermopyle besegrade Gelon från Syrakusa, enligt Diodoros[41], Hamilkar i ett avgörande slag vid Himera (nära Termini), en seger som skyddade Sicilien från Karthago under sjuttio år. Inte heller den grekiska flottan, som vi senast hörde från vid Andros, var sysslolös. Någon gång på sommaren 479 f.Kr. mottog den en vädjan från Samos om att stödja de joniska grekerna som i så fall var beredda att åter göra uppror. Flottan fick då order att föra kriget in på fientligt vatten.

Vid denna tid befann den sig vid Delos och stod under befäl av Spartas kung Leotychidas. När han seglade till Samos drog sig den persiska flottan tillbaka till Mykale, där Xerxes hade grupperat en ansenlig armé under Tigranes. Dess uppgift var att hålla uppsikt över de joniska städerna. Vid Mykale drogs skeppen upp på stränderna och befästningar byggdes runt omkring dem som skydd. Leotychidas rodde förbi den fientliga flottan, landsatte sina marinsoldater och hopliter omkring trettio kilometer från Mykale, ryckte fram mot ställningen, anföll och intog den. De joniska grekerna hjälpte honom också genom att vända sig mot perserna. Leotychidas brände sedan den persiska flottan – eller fann den redan bränd – och drog sig tillbaka till Samos.

Därefter beslöt de att segla till Hellesponten för att lägga beslag på brokablarna och för att ta Sestos, som var nyckeln till Chersonesos (Gallipolihalvön) och det persiska brohuvudet i Europa. Men eftersom staden var starkt befäst och spartanerna inte tyckte om belägringar återvände Leotychidas hem och överlät belägringen åt athenarna under Xanthippos. Belägringen inleddes på hösten men det tog athenarna större delen av vintern att genom svält ta fästningen. I stället för att undsätta fästningen drog sig Artabazos tillbaka till Byzantion och gick över Bosporen och in i Asien.

På detta sätt slutade det första stora krig mellan Asien och Europa från vilket en fullständig skildring har bevarats. Och vad krig anbelangar är det första som slår oss att krigskonsten under det femte århundradet f.Kr. i allt väsentligt var nästan lika utvecklad som den är idag. Det andra är att misstag under krig är lika vanliga nu som de var då.

Persernas diversion i det centrala Medelhavsområdet genom att få Karthago att resa sig mot grekerna på Sicilien visar att de var fullt medvetna om innebörden av storslagna strategier, och grekernas vädjan till Gelon visar att perserna visste exakt vad de gjorde. Även om denna diversion skulle betraktas som osäker lämnar kombinationen av flotta och armé oss inte i något tvivel om att sambandet mellan sjö- och landmakt förstods lika bra då som idag, och inte bara av perserna utan också av grekerna. Vidare måste stridskrafternas ledning på båda sidor ha varit av allra högsta klass. Även om den armé som Xerxes förde till Europa inte hade varit större än 100 000 man, visar dess operationer i ett väglöst land 1 300 kilometer från den asiatiska basen tydligt att dess underhållssystem måste ha varit organiserat på ett förstklassigt sätt. Och vad Pausanias beträffar kunde han hålla en armé på upp till 80 000 man i fält i ett bergigt område, vilket visar på en framstående administration.

De taktiska misstag som begicks var desamma som drabbat soldater på många efterföljande slagfält, särskilt då att förlita sig på stora massor av halvutbildade män i förhoppningen att kvantitet kan uppväga brister i kvalitet och en bristande uppskattning av vapenmakt samt ett felaktigt utnyttjande av vapen i den taktiska situation som var förhanden. Men mer än något annat visar hela kriget att den psykologiska faktorn, stärkt eller förlorad moral hos den enskilde soldaten och stärkt eller förlorad prestige hos den högste befälhavaren, var och fortfarande är den avgörande faktorn i krig.

Det var förlusten av prestige som inte bara avbröt expansionen utan även underminerade grunderna för det persiska imperiet, och som liksom för de flesta imperier både före och efter ledde fram till dess sammanbrott. Det var också den prestige som grekerna vann vid Salamis och Plataiai som startade deras förbluffande utveckling, eller som professor Bury skriver: ”Män förefaller växa då de inser den stora historiska betydelsen av sina erfarenheter. Tidens stora diktare behandlade dem i sina sånger, de stora skulptörerna anspelade på dem i sina skulpturer ... Idén att det trojanska kriget var en tidigare akt i samma drama låg i luften – att krigarna vid Salamis och Plataiai utkämpade samma strid som hjältarna som hade kämpat med Hektor på slätten vid Troja.”[42]

Med dessa slag står vi på tröskeln till västvärlden, i vilken det grekiska intellektet skulle erövra och lägga grunden för efterföljande århundraden. Det finns inte två slag till i historien som är betydelsefullare än Salamis och Plataiai. De står som pelare i tidernas tempel och stöttar den västerländska historiens arkitektur.

Redaktörens sammanfattning

Seger i krig blev inledningen till häpnadsväckande framgångar i fred. Det femte århundradet f.Kr. blev Greklands storhetstid. Man tror att Sofokles föddes fem år[1] före slaget vid Marathon, Herodotos såg dagens ljus fyra år före slaget vid Salamis och Euripides föddes på året för det slaget. Tio år senare föddes Sokrates. Under återstoden av detta århundrade kom dessa mäns kunnande och talang – liksom även andras som Thukydides, Aischylos, Aristofanes, skulptören Fidias och den unge Platon – att skapa den blomstrande hellenska kulturen.

Men själva segern är likväl bedräglig. De årtionden då de grekiska städerna njöt av sin självständighet och frånvaron av yttre hot och ockupation samt framfödde söner som har varit medborgare i den västliga världen ända sedan dess, var samtidigt en period med förödande inre stridigheter som slutade i ett fall som var lika djupt som den persiske kungens nederlag. Århundradets andra hälft var de peloponnesiska krigens period då rivaliteten mellan stadsstaterna polariserades kring antagonismen mellan Sparta och Athen. I själva verket var detta en kamp mellan en landmakt (Sparta) och en sjömakt (Athen). Sjömakten, som skapat sig rikedomar genom den handel som herraväldet till sjöss gett möjligheter till, hade utvecklats till ett imperium och ådrog sig därigenom avund och ovilja. Det är betecknande att detta imperium bröt samman först när det förlorade sitt sjöherravälde.

Uppenbarligen tenderar vi att betrakta de peloponnesiska krigen med athenska ögon på grund av de källor som finns tillgängliga. Athens uppgång och fall utgör verkligen ett tragiskt historiskt drama lika fängslande som de i vilka de samtida athenska dramatikerna utvecklade sin beundran för Grekland. Athen nådde, säger Fuller, höjdpunkten av sin makt år 457 under Perikles ledarskap då stadsstaten vann segrar i främmande länder, och själva staden var praktiskt taget ointaglig efter fullbordandet av de berömda långa murar som förband staden med hamnen i Pireus. Nedgången inleddes nästan omedelbart därefter. Den första indikationen var det förödande nederlaget i Egypten år 454.

Från år 432, när det andra peloponnesiska kriget inleddes, och framåt började nedgången bli allt tydligare. En katastrof i form av en sjukdom spelade också sin roll för nedgången. Perikles var ett av de många offren för den stora pesten 430–429. ”Han kunde inte ersättas”, säger Fuller, ”eftersom hans speciella styrelseform gjorde honom oumbärlig, och Athens öde kom nu att vila i Kleons händer, en man av folket som begick det ödesdigra misstaget att göra ett krig som i allt väsentligt var ett försvarskrig till ett anfallskrig.” Efter Kleons död 423 visade sig för första gången den bedräglige Alkibiades. Genom sina komplexa ambitioner drev han athenarna till slutgiltig undergång. Den ohanterliga och anonyma athenska ”demokratin” svängde snabbt från en ledare till en annan och den var endast stabil i sin envisa beslutsamhet att – trots alla motgångar och förluster – hålla fast vid sitt världsherravälde. Och motgångarna var inte få.

Den största katastrofen var utan tvekan det totala misslyckandet för Syrakusaexpeditionen (415–413). Av de omkring 45 000 athenare och allierade soldater som deltog överlevde endast 7 000, vilka senare dog under eländiga förhållanden i Syrakusas stenbrott eller såldes som slavar. Som Thukydides uttrycker det:

> Detta var den viktigaste händelsen under detta krig och enligt min uppfattning den viktigaste i Hellas’ hela historia – för segrarna den mest lysande triumf, för de slagna det mest fruktansvärda nederlag. De var fullständigt besegrade på alla punkter, deras lidanden var enorma, det var som det heter en verklig totalkatastrof: hären, flottan – allt gick under, och av de många återvände blott få hem.[2]

Fuller kommenterar:

> Nederlaget var utan tvekan totalt. Det berodde inte på felaktig strategi utan på klumpigt taktiskt utförande. Strategin förefaller briljant så snart förevändningarna för kriget lämnas därhän. För att kompensera för

> bristen på markstridskrafter – som hindrade dem från att få herravälde över sina fiender på land – ville Athen beröva fiendens överlägsna markstridskrafter deras nödvändiga underhåll – spannmål, olja och handel ... [Seger] skulle ha resulterat i så fullständig kontroll över tillförseln av livsmedel till Peloponnesos att Sparta och Korinth inte längre skulle ha kunnat ställa upp tillräckligt med soldater för ett framgångsrikt krig mot Athen. Athen skulle följaktligen, trots sin underlägsenhet vad avser markstridskrafter, ha kunnat tvinga sin vilja på dem båda utan att gå i krig.
>
> Om man accepterar detta argument så blir orsaken till katastrofen hänförbar till Alkibiades, som ... [ersatte] ett politiskt krig med ett taktiskt företag.

Athen återhämtade sig aldrig efter debaklet vid Syrakusa. För Athen kom detta att fungera på liknande sätt som Napoleons återtåg från Moskva. Ingen senare framgång, oavsett hur lysande, kunde återvinna den förbrukade turen. Man är snarare förundrad över att Athen kunde hålla ut i ytterligare tio år – men i denna för oss så avlägsna tid rörde sig händelserna mot sitt klimax i långsammare takt. I detta fall inträffade klimax i samband med ”slaget” vid Aigospotamos – som i själva verket inte alls var ett slag utan den totala upplösningen av Athens sista flotta, då skeppen drogs upp på land och besättningarna skingrades av generalen Lysander från Sparta. Detta skedde år 405. Ett år senare kapitulerade Athen, de långa murarna revs och spartanska soldater slog läger i Akropolis. Fuller summerar detta:

> Sålunda slutade det första europeiska försöket att bilda ett världsherravälde, ett välde som byggdes upp med militärmakt och inte förgjordes genom militärmakt eller inre förfall utan genom masspsykologi. Efter katastrofen på Sicilien var det enda athenarna kunde göra att försöka avvärja ett nytt nederlag. Därför borde de ha försökt uppnå fred vid första bästa tillfälle. Men de breda lagren ville inte göra detta. Eftersom de visade sig oförmögna att bedöma skeendet, visade de sig också oförmögna att hålla fast vid sitt världsherravälde. De inte bara förlorade det, utan en ännu större katastrof var att Hellas kulturella och politiska ledarskap åtskildes genom att världsherraväldet gick förlorat.

KRÖNIKA

Makedoniens uppgång

Även om Spartas uttalade mål under de peloponnesiska krigen var att befria de stater Athen hade underkuvat, dröjde det inte länge efter det att det athenska statsförbundet hade kollapsat förrän spartanerna beslöt sig för att införliva de stater som de hade befriat i sitt eget välde. Deras gamla och långvariga isolationism hade nämligen ersatts av en expansionspolitik som sträckte sig bortom Peloponnesos.

Det första steg som togs var att bekämpa de athenska demokratierna och ersätta dem med oligarkier. Nästa steg var att landsförvisa politiska motståndare och konfiskera deras egendom. Bland dessa, av vilka en stor del sökte skydd i Persien, fanns många soldater. Under de många och långa krigen hade de gamla stadsmiliserna genom långvarig tjänst i fält blivit stående arméer, och när freden kom blev de professionella soldaterna utan arbete.

Bland dessa legosoldater fanns Xenofon, en athensk adelsman som var en av Sokrates vänner. Han och generalen Klearchos från Sparta tog tjänst hos Kyros, som var satrap i Mindre Asien och som då planerade att störta sin broder Artaxerxes från Persiens tron. Kyros uppmanade de joniska städerna att göra revolt mot Tissafernes, som var deras satrap. Han organiserade en armé som bestod av 30 000 asiatiska soldater och 13 000 grekiska legosoldater, av vilka 10 600 var hopliter under befäl av Klearchos. År 401 f.Kr. drog denna armé i fält från Sardes. Efter en marsch på närmare tvåtusenfemhundra kilometer kom armén till Kunaxa, nittiofem kilometer norr om Babylon, och där mötte Kyros Artaxerxes med sin armé. I det slag som följde kom grekerna redan i sin första anfallsvåg att driva allt framför sig. Kyros trodde att slaget var vunnet, vilket det också var. Åtföljd av en liten grupp ryttare och alltför ivrig att själv få döda sin bror galopperade han dumdristigt fram och blev själv dödad. Hans asiatiska soldater greps då av panik och flydde från platsen. De grekiska legosoldaterna, som nu var omringade, vägrade att kapitulera. Artaxerxes, som var rädd för att anfalla dem men som samtidigt var angelägen att bli av med dem, gick med på att förse dem med vägvisare och en eskort under Tissafernes som skulle föra dem tillbaka till Grekland. Med hjälp av ett knep lyckades den listige satrapen på återvägen skilja de grekiska generalerna från sina soldater och tog dem till fånga och sände dem tillbaka till Artaxerxes för att dödas. Eftersom Tissafernes räknade med att grekerna, som nu var utan sina generaler, skulle kapitulera och då han fortfarande var rädd för att anfalla dem vidtog han ingen ytterligare åtgärd. Främst på grund av Xenofons påverkan och uppmaningar återhämtade sig grekerna dock snabbt från sin bedrövelse, utsåg nya generaler och gav sig iväg på det som i historien är känt som "De tiotusens återtåg", vilket i detalj är beskrivet i Xenofons *Anabasis*. De nådde Svarta havets kust vid Trapezus (Trebizond) i början av år 400 f.Kr. efter ett av historiens mest berömda återtåg.

Denna fantastiska bedrift kom att sporra varje grekisk stad till nya stordåd. Aldrig tidigare hade en grekisk armé marscherat till det persiska imperiets centrum, utkämpat ett slag där och, ställd inför fiendens väldiga antalsmässiga överlägsenhet, lyckats att säkert ta sig tillbaka hem. Detta visade tydligt att inga asiatiska arméer kunde stå emot vältränade grekiska legosoldater. Professor Bury skriver om detta fälttåg: "Det är en epilog till Xerxes invasion och en prolog till Alexanders erövringar."

Det kom att få omedelbara följder. De grekiska städerna på Mindre Asiens kust, som fruktade Tissafernes återkomst, vände sig till Sparta för skydd och en armé under kung Agesilaos från Sparta sändes till deras hjälp. De förde med avsevärd framgång kriget in i Frygien och Lydien och drömde om att marschera till Babylon och avsätta Artaxerxes när, år 394 f.Kr., spartanerna hastigt väcktes genom Konon, den athenske amiral som undkommit efter slaget vid Aigospotamos. Han var nu befälhavare för den persiska flottan och i augusti vann han en avgörande seger i slaget vid Knidos (Kirio-Burnu) över Agesilaos flotta, som stod under befäl av Peisandros. Därigenom krossades Spartas sjömakt.

Under tiden hade krig utbrutit mellan Sparta och dess allierade. Förbittrade över Spartas krav och understödda av Persien gjorde Thebe revolt och snart anslöt sig Athen, Korinth och Argos. Ett slag utkämpades nära Korinth i juli 394 f.Kr. med Sparta som segrare. Detta blev inledningen till en åttaårig kamp som brukar kallas det korintiska kriget. Trots att spartanerna under Agesilaos – som nu var tillbaka från Asien – åter slog de sammanslutna i ett slag vid Koroneia (sydöst om Kopaissjön) var de tvungna att överge Boiotien och dra sig tillbaka till Peloponnesos, där de nu var inneslutna.

Spartanerna ansåg att framgångarna för deras fiender berodde på den hjälp de fått från Persien. År 392 f.Kr. sände de därför Antalkidas till den persiske befälhavaren, Tiribazos, med förslaget att de mot persisk hjälp var beredda att erkänna den Store Konungens herravälde över alla grekiska städer i Mindre Asien. Detta förslag fick inget påtagligt resultat förrän 386 f.Kr., då Persiens fruktan för att Athen åter var på väg uppåt tvingade Athen att acceptera den förödmjukande "kungsfred" som Artaxerxes dikterade för de grekiska städerna. I fredsvillkoren avstods de grekiska städerna i Mindre Asien och på Cypern till Persien, Spartas ledarskap inom Grekland erkändes och varje stat som inte var beredd att erkänna denna fred skulle av Persien tvingas att göra det. På detta sätt blev den Store Konungen domare över Grekland med rätt att ständigt lägga sig i landets affärer.

Sparta, som understöddes av Persien och nu var befriat från komplikationerna i Mindre Asien, återgick till sin despotiska politik. År 378 f.Kr. ledde detta till att Thebe åter revolterade och ingick en allians med Athen, som samtidigt hade börjat bygga upp ett nytt marinförbund. Detta ledde till krig med Sparta, i vilket thebanerna försvarade sig framgångsrikt och Athen vann avsevärda framgångar till sjöss. År 371 f.Kr. kom de stridande parterna överens om att diskutera fred, men eftersom Sparta vägrade låta thebanerna representera hela Boiotien beslöt de senare sig för att ensamma fortsätta striden. I alla grekers ögon föreföll därmed deras öde avgjort.

Om det inte hade varit för den thebanske befälhavaren, Epameinondas, råder ingen tvekan om att Thebe hade dukat under. Han förstod att spartanerna aldrig skulle ändra sin traditionella anfallstaktik, vars framgång byggde på framryckning i perfekt ordning i falanger vilka stötte mot fienden med alla spjut på en gång. Han utvecklade en taktik som avsåg att motverka detta och skapa oreda i den fientliga falangen. I stället för att föra fram sina män i en linje parallellt med den spartanska armén, grupperade han dem i sned vinkel, med den vänstra flygeln framdragen och den högra tillbakadragen. Samtidigt koncentrerade han trupper till den vänstra flygeln, med ett djup på femtio man. Målet var att möta ett anfall med ett motanfall, och samtidigt ha tillräckliga reserver till hands för att ta sig runt fiendens högra flygel. I juli 371 f.Kr. mötte han kung Kleombrotos och den spartanska armén vid Leuktra (nära Domvrena) i södra Boiotien och med denna taktik besegrade han dem. Kleombrotos stupade själv i slaget. Det bröt inte endast den spartanska prestigens tjuskraft, utan kom även att bli slutet på den korta spartanska hegemonin.

Thebe var nu på uppåtgående och hade mellan 369 och 362 f.Kr. möjlighet att göra vad både Athen och Sparta misslyckats med – nämligen att sammanföra de grekiska staterna till en nation. Thebe byggde en flotta och försvagade Athens makt till sjöss och tog under Epameinondas och Pelopidas ledningen i Grekland. Men denna maktställning var helt beroende av en enda dödlig man – Epameinondas. Sommaren 362 f.Kr. besegrade han med hjälp av samma taktik som vid Leuktra på nytt spartanerna vid Mantineia i Arkadien. Trots denna seger innebar slaget dödsstöten för Thebes överhöghet. Under förföljandet dödades Epameinondas och det ljus som hade lett thebanerna sedan 379 f.Kr. var nu släckt – Thebes makt till sjöss och till lands bröt samman. Sålunda hade tre stora stadsstater – Athen, Sparta och Thebe – i tur och ordning misslyckats med att skapa en federation i den hellenska världen och Hellas var nu moget att falla för en utomstående erövrare. Hans namn var Filip av Makedonien.

Filip, Amyntas III:s tredje son, föddes 382 f.Kr., och vid sin broders (Perdikkas III) död uppsteg han på Makedoniens tron och kom från den dagen till sin död 336 f.Kr. att enbart genom styrkan i sin personlighet dominera händelsernas förlopp. Rastlös och energisk, framsynt och slug vann han land, enligt Polyainos ”med list snarare än med vapen”. Hogarth, hans främste levnadstecknare, säger om honom: ”Bedrägeri i stället för vapenmakt, men vapenmakt om det skulle visa sig nödvändigt” var hans princip för att nå världsherravälde.

År 367 f.Kr. hade han suttit som gisslan i Thebe och under hans tre år där hade han lärt sig mycket om krig av Pelopidas och Epameinondas. Denna kunskap kom väl till nytta när han säkrat sin maktställning över de bråkiga makedoniska klanerna. Därefter gjorde han vad ingen härskare före honom gjort – ur sin feodala krets skapade han en professionell armé begåvad med en nationell anda och sammanhållning. Han skapade, som Hogarth säger,

”den första europeiska makten i ordets moderna bemärkelse – en nation i vapen med ett gemensamt nationellt ideal”.

De krig han förde kan grovt indelas i fyra grupper: de som fördes väster, norr och öster om Makedonien för att skapa en operationsbas, de söder om Makedonien för att få kontroll över Thessalien, de för att besegra Thrakien och därigenom få kontroll över Bosporen och de som utkämpades för att ge honom makt över hela Grekland söder om Thermopyle.

År 358 f.Kr. var han i krig med de illyriska stammarna och 357 f.Kr. intog han den tidigare athenska kolonin Amfipolis vid floden Strymon samt guldgruvorna i Pangaion som var av avgörande betydelse för honom. Ungefärligen vid denna tid gifte han sig med Olympias, som var dotter till kungen i Epeiros, och 356 f.Kr. födde hon honom hans son Alexander. Fyra år senare invaderade han Thrakien och Thessalien, vilket fick Lykofron, tyrann i Ferai (väster om Volo), att be om hjälp från en styrka legosoldater från Fokis som tidigare hade vanhelgat Delfi. De lyckades hålla stånd mot Filip och han tvingades dra sig tillbaka, men kom tillbaka året därpå och tillkännagav då att han ville återupprätta den skymfade Apollons ära. Denna gång besegrade han dem i ett slag som utkämpades nära Volo. Han genomförde därefter ett antal fälttåg, och 346 f.Kr. var han inställd på att ta kontroll över landvägen mot Grekland. Han marscherade med sin armé till Thermopyle där han mutade den fokiske befälhavaren att överlämna det berömda passet till honom. Då de kände hur vindarna blåste mottog den delfiska amfiktyonin[1] honom och tog honom in i hellenernas innersta cirklar. Under hans presidentskap genomfördes sedan de pythiska spelen i Delfi år 346 f.Kr. för att hedra dess befrielse. För Filip var detta en mycket stor politisk framgång.

Inte mycket är känt om de sex följande åren utöver att Filip tågade in på Peloponnesos, förde krig på den adriatiska kusten och förde sin armé till och bortom Donau. Under dessa år växte hans stora målsättning successivt fram, ”ty det hade blivit hans heta önskan”, skriver Diodoros, ”att bli högste befälhavare i Hellas och börja ett krig mot perserna”.

Detta stora projekt fanns i mångas tankar. Fler än Filip såg Persien som ett ständigt hot mot ett splittrat Grekland. Det var nu nästan fyrtio år sedan Isokrates för första gången uppmanat grekerna att begrava sina meningsskiljaktigheter och förena sig i en nation. I ett känsloladdat tal som han hållit vid de olympiska spelen hade han sagt: ”Vem helst som kommer utifrån till oss och iakttar Greklands nuvarande situation kommer att betrakta oss som stora dårar, som strider sinsemellan över småsaker och därigenom förstör vårt eget land. Tillsammans skulle vi utan fara kunna erövra Asien."

Innan Filip slutligen tog över Grekland beslöt han att först ta kontroll över den transportväg för spannmål som gick över Hellesponten. Med den under sin kontroll hade han ett viktigt ekonomiskt vapen med vilket han skulle kunna övertyga grekerna. Han skulle vidare ha nyckeln till den asiatiska dörren i sin hand. Av detta skäl förde han kriget till Propontis (Marmarasjön) där han dock inte hade någon framgång. År 340 f.Kr. misslyckades han i sitt försök att ta både Perinthos (Eregli) och Byzantion. Denna motgång var dock kortlivad. I början av 338 f.Kr. kom en budbärare från Amfiktyonins synod till honom när han befann sig vid Pella (nära Janitza) med en begäran om att han skulle betvinga Amfissa, en stad som låg nära Delfi, vilket Filip genast gick med på. Vissa har hävdat att han själv skapade detta förslag för att utplåna minnet av Perinthos och Byzantion. Thebe och Athen förenade sig nu och beslöt att tillsammans stoppa Filip och drog i fält med detta syfte. Filip trängde in i Boiotien och sent i augusti eller tidigt i september 338 f.Kr. mötte han dem vid Chaironeia (öster om Parnassosberget). Han hade med sig 30 000 infanterister och 3 000 kavallerister. Hans motståndare var sannolikt inte underlägsna i antal, men deras armé bestod av en blandning av legosoldater och milisförband under dubbelt befäl. Filips armé bestod däremot av välutbildade soldater från en nation och under ett befäl.

Även om föga är känt om slagets förlopp tycks det som om det första anfallet inte gav något utslag och som om Filips taktik var att nöta ner sin fiendes motstånd innan han satte in sin avgörande stöt. När den kom utdelades den av hans son Alexander, som förde befäl över det makedoniska kavalleriet som skingrade thebanernas flank. Hela den thebansk-atenska fronten bröt därefter samman och en vild flykt följde, vilken även inkluderade Filips oförsonlige fiende, den välkände athenske talaren Demosthenes.

Chaironeia gjorde Filip till hellenernas de facto-härskare. För att även bli det de jure försäkrade han sig först om kontrollen över Korinth och därefter inbjöd han alla de grekiska staterna söder om Thermopyle att sända delegater till en kongress på näset. Alla sände sina delegater utom Sparta, som vägrade. Filip talade länge vid kongressen om sitt beslut att gå i krig mot Persien och befria de grekiska städerna i Asien. De förbundna staterna utsåg honom till högste befälhavare med oinskränkt makt, samt sände Parmenion, Amyntas och Attalos med en stor styrka för att hålla Hellesponten och för att få fotfäste i Troas och Bithynien medan den stora panhellenska invasionsarmén samlades.

På hösten 336 f.Kr., alldeles innan han skulle ge sig av för att förena sig med Parmenion, mördades Filip vid sin dotters bröllop i Pella. Därigenom ärvdes detta stora projekt av hans son, vars verk – utvidgningen av den makedoniska hegemonin till ett världsherravälde – är det bästa beviset på hans faders genialitet.

Slaget vid Gaugamela eller Arbela 331 f.Kr.

Imperialismen var huvudsakligen en östlig skapelse som var främmande för hellenismen. Dess idé var teokratisk och inte aristokratisk eller demokratisk. Den var inte heller rent autokratisk som de grekiska tyrannierna. Den var snarare mystisk, eftersom kungen i österländska ögon var något mer än en envåldig monark. Han var framför allt gudarnas ställföreträdare eller son och deras präster var hans ministrar. Han styrde sitt herravälde inte med svärdets makt utan på uppdrag av gudarna, och när många länder var involverade blev det mycket lämpligt med en gud som gav sin makt och sin auktoritet till en härskare som var gemensam för alla män oberoende av ras. Om denna utvidgning av gudomligheten fördes ytterligare ett steg så att den omfattade hela den kända världen, blev följden att rätten att erövra en annan guds land kunde utvidgas till rätten eller till och med skyldigheten att skapa ett världsomspännande imperium, den ende och sanne gudens världsliga område. Som vi har sett var troligtvis Aton det tidigaste exemplet på denna gudomliga utveckling.

Denna tanke var totalt främmande för Filip. Det korintiska förbund som han skapat var nämligen, liksom alla de tidigare grekiska förbunden, inget annat än en sammanslutning av stadsstater under hans militära ledarskap. Även om Filip gärna skulle ha stått i ledningen för den grekiska hämnden på Persien kan vi utgå från att han, om han hade varit i livet, aldrig efter sina erövringar skulle haft en tanke på sig själv som världshärskare och fört in erövringarna under ett världsimperium – det vill säga ett imperium som sträckte sig över hela den tidens kända värld – eftersom han varken ansåg att han var eller betraktades som gudarnas ställföreträdare.

Tanken på en sådan gudomlig världserövring fick övertas av hans son.

Även om dr Tarn troligtvis har rätt när han säger att Alexander aldrig själv räknade med att bli världshärskare[1], kvarstår dock det faktum, vilket vi ska diskutera senare, att hos honom föddes tanken om en gudomlig världshärskare och ur den tanken följde sedan uppfattningen om ett världsomspännande imperium. Det var han som blev varse ett nytt förhållande mellan människa och gud, ett förhållande vars mål som vi ska se var att skapa harmoni mellan människor. Därigenom underminerades den princip för fiendskap som skilde stad från stad och folk från folk och därigenom stärktes den princip för samförstånd som förenade dem till en gemensam stad och ett broderskap. Droysen kunde därför inleda sin berättelse om Alexander med att säga: ”Namnet Alexander markerar slutet på en världsepok och begynnelsen på en ny.” Likaså kunde en av hans senare levnadstecknare, Ulrich Wilcken, skriva: ”Historiens hela förlopp därefter, efterföljande tiders politiska, ekonomiska och kulturella liv, kan inte förstås utan kännedom om Alexanders levnadsbana.”[2]

Han var mer än en världserövrare, han skapade en idé som allt sedan hans tid har löpt vidare genom århundradena och det har gjort att ingen i historien närmat sig hans ryktbarhet. I Rom höjdes han till skyarna av de tidiga caesarerna, i judisk folktro kallades han en föregångare till Messias och i Turkestan och Badakhshan vill framstående stamhövdingar än idag hävda att de är hans ättlingar. Den ”saga”[3] som grundar sig på hans liv svepte som en löpeld från Island till Gula havet och gjorde honom till son till Nektanebos, den siste faraon, till en ättling av det achaemenidiska huset, till en djupt troende muslim, till ett kristet helgon och till en allkunnig trollkarl. Även om dessa legender är fantastiska innehåller de var och en ett uns av sanning och Alexander var i sig ett under bland män.

Han föddes 356 f.Kr., troligen i oktober. Även om det var genom påverkan från fadern, vars stamfader enligt legenden var Herakles, som tanken på hämnd på Persien föddes, var det från modern, Olympias, som han fick den passion som befruktade tanken. Hon var en ovanlig kvinna, hänsynslös, gåtfull och dominant. Hon var dotter till Neoptolemos från Epeiros och räknade sina anor från Akilles. I sin ungdom i sitt hemland hade hon i Dodona (Dramisos) tillbett det äldsta Zeusoraklet[4] och hon visste att det mer mystiska Amonoraklet befann sig vid Siwaoasen. Vid sidan av Herakles och Akilles var också Dionysos enligt legenden en av Alexanders förfäder. Dionysos var son till Zeus och den jordiska kvinnan

Semele. I Makedonien ägnade man årligen en dag åt dyrkan av Dionysos.[5] Denne var en halvgud som enligt traditionen hade rest genom Lydien och Egypten till Indien och fört med sig den mystiska kulten kring vinrankan och samtidigt erövrat länderna där han drog fram. Dessa myter som var andliga realiteter i Olympias tidsålder utövade djupt inflytande på henne och genom henne på hennes son.

Aristoteles hade nästan lika stort inflytande på honom som hans far och mor. Filip hade anlitat honom som Alexanders läromästare när sonen var tretton år gammal. De båda bodde tillsammans under tre år i den lilla staden Mieza. Genom Aristoteles inflytande uppfylldes Alexander under denna tid av kärlek till den grekiska kulturen och av en djup vördnad för Homeros, vars verk, med Aristoteles kommentarer, det sägs att han alltid förde med sig under sina fälttåg. Det lär inte råda någon tvekan om att det var under tiden med Aristoteles som läromästare som det skapades ett djupt hat hos honom till perserna, vilka hade mördat Aristoteles vän och släkting – Hermeias, Atarneus tyrann.

Med sådana föräldrar och sådan läromästare i kombination med hans medfödda begåvning och outtröttliga energi är det inte förvånande att allt som Alexander företog sig blev av yppersta klass. Hans mod saknade gräns men han var samtidigt försiktig. Både som realist och idealist, som handlingsmänniska och planläggare höjde han sig över alla sina samtida, han var såväl en handlingens som tankens man. Han var både gåtfull och praktisk, och på alla som kom i hans närhet utövade han en stark dragningskraft. Även om han var synnerligen uppfinningsrik och fantasifull fick hans föreställningsförmåga sällan överhanden över hans förnuft. Han var lika noga vad avser detaljer som han var vidsynt i sina stora tankar. I sitt minnestal över Alexander säger Arrianos att en hjälte som är så totalt olik andra mänskliga varelser inte kunde ha uppstått ”utan en gudomlig skickelse”.[6]

Vi har hört att Alexander var ljuslagd och av medellängd. Plutarchos säger att han brukade hålla halsen ”lätt böjd åt vänster”. Han var en god löpare, men ringaktade professionella atleter. Då han hade tid för sig själv under sina fälttåg ”tillbragte han dagen med att jaga, avdöma rättegångar, syssla med något militärt eller läsa. ... Ofta förlustade han sig också med att anställa jakt på räv och fågel”.[7] Plutarchos säger vidare: ”Han var av naturen också en vän av studier och läsning ... Av andra böcker [förutom *Iliaden*] hade han under sin vistelse i det inre Asien icke många och befallde därför Harpalos att skicka honom sådana; och denne sände honom då Filistos skrifter" samt "åtskilliga tragedier av Aiskhylos, Sofokles och Euripides".[8]

Men det var hans starka moral som mer än någon annan av hans övriga egenskaper skilde honom från hans samtida. I en tidsålder då medkänsla ansågs som något omanligt kunde han visa medkänsla för andra och hysa medlidande med dem som råkat illa ut. I Efesos hindrade han invånarna från att döda oligarkerna eftersom han visste att om de inte hölls under kontroll skulle de "jämte de skyldiga med orätt döda andra, en del av fiendskap, andra för att röva deras ägodelar".[9] Under belägringen av Miletos sökte några av de belägrade skydd på en ö. Då Alexander förstod att de "ville inlåta sig i strid, kände han medlidande med dem, emedan de syntes honom ädla och trogna. Han slöt fred med dem på det villkor, att de skulle deltaga i hans fälttåg".[10] Efter slaget vid Issos hyste han medkänsla med de thebanska ambassadörerna, vilket han gjorde delvis av medlidande med Thebe[11], som han beklagade att han tvingats förstöra. Och under återmarschen från Indien genom Gedrosiaöknen (Makran) fick han höra att några av hans svältande soldater, som hade stått på vakt vid spannmålsmagasinen, hade snattat ur dessa: "då Alexander fick kännedom om deras tvångsläge, förlät han gärningsmännen".[12]

Men det var i sin syn på kvinnor – som i nästan alla tider betraktats som soldaternas legala byten – som Alexander visade sig ha en helt annan moralisk uppfattning än sina samtida. Han inte bara behandlade Dareios tillfångatagna hustru och döttrar med kunglig respekt utan tog även kraftigt avstånd från våldtäkt och annat våld mot kvinnor, vilket annars på hans tid var en naturlig del av kriget. När han vid ett tillfälle fick reda på att "två soldater i Parmenions häravdelning, hade våldtagit några legosoldaters hustrur, skrev han till Parmenion och befallde honom att, om de bleve överbevisade, straffa dem med döden såsom vilddjur, de där blivit födda till människosläktets skada".[13] Atropates som var vicekung i Medien skänkte honom vid ett annat tillfälle ett hundratal flickor utrustade och beväpnade som kavallerister. "Alexander avlägsnade dem från hären, för att icke makedonerna eller barbarerna skulle ställa till oroligheter eller begå våldshandlingar mot dem."[14] Och vid plundringen av Persepolis lät han utfärda en förvånansvärd order om att kvinnor inte fick röras. Trots hans ovanliga respekt för kvinnor kommer dock hans främsta moraliska egenskap fram i en av de slutanmärkningar som Arrianos gör i sin bok. I ett försvarstal för Alexander skriver han: ”Men att ångra sig, då man felat, det vet jag, om det är fråga om forntida kungar, att vara fallet ensamt med Alexander, på grund av hans ädla karaktär.”[15]

Mycket har skrivits om Alexander som fältherre, men av alla dessa skildringar är Arrianos troligen den sannaste eftersom hans huvudkälla var den numera försvunna historia som Alexanders general Ptolemaios skrev sedan han blivit Egyptens kung. Alexander var enligt denna skildring

> handlingskraftig, till sitt sinnelag manlig och ärelysten och ägnade gudomen mycken uppmärksamhet ... Uti att inse vad som borde göras, medan en sak ännu var oklar, var han utomordentligt skicklig; att av det som tedde sig sluta sig till det sannolika var han mycket lycklig; att uppställa en här, beväpna den och anföra den, däri var han mycket kunnig. Att sporra soldaternas mod, att fylla dem med gott hopp, att förjaga fruktan under faror genom sin egen frihet från fruktan, i allt detta var han ypperlig. Det som under ovisshet skulle utföras, utförde han med den största djärvhet. Då det gällde att avvinna fienderna en fördel, innan de ens fruktade att något skulle ske, var han mycket skicklig att förekomma dem.[16]

Vid sitt tillträde fann Alexander sig hotad från alla håll och han handlade då med förbluffande snabbhet. Först ryckte han in i Thessalien. Genom att gå runt flanken på den thessaliska garnisonen i Tempe vann han sedan en avgörande seger utan några förluster, vilket resulterade i att han genast blev vald till överhuvud för det Thessaliska förbundet. Därefter fortsatte han till Thermopyle där han av amfiktyonin erkändes som Filips efterträdare. Hans marsch mot söder hade varit så snabb att Athen, som då förberedde sig för att bryta loss från Makedonien, valde att i stället underkasta sig honom och kongressen i det korintiska statsförbundet valde honom till sin högste befälhavare, vilket innebar att han fick ta sin fars plats. Endast några få veckor efter sin fars död hade Alexander säkrat sin ställning så väl inom Grekland att han var redo att dra ut och säkra rikets nordliga och västra gränser och tvinga sin vilja på de vilda stammar som fanns bortom gränserna. I två överraskande fälttåg – det ena mot Donau och det andra i Illyrien – tog han makten där och omedelbart sedan han gjort det vände han sig söderut i högsta fart. Det hade åter uppstått problem inom Grekland. Denna gång var det föranstaltat av Persien.

År 338 f.Kr. mördades Artaxerxes III, son till Artaxerxes II och segrare vid Kunaxa, och efterträddes av Kodomannus som var en avlägsen släkting till honom. När Kodomannus tog sig namnet Dareios blev han Dareios III. Han fruktade Makedoniens uppgång, och när Alexander var upptagen i norr tog han därför tillfället i akt och sände 300 talenter till Athen som muta. Athenarna vägrade ta emot mutan, men den togs emot av Demosthenes. Vid ungefär samma tid kom också rykten som sade att Alexander och hans armé hade gått under i det vilda Illyrien. Thebanerna väntade inte på att få dessa rykten bekräftade utan inledde genast en belägring av den makedoniska garnisonen i Kadmeia. Athenarna bestämde sig då för att stödja dem med en kontingent. Snart därefter fick thebanerna plötsligt veta att Alexander inte var död utan befann sig i Onchestos, en stad som låg omkring tjugofem kilometer nordväst om Thebe. Nästa dag befann han sig utanför murarna till deras stad och tog genom ett överraskande anfall kontroll över en av stadsportarna varvid 6 000 thebaner dödades. Därefter jämnades staden med marken och dess landområden delades upp mellan statsförbundets övriga medlemmar. Förfärade av denna katastrof valde athenarna att genast ge sig och behandlades därefter med stor mildhet, inte bara därför att Alexander erkände Athen som Greklands kulturella centrum utan också för att han var angelägen om att den mäktiga athenska flottan inte skulle gå över till perserna. På lite mer än tolv månader hade han skapat en säker operationsbas i Europa, varifrån han kunde sätta in sitt anfall mot Persien.

Alexander lämnade kvar Antipatros med omkring 9 000 fotsoldater och en liten grupp ryttare för att hålla kontroll över Grekland och för att bevaka Sparta. Han samlade sin flotta om 160 triremer vid Kerkinitissjön, nära floden Strymons mynning. Sent år 335 f.Kr. eller tidigt det följande året gav han sig iväg från Pella med sin armé mot Sestos. Medan armén färjades över till Abydos seglade han över Hellesponten och besökte Troja för att lägga en krans på Akilles grav och därigenom blidka anden hos den mänskligaste av sina traditionella förfäder. Vid Arisbe, några kilometer öster om Abydos, förenade han sig med sin armé som nu bestod av 30 000 fotsoldater och 5 000 till häst.[17] För att skydda sin vänstra flank innan han marscherade in i det centrala Persien ryckte han fram mot floden Granikos (Bigha Tschai), där en armé om 20 000 asiatiska ryttare och 20 000 grekiska legosoldater under Memnon från Rhodos väntade.[18] Vid Granikos vann han i maj eller juni 334 f.Kr. det första av sina fyra stora fältslag. Som följd av den segern fick han kontroll över hela den del av Frygien som låg vid Hellesponten. Han vände sig mot söder och marscherade till Sardes, som kapitulerade. Därefter gick han mot Efesos som också gav sig, därefter till Miletos som vägrade och därför belägrades och intogs i juli. Där fattade han sedan sitt första stora beslut under fälttåget. Det innebar att han skulle beröva perserna deras sjöherravälde, men inte genom att slå deras flotta, det hade han inte tillräckliga resurser för, utan genom att ockupera alla persernas hamnar och baser på östra Medelhavets kust. Denna enorma uppgift tog honom två år att slutföra.

Den första av dessa baser var Halikarnassos (Bodrum). När Alexander förstod att dess betvingande skulle ta lång tid lämnade han 3 000 fotsoldater och 200 ryttare under Ptolemaios för att belägra staden medan han kämpade sig vidare mot Gordion (Bela-Hissar) i två kolonner, den ena under Parmenion genom Lydien, och den andra, som han förde befäl över själv, ryckte fram utefter Lykiens kust. Från Gordion marscherade han via Ankyra till Tarsos och sedan vidare till platsen för dagens Alexandretta (Iskenderun). Dit kom han i oktober år 333 f.Kr.

Samtidigt hade Dareios samlat en armé vid Sochoi öster om Amanosbergen. När han fick underrättelser om att Alexander drog sig mot söder utefter kusten övergav han slättlandet, tog sig över Amanusbergen, kom ner till kusten vid Issos på den nordligaste delen av Alexandrettabukten och skar därmed av makedoniernas förbindelse- och underhållslinje bakåt. Så snart Alexander blev varse detta gjorde han helt om och utkämpade det andra av sina stora fältslag – slaget vid Issos – på floden Pinaros (Deli Tschai) stränder. Där besegrades perserna och Dareios tvingades fly.

Alexander höll fast vid sin plan att erövra de persiska flottbaserna. I stället för att förfölja sin besegrade fiende inåt landet fortsatte han därför sin framryckning utefter den syriska kusten. Arados (intill Tripoli), Byblos (Jebeil) och Sidon (Sayda) öppnade sina portar för honom och Tyros skulle ha gjort likadant om han inte begärt att få offra till den tyriska guden Melkart, som grekerna kallade Herakles från Tyros. Detta förvägrades honom och östaden belägrades därför. Efter en av de mest berömda och ovanliga belägringar som historien känner, som varade från januari till augusti 332 f.Kr., stormades staden. Därvid kom inte bara alla persiska flottbaser utan också alla feniciska stadsflottor att falla i Alexanders händer, den på Cypern inkluderad. Tillsammans gav de honom totalt sjöherravälde i östra Medelhavet och gjorde Makedonien till världens starkaste sjömakt.

Han fortsatte genom det som idag är Palestina. Gaza stormades efter två månaders belägring och Egypten skars därmed av från all tänkbar persisk assistans. Alexander sände sin flotta till Pelusium, marscherade vidare till Memfis och trädde in i faraonernas huvudstad där han, enligt "sagan", satte sig på en tron i Ptahs tempel och lät installera sig som Egyptens konung. Från Memfis seglade han nerför Nilen till Kanopos och nära Rhakotis valde han ut platsen för Alexandria, den mest kända av de många städer som bar hans namn.

Tidigt år 331 f.Kr. marscherade Alexander vidare trehundrafemtio kilometer genom öknen för att besöka Amonoraklet i Siwa, som enligt legenden hade erövrats av hans förfäder Perseus[19] och Herakles. Enligt Plutarchos (modern historievetenskap betvivlar dock historien) möttes han när han närmade sig den heliga platsen av en präst som ville ge honom ett vänligt välkomnande och som därför på grekiska sade: "Mitt barn", men eftersom han inte var grek så uttalade han orden felaktigt så att de uppfattades som "Zeus son", ett misstag som behagade Alexander och som fick folk att säga att guden själv hade kallat honom "Zeus son".[20] Tillsammans trädde de inför guden. Vad som där uppenbarades för Alexander är okänt, förutom att det var en så stor hemlighet att han inte ens vågade berätta det i skrift för sin mor.[21]

Vad det än var så förefaller det vara mer än ett sammanträffande att Plutarchos omedelbart efter det att prästerna kallat Alexander för "Zeus son" relaterar följande incident: medan Alexander var i Egypten lyssnade han till många föreläsningar som filosofen Psammon höll och han var särskilt nöjd då denne framhöll att gud är herre över alla män "eftersom den styrande och bestämmande makten inom var och en av oss är gudomlig; men själv påstod han sig hava en ännu djupsinnigare uppfattning härutinnan och våga uppställa den satsen, att gud visserligen är alla människors gemensamme fader, men att han särskilt upptager de bästa människorna som sina barn."[22]

Utifrån detta vågar vi anta att oberoende av vad prästen eller guden verkligen sade till honom, lämnade han helgedomen med den uppfattningen att eftersom solguden Amun-Re lyser över alla män, oavsett om de är goda eller onda, bör uppfattningen om *homonoia* – "sammanhållning i endräkt" eller ”att ha en gemensam uppfattning” – som krävs för att det ska råda sann fred i en stadsstat, utvidgas till att omfatta hela världen som Guds stad och därför omfatta alla människor oberoende av ras. Enligt dr Tarn gick detta långt utöver de tankar kring *homonoia* som framförts av Platon, Aristoteles och Isokrates.[23] Professor Wright är av samma uppfattning. Han säger: ”Han hade Aristoteles att tacka för mycket, men han gick långt utöver vad hans läromästare sagt när han frigjorde sig från distinktionen mellan hellener och barbarer och dristade sig att förkunna mänsklighetens broderskap.”[24] Om denna fråga, som möjligen är det viktigaste intellektuella spörsmålet i världshistorien, skriver Tarn:

> Vad Eratosthenes säger innebär följande: Aristoteles uppmanade Alexander att behandla greker som vänner men barbarer som djur. Men Alexander förstod bättre och föredrog att indela människor i goda och onda oberoende av ras, och följde på detta sätt den verkliga innebörden av Aristoteles uttalande. Alexander trodde att han hade ett gudomligt uppdrag att skapa harmoni mellan människor och att han skulle bli en försonare i världen och blanda mäns liv och vanor som i en dryckespokal, och behandla de goda som sina släktingar och de onda som främlingar. Han trodde nämligen att den goda människan var den verklige greken och den onde den verklige barbaren.

Som kommentar till detta fortsätter han:

> Det är tydligt, oavsett varifrån allt detta kommer, att det handlar om en revolutionerande förändring av tänkandet. Det innebär att det finns ett naturligt broderskap mellan alla män även om de onda männen inte ingår i det. *Homonoia* ska inte begränsas enbart till förhållandet mellan grek och grek utan ska även förena greker och barbarer. Alexanders mål var att låta freden ersätta kriget och bilägga människornas fiendskap genom att föra dem alla – det vill säga alla som nåddes av hans makt, folken i hans imperium – samman i endräkt. Eftersom människorna var av samma blod skulle de också bli ett i själ och hjärta.[25]

I sin *Cyropaedia* hade Xenofon i Cyrus givit Alexander bilden av den ideale världshärskaren. Platon hade skrivit om honom som filosofkungen och som Henri Berr har framhållit: ”Van som han [Alexander] var att lämna kretsen av fakta och sväva in i idéernas sfär kom han fram till principen att det måste finnas en enda härskare för människorna, precis som det bara finns en sol som lyser upp jorden."[26] På detta sätt blev den filosoflärde konungen genom den mystiska metamorfosen i Siwa gudakungen. Genom Alexander mottog väst på detta sätt idéerna från öst om det teokratiska världsherraväldet och konungadyrkan. Den ena kom senare att blomstra i det romerska imperiet och i dess efterföljare, det kristna imperiet, och den andra omvandlades till kungarnas gudomliga rätt.

Denna utvidgade tolkning av *homonoia* – "en av de största revolutionerna inom världens livsåskådningar"[27] – blev senare målet för alla hans erövringar och den ledde honom från Siwa till världens ändar, som de föreföll vara på den tiden.

När Alexander återvände till Memfis mötte han de förstärkningar från Grekland som väntade på honom där. Han skyndade sig nu att organisera kontrollen över Egypten. Han utnämnde sina garnisonschefer och gav dem order att tillåta guvernörerna att styra sina respektive distrikt enligt gammalt bruk, men att samtidigt kräva in den skatt de var skyldiga honom.[28] Han hade samma metod under hela sin regeringstid, han skilde civil administration från militär kontroll. Den förra överlämnade han till representanter för det besegrade folket och den senare överlät han till utvalda makedonier.

Våren 331 f.Kr. gick Alexander över Nilen och marscherade tillbaka till Tyros där han konstaterade att hans flotta redan hade anlänt. Därifrån sände han en stor styrka till Peloponnesos för att motverka spartanernas intriger och därefter fortsatte han marschen genom Orontes dalgång mot den plats där Antiochia senare grundlades. Han vände mot öster och ryckte fram till Eufrat vid Thapsakos (vadstället El Hamman) och grundade i dess närhet staden Nikeforion (Rakkah) som en befäst plats och förrådsdepå vid förbindelselinjerna bakåt. Till en början hade han tänkt gå över Tigris nära Nineve på den plats där Mosul nu ligger, men när han fick reda på att Dareios fanns i området med en stor armé beslöt han sig för att gå över floden nordväst om den gamla assyriska huvudstaden och marschera ner utefter flodens vänstra strand mot Arbela (Erbil).

Den armé vars öde det nu var att vinna det slag som skulle bli det mest epokgörande av alla västvärldens avgörande slag var Filips skapelse. Som militär organisatör ligger hans storhet i att han förstod att rörligheten var det styrande taktiska elementet i arméorganisationen. Fram till hans tid hade fältslag betraktats som en tävlan i uthållighet och segern gick till den sida som vann själva slagfältet och kunde resa en segertrofé där. Falangen kunde i alla händelser aldrig på grund av sin stelhet och orörlighet uppta förföljelse utan att bryta sin ordning, då den blev ett enkelt byte för lätt beväpnade och beridna soldater. Vad Filip förstod var att kampen på slagfältet endast var ett medel för att nå ett slut och att det taktiska slutet kom när fienden tillintetgjordes under förföljandet. Han organiserade sin armé med detta mål för ögonen och kombinerade alla slags stridande enheter till ett taktiskt instrument. Medan hans infanteri gick i clinch med fienden och höll fast honom, manövrerade hans kavalleri och utdelade det avgörande slaget.

Långt före Filips tid hade det makedoniska kavalleriet bestått av adelsmän som kallades *hetairoi*, eller konungens följeslagare.[29] Det var en mycket gammal titel, som användes redan på *Iliadens* tid då 2 500 av Akilles myrmidoner var benämnda på detta sätt. På Filips tid höll redan infanteriet på att förvandlas från att i huvudsak ha varit en samling beväpnade bondpojkar till ett organiserat reguljärt infanteri som kallades *pezhetairoi* eller följeslagare till fots. Filip delade in kavalleriet i regementen (*ilae*). Varje regemente var mellan 1 500 och 1 800 man starkt och ett av regementena var *Basilikon agema*, följeslagarnas eller konungens hästgarde. Det tunga följeslagarkavalleriet var beväpnat med svärd och bar hjälmar och kroppsskydd. Deras huvudvapen var dock lansen. Eftersom stigbyglar inte kom i bruk förrän under det sjätte århundradet e.Kr. användes lansen som ett kastvapen och fälldes inte för stöt som på medeltiden. Den gamle hopliten lät Filip ersätta med en soldat som var ett mellanting mellan hopliten och en lätt beväpnad *peltast*, beväpnad med en lång pik och en liten rund sköld (*pelta*) som införts av den athenske generalen Ifikrates år 392 f.Kr. Den nye hopliten var beväpnad med ett fyra meter långt spjut, *sarissa*[30], och en lätt sköld som bars på högerarmen. Han var iförd benskenor och ett metallskyddat läderkyller. Filip organiserade falanginfanteriet i regementen (*taxeis*), vart och ett normalt omfattande 1 536 man indelade i bataljoner och kompanier. Den minsta enheten var roten som bestod av sexton man, men Filip minskade den ofta till åtta man.

Vid sidan av dem som ingick i falangen satte Filip upp tre bataljoner lätt beväpnat infanteri, hypaspisterna, var och en bestående av 1 000 man som skulle fungera som en länk mellan den högra flygelns snabbrörliga kavalleri och den långsammare falangen. De tre tillsammans kunde jämföras med en långsamt rörlig mur till vänster, en snabbrörlig dörr till höger och ett gångjärn dem emellan. Gångjärnet, eller den rörliga förbindelsen – hypaspisterna – var nödvändigt för en framryckning i sned formering. Utan den skulle kontakten mellan kavalleriet och falangen helt säkert förloras och i alla strider på den tiden var målsättningen alltid att hålla fronten obruten. En bataljon av hypaspisterna var känd som *agema*, eller det kungliga livgardet till fots.

Förutom de ovannämnda, som alla bestod av makedoniska trupper, satte Filip upp ett relativt omfattande allierat lätt kavalleri som huvudsakligen bestod av thessalier. Utöver det makedoniska infanteriet hade Alexander stora infanteriförband från allierade stater liksom en styrka med legosoldater.

Fram till Filips dagar hade en belägring inneburit att den belägrade garnisonen fick svälta tills den gav sig. För att skynda på denna mycket långsamma process införde Filip belägringsmaskiner från Sicilien där de hade använts länge av såväl grekiska som karthagiska ingenjörer.

Om Alexanders artilleri och ingenjörstrupper[31] vet vi mycket lite och absolut ingenting om hans tross och underhållsförband. Artilleriet var utrustat med två typer av katapultvapen, ett som kastade stenar och ett som kastade spjut.[32] Ingenjörssoldaterna var utrustade med erforderliga verktyg och materiel för att bygga murbräckor, belägringstorn, ramper, broar och förläggningsplatser. Alla dessa vapen, utrustningar och verksamheter övervakades av Alexander som hade en välorganiserad stab till sin hjälp. Den bestod av ett sekretariat, krigsdagboksförare, krigsplanerare, kartritare och lantmätare, officiella historieskrivare samt innefattade dessutom många specialister och vetenskapsmän. I sin helhet var hans armé, till skillnad från alla som föregått den, inte enbart en armé för att erövra och betvinga, utan framför allt var den en ockupationsarmé som skulle kunna hålla och organisera de erövrade länderna. Förutom för strid var den organiserad för vetenskaplig utforskning.

Dareios satte upp en ny armé efter sin förlust vid Issos. Eftersom vi har hört att han beväpnade några av sina divisioner med svärd och längre spjut för att bättre kunna ta upp striden med *sarissa* är det tydligt att även han hade lärt sig en läxa. Han drog vidare mot norr från Babylon, gick sedan över till Tigris vänstra strand och fortsatte till Arbela, ”staden med fyra gudar”, där han byggde upp en underhållsdepå och dit han förlade sitt harem. Därifrån fortsatte han sedan till Gaugamela (Tel Gomelhöjden) vid floden Bumodos (Khajir), en biflod till Stora Zab. Den platsen ligger omkring 30 kilometer nordöst om Mosul och 55 kilometer väster om Arbela. Anledningen till att han valde denna plats var att den utgjorde ett stort slättområde (nära Keramlais) som var mycket gynnsamt för hans stora kavalleriförband.

Under denna tid tog sig Alexander med sin armé över Tigris och den 20 september, när han lät armén vila på den östra stranden, inträffade en partiell månförmörkelse. Han offrade då till Selene, Helios och Ge (Månen, Solen och Jorden).[33]

Några dagar senare, när hans spanare rapporterat att perserna närmade sig, gav han order om förberedelse för strid och red sedan snabbt i spetsen för ett utvalt kavalleriförband mot fienden efter det att han gett order till resten av armén att följa efter i marschtakt.[34] Av tillfångatagna perser hade han fått reda på att den persiske kungen befann sig vid Gaugamela i spetsen för 40 000 man kavalleri, 1 000 000 infanteri[35], 200 stridsvagnar utrustade med ett lieliknande vapen[36] och några stridselefanter.[37] Under tiden lät Dareios jämna ut marken och plocka bort hinder på Gaugamelaslätten och gjorde den därigenom till ett väldigt exercisfält. På det grupperade han sedan sin armé i följande stridsordning:

> Hans vänstra flygel innehade de baktriska ryttarna och med dessa daerna [en skytisk stam] och arakhoterna. Närmast dessa voro perserna uppställda, ryttare och fotfolk blandade om varandra, näst perserna stodo suserna och vid dessa kaduserna. Detta var vänstra flygelns uppställning, ända till mitten av hela slaglinjen.
>
> På högra flygeln voro uppställda trupperna från Dal-Syrien och från landet mellan floderna och därjämte mederna på högra flygeln, därnäst parthyaier och saker, sedan topeirer och hyrkaner, därpå albaner och sakesiner, dessa ända till mitten av hela slaglinjen.
>
> I centern, där konung Dareios befann sig, voro konungens släktingar uppställda, de genom äppelknoppslansar utmärkta perserna och inder och de så kallade bortflyttade karerna och de mardiska bågskyttarna. Uxierna och babylonerna, de vid Röda havet boende, och sittakenerna voro uppställda på djupet av slaglinjen.
>
> Främst voro uppställda på vänstra flygeln mot Alexanders högra flygel de skythiska ryttarna och av baktrianerna omkring 1 000 och 100

> liebärande vagnar. Elefanterna stodo vid Dareios' kungliga skvadron, och ungefär 50 vagnar. Framför högra flygeln voro de armeniska och kappadokiska ryttarna uppställda ävensom 50 liebärande vagnar. De hellenska legotrupperna uppställdes på vardera sidan om Dareios och de till hans omgivning hörande perserna, mittemot den makedoniska slaglinjen, såsom de enda som kunde hålla stånd mot denna.[38]

Av denna beskrivning går det inte att få en riktig uppfattning om hur de olika avdelningarna var uppställda. De beledsagande diagrammen visar vad överste Dodge[39] betraktade som den sannolika dispositionen. Enligt Tarn bestod hela den främsta linjen av kavalleri, "med en andra linje av infanteri bakom dem".[40] Den högra flygeln stod under befäl av Mazaios och den vänstra av Bessos.[41]

Sedan Alexander förvissat sig om fiendens dispositioner lät han sin armé vila i fyra dagar medan han befäste sitt läger med vallgravar och pålverk. Omkring tiden för den andra vakten under den fjärde natten efter det att han gått över Tigris bröt han lägret och satte sig i rörelse mot Dareios "för att vid dagningen sammandrabba med perserna".[42] När han var omkring fem kilometer från perserna gjorde han halt och samlade sina generaler. Parmenion, som var hans närmast underställde, föreslog att de skulle slå läger där de var och rekognoscera terrängen och fienden. Alexander gick med på detta. Lägret befästes samtidigt som "Alexander med de lättbeväpnade och [följeslagarna] av rytteriet gick runtomkring och undersökte hela den terräng, där han skulle komma att strida".[43]

Han kallade till en ny konferens då han kom tillbaka vid vilken han diskuterade det han hade sett och framhöll för sina generaler betydelsen av att snabbt utföra erhållna order.

Den 30 september, under natten före slaget, då Dareios höll ett slags midnattstapto, vilade Alexanders armé. Parmenion kom till kungens tält för att föreslå ett nattligt anfall men Alexander var inte beredd att gå med på det.[44] I den kommande striden hade han planerat att utdela ett avgörande slag och han var väl medveten om de svårigheter som var förenade med nattoperationer. Alexander formerade sin armé på följande sätt:

Den högra flygeln hölls av följeslagarna, hypaspisterna och troligen tre *taxeis* ur falangen. I den högra fronten stod således Klitos kungliga skvadron och på hans vänstra sida fanns Glaukias, Ariston, Sopolis, Herakleides, Demetrios, Meleagros och Hegelochos skvadroner. Kavalleriet i sin helhet

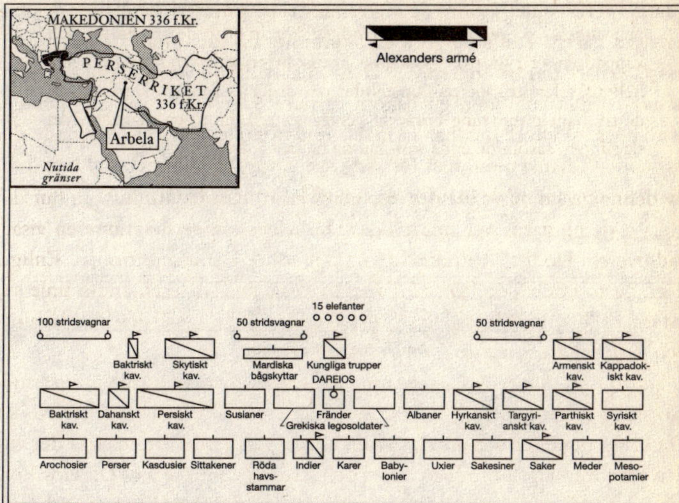

7. Dareios stridsgruppering vid slaget vid Arbela, 331 f.Kr.

stod under befäl av Filotas, Parmenions son. Därefter stod *agema* och sedan kom hypaspisterna under befäl av Nikanor. Falangen var grupperad på följande sätt: till höger stod Koinos brigad, därefter kom Perdikkas, Meleagros, Polysperchons, Simmias och Krateros brigader. Krateros hade som vanligt befälet över den vänstra flygelns infanteri. Till vänster stod det grekiska kavalleriet under Erigyios, därefter det thessaliska kavalleriet under Filip. Hela vänstra flygeln stod under befäl av Parmenion, kring vilken de farsaliska ryttarna var grupperade.[45]

Det var knappast något ovanligt med denna gruppering för strid. Uppställningen var den vanliga och liknade den som använts i slagen vid Granikos och Issos. Det taktiska problemet var däremot annorlunda och liknade det som mötte Kyros i slaget vid Thymbra[46], och som skildrats av Xenofon. Alexander kände troligtvis till Xenofons *Cyropaedia*. I alla händelser utnyttjade han nu taktiken från detta mytomspunna slag. Bakom sin front ställde han nämligen ”en annan truppavdelning, för att falangen skulle ha två fronter”.[47] Order hade givits, skriver Arrianos, till cheferna i denna reservlinje ”att om de sågo sina stridskamrater omringade av den persiska hären, skulle de göra en svängning till den motsatta sidan och mottaga barbarernas angrepp”.[48] Denna bakre linje eller reservlinje bestod av två rörliga kolonner, en bakom vardera flygeln. De var grupperade ”vinkelvis” – vilket innebar i vinkel mot fronten. Därigenom kunde de ta fienden i flanken om han försökte svepa runt flygeln och om han inte gjorde det svängde de inåt för att förstärka arméns front.

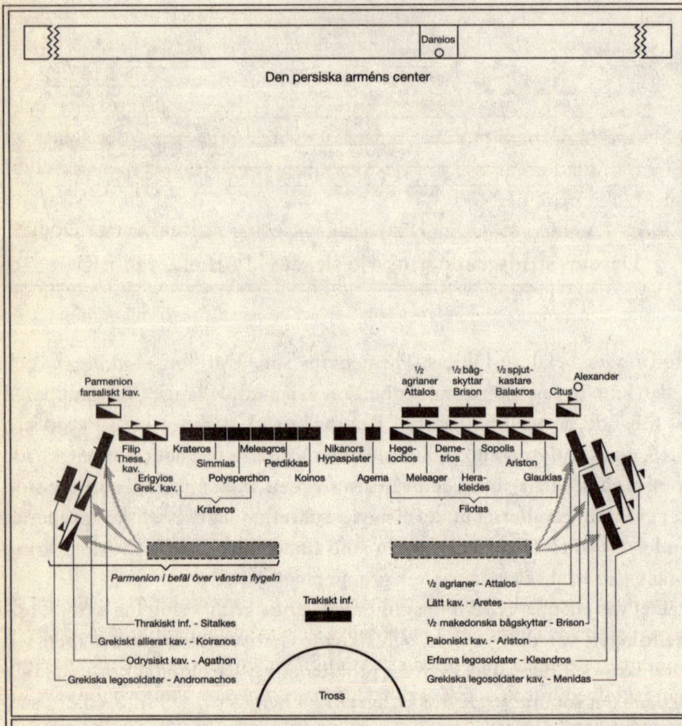

8. Alexanders gruppering för strid i slaget vid Arbela, 331 f.Kr.

Den högra flygeln var arrangerad på följande sätt: hälften av agrianerna stod under Attalos, hälften av de makedoniska bågskyttarna under Brison och de erfarna legosoldaterna (infanteri) under Kleandros. Framför de två förstnämnda stod det lätta kavalleriet under Aretes och paionerna under Ariston och i deras front det grekiska legokavalleriet under Menidas. De övriga agrianerna, bågskyttar och spjutkastare under Balakros, hade ställts upp framför följeslagarkavalleriet för att möta ett anfall från de persiska lieförsedda stridsvagnarna. Order hade givits till Menidas och förbanden under hans befäl att svänga runt och anfalla fienden i flanken om de skulle försöka ta sig runt deras flygel.[49] Den vänstra kolonnen var på samma sätt arrangerad i vinkel mot fronten. Först stod thrakerna under Sitalkes, därefter de allierades grekiska kavalleri under Koiranos och därefter det odrysiska kavalleriet under Agathon. Framför dessa var de grekiska legosoldaterna uppställda under Andromachos. Arméns tross bevakades av thrakiskt infanteri. Totalt bestod Alexanders armé av 7 000 man kavalleri och 40 000 man infanteri.

Om Alexanders storslagna taktiska gruppering skriver överste Dodge:

> Denna gruppering har kallats en stor ihålig fyrkant, men den var mer än så. Arrangemangen var gjorda för att skapa större rörlighet än en fyrkant normalt medger. Kolonnerna var organiserade och inrättade på ett sådant sätt att de kunde vända sig åt alla håll och var förberedda att möta anfall från såväl front, flank som bakifrån. Den vänstra rörliga kolonnen mötte till och med ett anfall inifrån och slog ner det. ”Kort sagt”, säger Curtius, ”han hade förberett sin armé att hålla en front åt alla håll” – han borde ha sagt att den var beredd att strida åt alla håll om fienden försökte sig på att gå runt. Fronten var därför inte säkrare än flankerna, och flankerna var inte bättre förberedda än kön![50]

Sådan var Alexanders stridsgruppering, och vi kommer att se att det är viktigt att ha den i minnet. Under själva slaget var det nämligen möjligt för honom att utveckla sin egen taktik i enlighet med sina egna idéer eftersom han hade bedömt fiendens avsikter på ett riktigt sätt och förberett sig för att möta dem. Det var hans förutseende som gav honom segern.

Medan makedonierna närmade sig perserna drog sig Alexander mot deras vänstra flygel i stället för att gå rakt mot dem. När Dareios blev varse detta marscherade han parallellt med honom[51], och lät sitt skytiska kavalleri

9. Slaget vid Arbela. Första skedet

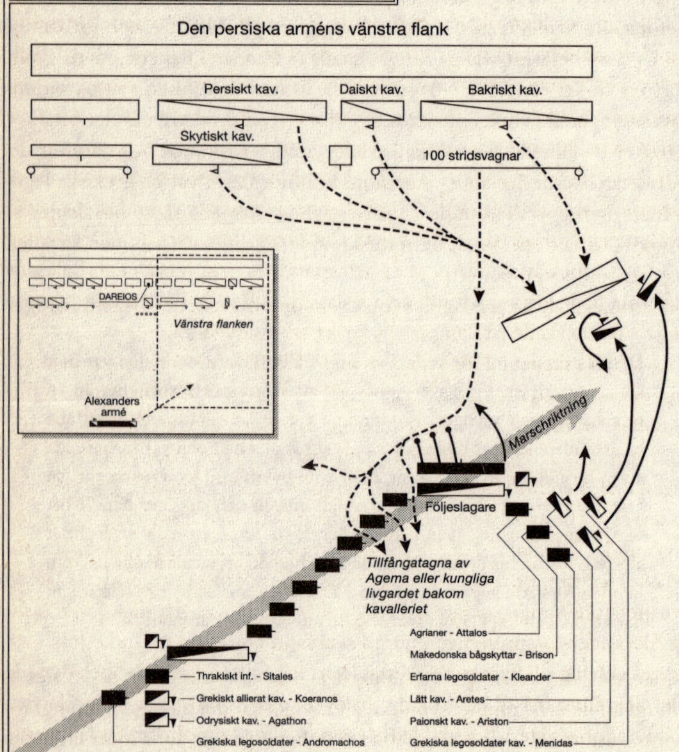

galoppera fram till attack. Alexander fortsatte sin vinklade frammarsch och började successivt komma in i terräng som inte i förväg hade jämnats och förberetts av perserna.[52] Då Dareios fruktade att hans stridsvagnar skulle kunna bli oanvändbara beordrade han sin vänstra flygels frontenheter att rida runt Alexanders högra flygel och tvinga den till halt. För att möta detta anfall förde Alexander fram de grekiska legosoldaterna under Menidas, men de drevs tillbaka i oordning. Därefter blev paionerna under Aristos och Kleandros legosoldater beordrade fram och som svar satte Bessos in det skytiska och baktriska rytteriet. Eftersom skyterna och deras hästar "voro med bättre pansar skyddade"[53] lyckades de bryta följeslagarnas led och orsaka dem stora förluster. Trots detta började nu makedoniernas disciplin och mod ta ut sin rätt. Skvadron efter skvadron slog ut sina anfall och Bessos attack tvingades tillbaka. Uppenbarligen i syfte att dra nytta av den oreda som följeslagarna försatts i satte Dareios in ett anfall med sina stridsvagnar för att skapa oordning i falangen. Så snart de närmade sig möttes de dock av skurar av pilar och spjut från agrianierna och Balakros män som hade förts upp framför följeslagarkavalleriet. På detta sätt slutade slagets första skede på den makedoniska högra flygeln.

Det andra skedet inleddes genom en order till Aretes om att gå till anfall mot dem som red runt makedoniernas högra flygel. Alexander tog därefter själv befälet över följeslagarkavalleriet, svängde det runt och formerade det till en kil. Tillsammans med falangens fyra högra *taxeis* red han själv i spetsen mot en lucka som bildats i den persiska fronten då deras eget kavalleri ryckt fram. Till sist galopperade han själv rakt fram mot platsen för avgörandet – den plats där Dareios befann sig. Anfallet, som på sin vänstra sida fick kraftigt understöd av falangens täta rader av resta pikar, skrämde den persiske kungen så att han tog till flykten. Det fientliga kavalleriet på Alexanders ursprungligen högra sida fann under tiden sin kö hotad av Aretes och tog till flykten. Makedonierna tog upp förföljandet och dödade alla. Slagfältet måste ha erbjudit en ovanlig åsyn eftersom både Curtius och Diodoros säger: "Det bildades ett så tjockt dammoln efter alla flyende att det inte gick att urskilja någonting ordentligt, och det var därför som makedonierna förlorade kontakten med Dareios. Ljudet från alla skrik och pisksnärtar fick tjäna som ledning för de förföljande."[54]

När striden pågick på Alexanders högra sida utkämpades en annan strid till vänster om honom. Den vänstra flygeln befann sig på grund av

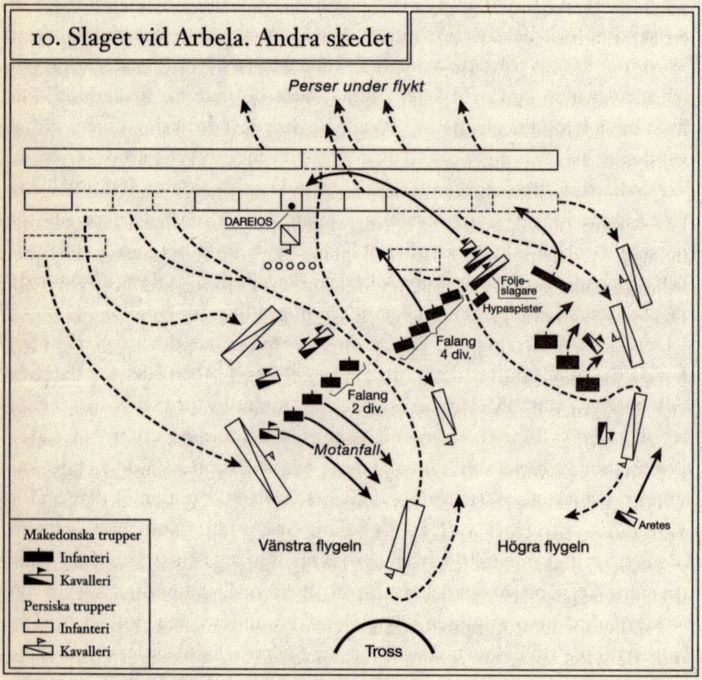
10. Slaget vid Arbela. Andra skedet
Perser under flykt
DAREIOS
Följe-
slagare
Hypaspister
Falang
4 div.
Falang
2 div.
Motanfall
Vänstra flygeln
Högra flygeln
Aretes
Tross
Makedonska trupper
Infanteri
Kavalleri
Persiska trupper
Infanteri
Kavalleri

frammarschen i vinkelformering bakom den högra flygeln och Alexanders hastiga framryckning tycks ha skapat en lucka mellan den och den högra flygeln. Genom denna lucka stormade det indiska och persiska kavalleriet fram och galopperade rakt mot den makedoniska trossen för att rädda Dareios familj. [Denna hade tillfångatagits av Alexander efter slaget vid Issos. Faktagranskaren HG:s anmärkning.] Här blev, som Arrianos framhåller, striden desperat. "Men då anförarna för dem som blivit uppställda närmast första linjen snart erforo vad som försiggick, företogo de en frontförändring, såsom det blivit dem befallt, och kommo i ryggen på perserna. Många av de perser, som voro sysselsatta med trossen, dödade de."[55] Medan denna strid pågick red det persiska kavalleriet från Dareios högra flygel runt Alexanders vänstra flygel och anföll Parmenion i flanken. Parmenion var nu omringad.

Parmenion sände då bud till Alexander för att informera honom om sin kritiska situation. Alexander mottog budet när han förföljde de kvarvarande delarna av den persiska vänstra flygeln. Han svängde genast runt med följeslagarnas kavalleri och ledde det nu mot den persiska högra flygeln. Det persiska kavalleriet som var på väg bakåt upptäckte att deras reträtt var hotad och försvarade sig våldsamt. De slog och blev slagna utan förbarmande, och till slut besegrades de av Alexander.

När Parmenion var befriad återupptogs förföljandet som fortsatte ända till midnatt. En snabb marsch genomfördes därefter till Arbela. Marschen var lång – 55 kilometer – men förgäves. Dareios hade hunnit undkomma.

Förlusterna i detta slag går inte ens att gissa. Arrianos säger att 300 000 av perserna dödades och att ännu fler fångar togs.[56] Alexanders förluster uppges till 100 döda och 1 000 förlorade hästar. Curtius säger att 40 000 perser dödades och 300 makedonier, och Diodoros 90 000 respektive 500.[57]

I stället för att återuppta förföljandet av Dareios marscherade Alexander mot Babylon som inte kunde försvaras eftersom dess stadsmurar sedan länge var förstörda. När han marscherat in i staden gav han order om att Marduks (den semitiske Bels) tempel skulle återuppbyggas. Därifrån fortsatte han till Susa där han tog 50 000 talenter i omyntat guld, sedan till Pasargade där han tog 120 000 talenter och vidare till Persepolis där Xerxes palats brändes ner som en rituell hämndakt. Det var i Persepolis som Alexander fick höra att Antipatros i ett stort slag vid Megalopolis hade besegrat och dödat Spartas kung Agis och att det peloponnesiska förbundet hade upplösts, samt att Sparta hade tvingats att gå in i det korintiska förbundet.

Under vintern 330 f.Kr. lämnade Alexander Persepolis och begav sig mot Ekbatana (Hamadan) där han utkrävde 180 000 talenter. Men ännu en gång undgick Dareios honom. Efter att ha marscherat 625 kilometer på elva dagar kom Alexander äntligen ifatt Dareios, men bara för att få reda på att han redan hade mördats av Bessos. Med Dareios död var Alexanders politiska mål uppnått. Med svärdets hjälp hade han blivit konungarnas konung. Som sådan var det nu nödvändigt för honom att se till att hans vilja blev styrande i hela väldet. Därför måste han stärka sin auktoritet över guvernörerna i de östliga provinserna och om möjligt förse dem med säkra gränser.

Han underkuvade den kaspiska regionen och marscherade vidare till Herat där han grundade Alexandria i Ariana. Därefter fortsatte han mot söder till Helmandfloden vid Gedrosiens nordliga gräns, därifrån vidare mot nordöst där han grundade Alexandria i Arachosien i Ghasni. Från Kabul, i vars närhet han tidigt på våren 329 f.Kr. lät bygga det kaukasiska Alexandria, tog han och hans armé sig igenom Khaybarpasset och vidare över Hindukushbergen. Från bergen drog de vidare ner till Baktrien, gick över floden Oxus (Amu-Darja) och marscherade in i Skytien (Tartary). Han anlade en kedja av befästningar utefter den nordliga gränsen. Den viktigaste av dessa var Alexandria Eschate (Khojend) vid floden Jaxartes (Syr Darja).

Alexander ingick en allians med skyterna för att knyta Baktrien hårdare till sig. Han gifte sig med Roxane som var dotter till landets hövding, Oxyartes. Sent på våren 327 f.Kr. drog han vidare mot Indien i spetsen för mellan 27 000 och 30 000 man. Han följde den väg som Dionysos och Herakles enligt legenden tidigare hade beträtt. I Kabul delade han upp sin armé och sände ena hälften under Hefaistion och Perdikkas ner utefter Khyber. Han ledde själv den andra delen genom Chitral, besegrade ett antal bergsfolk och drog sig sedan ner genom Swat till Attock vid floden Indus där han återförenades med Hefaistion. Han gick över Indus och marscherade till Hydaspes (Jhelum) där han år 326 f.Kr. vann det sista av sina fyra stora fältslag. Taktiskt var detta det mest lysande av dem alla. Han besegrade där den indiske kungen Poros. För visad tapperhet lät han Poros fortsätta att vara kung. Därefter intog han Sangala (nära Lahore), gick över floden Akesines (Chenab) och ledde sin armé mot Hydraotes (Ravi) och sedan vidare till Hyfasis (Sutlej). Hans avsikt var att nå Ganges och följa floden ner till havet. Han trodde helt riktigt att den skulle ge honom hans östliga gräns.[58] Det var här som hans armé, efter att ha marscherat omkring 27 000 kilometer och efter att ha nått den östliga gränsen för Dareios välde, vägrade att gå längre. Mycket motvilligt gjorde han halt och började förberedelserna för marschen hemåt. Innan han vände mot väster lät han bygga tolv altare på floden Hyfasis strand ”såsom tackgåvor till gudarna och såsom minnesmärken av hans mödor”.[59] Medan altarna byggdes fanns hos honom i hans läger en landsförvisad indisk hövding som hette Sandrokottos (Candragupta), som några år senare med Alexander som förebild grundade det stora Mauryariket, med huvudstad i Pataliputra (Patna) vid Ganges.

Eftersom Alexander inte kunde säkra sin östra gräns vid havet måste det ha stått klart för honom att hans nästa lämpliga försvarslinje låg vid floden Indus, alldeles särskilt då det gick att sjöledes förbinda flodmynningen med Eufrats mynning. Därigenom kunde de över havet kringgå de persiska öknarna och Indiens västliga bergskedjor.

Alexander inledde förberedelserna för sin återfärd genom att på floden Jhelum bygga en flotta. När den i november 326 f.Kr. var färdigbyggd offrade han till sin förfader Herakles, till Amon och till andra gudar[60] och begav sig sedan iväg. På färden mot söder utkämpade han en strid mot Malli (Mahlavas) i vilken han var nära att själv mista livet och slutligen anlände de till Indus delta. Sedan han utforskat flodmynningen hela vägen ut till havet lät han bygga en örlogsbas i Pattala (Hyderabad?). Han beslöt därefter att amiralen Nearchos skulle segla mot väster med en flotta på kanske 100 till 150 skepp för att finna vägen till Persiska viken. Han delade upp sin armé i två delar och beordrade Krateros att med den större delen återvända via Bolanpasset och Kandahar till Persepolis medan han själv med den mindre avdelningen – 8 000 till 10 000 man – marscherade hemåt genom Gedrosiaöknens kustområde där han lät anlägga underhållsdepåer för Nearchos flotta på Arabiska havets stränder. Under marschen förlorade han huvuddelen av sin tross och många av de icke stridande som ingick i hans avdelning men klarade sina stridande förband utan större förluster. Alla tre expeditionerna genomfördes framgångsrikt, och sjövägen till Indien var därmed öppnad.

Våren 324 f.Kr. var han tillbaka i Susa. Där firade han sina erövringar med en stor fest under vilken han och många av hans officerare, liksom också 10 000 av hans soldater, gifte sig med persiska kvinnor.[61] Något efter denna symboliska föreningsakt mellan segrare och besegrade gav han order till städerna i det korintiska förbundet att ta tillbaka sina landsförvisade medborgare tillsammans med familjer. Han gjorde det för att bli av med den fara som allt sedan Xenofons dagar hade hotat Grekland – den stora mängden hemlösa greker som alltid var villiga att sälja sina tjänster som legosoldater. Eftersom denna order gick utöver de befogenheter Alexander hade som högste befälhavare har Tarn hävdat att han för att korrigera anomalin sände instruktioner till förbundets städer att erkänna honom som en gud. Som sådan var han nämligen inte bunden av förbundets stadgar. De följde hans direktiv och de landsförvisade återvände.

Någon tid därefter bestämde han att alla veteraner som blivit för gamla för krigstjänst skulle sändas tillbaka till Grekland. Detta förnuftiga beslut fattade han då han befann sig i Opis. Beslutet motarbetades emellertid av makedonierna som misstänkte att hans avsikt var att göra sig av med dem till förmån för perserna och att han avsåg flytta sin administrativa huvudstad från Makedonien till Asien. Detta missnöje ledde till ett myteri inom hela armén med undantag för hypaspisternas *agema*. Soldaterna krävde att få återvända hem och uppmanade Alexander att slutföra kriget tillsammans med sin fader Amon.[62] Alexander lät arrestera ledarna och tog myteristerna på orden. Han avskedade hela armén och började i stället bilda en persisk armé. Denna drastiska åtgärd knäckte myteriet som rann ut i sanden och följdes i stället av en märklig försoning. En stor bankett avhölls till vilken 9 000 gäster hade inbjudits. Denna fest fick symbolisera den fred Alexander avsåg att skapa inom sitt herravälde. Makedonier och perser – krigets båda motståndare – satt vid hans eget bord och väldets alla folkslag fanns representerade. Arrianos skriver: ”Från samma blandningskärl öste han och de som omgåvo honom och förrättade ett gemensamt dryckesoffer. De hellenska teckentydarna och magerna gjorde början.”[63] Under denna fest bad Alexander, enligt Tarn,

> för fred och för att makedonier och perser och alla folkslag inom hans välde skulle vara jämbördiga (dvs. inte bara undersåtar) och att folken i den värld han kände skulle leva med varandra i harmoni och sämja – den

homonoia som världen under århundraden skulle längta efter men inte uppnå. Han hade tidigare sagt att alla män var söner till samme Fader och hans bön var ett uttryck för tron att han hade fått en uppgift från Gud att bli en förlikare och försonare för hela världen. Även om ingen närvarande då kunde förutse det kom denna bön att kröna hans karriär.[64]

Våren 323 f.Kr. återvände han till Babylon som han utsett till sin huvudstad och där möttes han av "sändebud från libyerna, som prisade honom och bekransade honom för väldet över Asien [det persiska imperiet], och från Italien kommo av samma anledning sändebud från brettierna, leukanerna och tyrrenerna [etrusker]".[65] Arrianos nämner även andra sändebud, men de betraktas av Tarn som senare tillägg.[66]

I Babylon sysslade han med att planera ett antal nya företag. Ett var avsett att utforska om Hyrkaniska (Kaspiska) havet var en insjö eller en vik av den stora oceanen. Ett annat var att utforska Persiska viken. För det senare företaget lät han bygga en stor hamn i Babylon. Från den skulle sedan skepp sändas iväg för att kolonisera Persiska vikens östra kust. Därifrån skulle de också undersöka sjövägen mellan Babylon och Egypten i syfte att förena det senare landet med Indien genom den sjöväg som Nearchos hade upptäckt, samt segla runt Arabien, en expedition som han själv avsåg att leda. Medan flottan byggdes organiserade han om falangen genom att införa lätt beväpnade persiska trupper tillsammans med de makedoniska hopliterna.

Inget av dessa projekt skulle dock komma att genomföras. Medan förberedelserna pågick drabbades han nämligen den 2 juni av malaria. Han blev långsamt allt sjukare och fördes till Nebukadnessars palats. Där passerade hans veteraner den 12 juni förbi honom i tystnad medan han låg i sin säng oförmögen att tala, men "han hälsade dem envar, genom att lyfta huvudet, med möda, och med ögonen ge tecken".[67] Följande dag, den 13 juni 323 f.Kr. framemot kvällen, dog han under sitt trettiotredje levnadsår efter att ha regerat i tolv år och åtta månader. Han begravdes i Alexandria.

Alexanders tanke på en enad värld och mänsklighetens broderskap dog inte med honom, även om det imperium han skapat splittrades upp i delar under hans efterträdare – diadokerna.[68] I stället för hans stora välde bildades nu fyra monarkier – Egypten under Ptolemaios, Asien under Seleukos, Makedonien under Antigonos och det indiska imperiet under Chandragupta.[69] Blandningen av folkslag som vid hans återkomst från Indien till Susa hade symboliserats genom massgiftermålet mellan makedonier och perser blev nu en vardaglig verklighet i de stora kosmopolitiska städer han grundat. I dessa blandade sig olika folkslag och ur denna blandning skapades en gemensam kultur – den hellenistiska.

Efter Alexanders död blev Alexandria, den största av de städer han grundlagt, ett centrum för denna nya kultur. Staden blev ”en mötesplats för hela världen”. Där drevs, skriver Reinach, genom en outtröttlig nyfikenhet ”mäns sinnen till att ställa frågor och hämta information från alla håll. De ville veta allt, förklara allt. De studerade gamla skrifter ... De reste över hela den befolkade delen av världen ... De drev de naturvetenskapliga studierna till en mycket hög nivå, vilket dock kanske skedde på filosofins bekostnad ... Detta, om något, är ett utmärkt exempel på den vetenskapliga andan”.[70] Där kom man på ångkraften, matematiken och mekaniken utvecklades och nya religioner och sekter sammanfördes samt spreds mot öster och väster.

Föreningsprocessen påskyndades genom det finansiella system Alexander infört. Innan han drog ut på sitt stora fälttåg hade han alldeles säkert klart för sig att hans faders styrka huvudsakligen hade sin grund i guldgruvorna i Thrakien. När han var i Egypten måste han vidare ha förstått att guld betraktades som ett av gudar givet ämne. Det gav odödlighet till landets kungar som i sina gravar försågs med ansiktsmasker av guld. Alexander tog sin i Persien hopsamlade rikedom och gjorde mynt av den. När han tog med sig sina skatter från Asien, skriver Athenaios, ”gick 'välståndets och den vittutsträckta maktens sol', som Pindaros uttrycker det, sannerligen upp”.[71] Det var inte bara det att han lät tillverka mynt utan han skapade också ett finansiellt system genom att införa en gemensam standard. Efter hans död monopoliserade Ptolemaios hela banksystemet i Egypten och genom ”centralbanken i Alexandria kunde ... de med hjälp av pengar göra affärer med främmande länder”.[72] Wilcken fortsätter:

> Genom Alexanders krig raserades de tidigare murarna mellan öst och väst, och i nästa generation kom tusentals grekiska affärsmän och hantverkare att bege sig till den nya världen för att söka sin lycka i de nya grekiska städer som där sköt upp som svampar ur jorden. På detta sätt kom de två tidigare åtskilda ekonomierna att mer och mer förenas i ett enda gemensamt system, och när senare det västra Medelhavsområdet

> drevs in i det stora händelseförloppet i öster skapades slutligen en världshandel som omfattade hela den bebyggda världen och sträckte sig från Spanien till Indien och där bortom genom Centralasien till Kina. Denna utveckling slutfördes först under det romerska imperiet men den grundlades genom Alexanders erövringar i Asien.[73]

I de stora kungariken som tillkom efter Alexanders död skapades inte bara en förmögen och välmående aristokrati utan kungamaktens gudomliga rätt blev statens grundval. ”Han hann knappt dö”, skriver professor Tarn, ”förrän mängder av legender skapades kring hans fruktade namn ... Kring honom fick drömmen om Österlandet skepnad och blev verklig, om honom berättades om och om igen historien om den gudomlige världserövraren ... Han lyfte den civiliserade världen ur de gamla hjulspåren och förde den in i nya. Han inledde en ny epok, inget kunde längre bli som det tidigare varit.”[74] Som vi kommer att se i följande kapitel kom effekterna av hans insatser och verksamhet att sträcka sig långt i såväl tid som rum. I mitten av det tredje århundradet f.Kr., omedelbart efter slutet på det första puniska kriget, började den grekiska kulturen utöva sitt inflytande på det romerska samhällslivet och under och efter det andra puniska kriget ökade detta inflytande stadigt under släkten Scipio. Wilcken säger: ”Det var romarna som först gav Alexander titeln ’Den Store’ (Magnus)”, och att ”de lämnade åt de grekiska historieskrivarna att dra parallellen mellan Alexander och den store Scipio Africanus, Hannibals besegrare och grundaren av det romerska imperiet. De gjorde Scipio till Jupiter Capitolinus son och överförde på honom legenden om att Alexander var avkomman till en helig orm.”[75]

Augustus, varm beundrare av Alexander, lät placera hans bild på sitt sigill och därigenom uppkom, åtminstone delvis, dyrkan av kejsaren som en gudomlig världshärskare. Under *Pax Romana* fick nämligen den västliga världen för första gången njuta frukterna av en lång fredsperiod. Från Alexander som en gudomlig kung, i kombination med vad Plutarchos hävdade att han sagt, att ”gud visserligen är alla människors gemensamme fader, men att han särskilt upptager de bästa människorna som sina barn”, var det bara ett litet steg till etablerandet av kristendomen och senare till överförandet av de romerska kejsarnas världsliga styre till de medeltida påvarnas andliga styre. Också islam, kristendomens stora motståndare, möjliggjordes, hur underligt det än kan låta, genom kontakten mellan arabism och hellenism i Egypten, Syrien och Mindre Asien.

KRÖNIKA

Romarrikets uppgång och konflikt med Karthago

Under de stora folkvandringar som ägde rum mellan år 1200 och 1000 f.Kr. kom två folk av asiatiskt ursprung till det centrala Medelhavsområdet. Fenicierna från Tyros skapade omkring 1100 f.Kr. den första av sina nordafrikanska kolonier i Utica och grundade Karthago (Kart-hadasht eller "Nya staden") under andra hälften av det nionde århundradet f.Kr. och etruskerna slog sig före år 1000 f.Kr. ner norr om Tibern i Italien. Söder om Tibern låg Latium, en samling mindre samhällen bebodda av stammar av indoeuropeiskt ursprung som kallades latinare. De hade slagit sig ner kring Alba Longa som omkring 753 f.Kr. – den tid då Rom enligt traditionen grundades av Romulus – invaderades av etruskerna. Under etruskerna kom samhällena i närheten av Palatinen att långsamt smälta samman till stadsstaten Rom.

250 år senare – det vill säga omkring 500 f.Kr. – när etruskerna var hårt ansatta av gallerna i norr, drev de latinska stammarna ut de etruskiska kungarna ur Rom och invaderade Etrurien. Så småningom invaderade gallerna Etrurien, tog sig över Tiberns nedre lopp och intog Rom omkring 390 f.Kr. Staden hade då ännu ej fått några stadsmurar. Sedan brände de Rom. Endast citadellet på Capitolium höll stånd och då gallerna snart tröttnade på att belägra det accepterade de en lösensumma i guld och drog sig tillbaka mot norr.

Under denna tidiga period var legionen, uppbådet eller "klanernas församling" den romerska militära enheten. Legionerna rekryterades ur den del av Roms borgerskap som tillhörde någon av de ursprungliga stammarna, de enda som hade rätt att bära vapen. De bildade en "spjutbeväpnad grupp av krigare som hade fått guden Mars välsignelse". Eftersom krigstjänst var den enda vägen till civila höga befattningar var det dessa män som med sin medfödda tapperhet skapade romarnas folkkaraktär.

Ursprungligen var den romerska legionen en falang beväpnad på det gamla doriska sättet. Till en början bestod den av 3 000 till 4 000 man i åtta rader. De första sex bestod av hopliter, och de sista två av lätt beväpnade *velites*. Liksom för den grekiska falangen var det snabba anfallet den taktik som utnyttjades. Legionen hade inga reserver och då den endast understöddes av ett mycket begränsat kavalleri hade den små möjligheter att förfölja.

Enligt traditionen kom denna primitiva militära organisation att helt förändras av Marcus Furius Camillus efter det att Rom blivit nedbränt. Han var den främste romerske generalen under de galliska krigen. I stället för att organisera efter mantalsskrivning gjorde han det efter ålder för att därigenom få ut så mycket som möjligt av individens kapacitet och erfarenhet. Det tunga infanteriet, som var de verkliga legionerna, var organiserat i tre avdelningar, *hastati*, *principes* och *triari*. Den första bestod av de yngsta männen och den tredje av de äldsta. *Velites* bibehölls men fortsatte att rekryteras på det gamla sättet genom mantalsskrivning.

För att skapa nödvändig elasticitet och för att därigenom kunna möta de lättrörliga gallerna, delades legionens falang upp i tre divisioner. De grupperades i djupled med *hastati* i fronten, *principes* bakom dem och bakom de senare *triarii* – veteranerna. Var och en av dessa divisioner var organiserad i tio kompanier (*manipuli*), de första två typerna om 120 man vardera och den tredje om 60. En kohort bestod av en manipel av vardera slaget samt 120 *velites* och en skvadron (*turma*) kavalleri om 30 man, allt som allt 450 soldater. En legion bestod av tio kohorter. I strid grupperades maniplerna som på ett schackbräde så att de i den andra divisionen täckte intervallen i den förstas front, och den tredje dem i den andras front. Kavalleriet, tio *turmae*, bildade en flygel (*ala*).

Denna nya organisation växte troligtvis fram successivt. Dess beväpning har beskrivits fullständigt av Polybios i del 19–42 av hans sjätte bok.[1] *Velites* bar svärd, spjut och en rund sköld (*parma*) som var närmare en meter i diameter. Spjutet var till för att kastas och hade en så vek spets att sedan det kastats böjdes spetsen och spjutet blev oanvändbart om en fiende försökte använda det. *Hastati* bar en stor halvcylindrisk sköld (*scutum*). Den var sextiofem centimeter bred och tolv decimeter lång och tillverkad av två lager trä som limmats samman, täckts med läder och sammanfogats med järn. De var beväpnade med ett kort stötsvärd (*gladius*) och två kastspjut (*pila*) samt bar bronshjälm, benskydd och ett bronsskydd för bröstet (*pectorale*), eller om de hade råd med det ett harnesk (*lorica*). *Principes* och *triarii* var beväpnade på liknande sätt, förutom att de i stället för *pila* hade långa spjut (*hastae*).

Kavalleriet förefaller ha varit totalt bortglömt. Till och med vid inledningen av de puniska krigen hade kavalleristerna inget som helst kroppsskydd. Deras sköldar var av läder och deras svärd och lansar var dåliga. Som regel föredrog de att strida till fots.

Man undvek att strida i större grupper utan föredrog att kämpa man mot man. Falangens tunga samordnade anfall övergick i ett antal småstötar i snabb följd. Att befästa lägret infördes som regel även om det bara gällde ett uppehåll för en enda natt. Den gamla stränga disciplinen bibehölls oförändrad och exercis och övningar fick ta allt längre tid. Taktiskt sett var dessa förändringar att betrakta som radikala. Närstrid och strid på avstånd kombinerades, begreppet reserv skapades och offensiv och defensiv vävdes samman. Mommsen skriver om den förändrade legionen:

> Den romerska kombinationen med det tunga kastspjutet tillsammans med svärdet gav resultat liknande ... de som erhölls i modern krigföring då gevär med bajonett infördes. Skuren av spjut beredde väg för kamp med svärd, på samma sätt som gevärssalvan föregick ett bajonettanfall. Romarnas noggranna förskansning av sina lägerplatser innebar slutligen den stora fördelen att de kunde kombinera defensiv och offensiv krigföring. De kunde också avstå från att gå i strid eller välja att gå i strid beroende på omständigheterna. I det senare fallet kunde de strida bakom lägrets skyddsvärn precis som om det hade varit en fästningsmur.

Efter gallernas invasion blev Rom omgärdat av en mur. Romarna hade nu en säker bas som de kunde operera från och började dra ut på erövringståg. År 325 f.Kr. bringade deras expansion dem i konflikt med samniterna söder om Rom. Detta resulterade i ett antal krig, som 295 f.Kr. slutade med det avgörande slaget vid Sentinum (nära Fabriano) där samniternas, etruskernas och gallernas förenade styrkor besegrades av romarna. Denna seger gjorde Rom till den ledande makten mellan floden Arnus och Salernobukten, och som Breasted säger ”bestämde Italiens framtid för mer än två tusen år". Roms enda potentiella fiender inom Italien var nu gallerna i norr och lukanerna i söder samt de grekiska stadsstaterna vid kusten om de skulle vända sig mot Rom.

Taras (Taranto) var den främsta av dessa städer och tarenterna som var alarmerade av Roms snabba expansion bad Pyrrhos, som var kung i Epeiros och frände till Alexander den store och en av den tidens ledande krigare, om hjälp. Han landsteg i Italien år 280 f.Kr. och besegrade romarna i två slag, dels vid Herakleia vid Tarantobukten, dels nära Ausculum öster om dagens Venosa. Hans förluster i dessa två slag var så stora att när han fick en förfrågan från Syrakusa om att hjälpa dem mot karthagerna sände han sin armé till Sicilien. Därifrån, och efter flera lysande fälttåg och på grund av de ständiga misshälligheterna mellan de grekiska städerna, återvände han till Italien år 276 f.Kr. och blev där så illa tilltygad av romarna vid Beneventum (Benevento) att han fick dra sig tillbaka till Epeiros. Samtidigt uttalade han: "Vilket krig kommer nu inte att följa mellan Karthago och Rom när jag drar mig tillbaka." Det var en sann förutsägelse för så snart han hade gett sig av kapitulerade de grekiska städerna, en efter en, till romarna och efter ockupationen av Rhegion var det tid för de två stora makterna att mötas över Messinasundet.

Mellan 310 och 289 f.Kr. hade huvuddelen av Sicilien underkuvats av Agathokles som var tyrann och kung i Syrakusa. Han var en framstående krigare och den förste europé som förde krig i det av Karthago behärskade Afrika. Den långa oreda som följde på hans död kunde Karthago utnyttja till sin fördel och det var också den som var skälet till att Karthago hade sökt hjälp hos Pyrrhos, som hade gift sig med en dotter till Agathokles. När Pyrrhos lämnat Sicilien blev Hieron II, som då var kung i Syrakusa, invecklad i ett krig med en gruppering av tidigare legoknektar hos Agathokles som gick under namnet mamertiner (efter Mamers, oskernas Mars), vilka hade intagit Messana (Messina). Då de var hårt pressade av Hieron vädjade mamertinerna samtidigt till Karthago och Rom om hjälp. Båda svarade positivt och detta resulterade i en sammanstötning som 264 f.Kr. fick det första puniska kriget som följd.

Romarna konstaterade år 261 f.Kr. att de utan egna sjöstridskrafter inte kunde hindra karthagerna från att sända förstärkningar från Afrika. De bestämde sig då för att bygga en flotta och bli en sjömakt. Det var ett djärvt beslut eftersom de hade dålig kunskap om och inga erfarenheter från havet samtidigt som Karthago då var den ledande sjömakten i Medelhavet. Sedan de hade byggt sina skepp och bemannat dem med endast delvis utbildade besättningar gjorde de år 260 f.Kr. ett misslyckat försök att inta Messana. De blev inte missmodiga efter denna motgång utan förstod att de inte kunde bli karthagernas likar till sjöss så länge de tillämpade den tidens konventionella taktik. De bestämde sig då för att utveckla en egen taktik som skulle bygga på att de till fullo utnyttjade sina soldaters överlägsenhet i närstrid man mot man. För att möjliggöra detta utrustade de sina galärer med en sorts trälandgång som kallades *corvi* (korpar) och var och en av dessa landgångar försågs med en kraftig nabb under framänden. Med hjälp av en stolpe i stäven på varje skepp kunde landgången hissas vertikalt, svängas åt höger eller vänster och fällas ner på däcket till ett fientligt skepp som hölls fast ordentligt. Äntringsstyrkans soldater tog sig sedan över landgången.

De gick till sjöss igen och mötte den karthagiska flottan utanför Mylae (Kap Milazzo). Karthagerna styrde genast rakt emot dem. ”Men då maskinerna”, skriver Polybios, ”överallt och på alla sätt omringade dem och vände sig emot dem, så att de som närmade sig blevo fasthakade, vände karthagerna slutligen och flydde, bestörta över den ovanliga tilldragelsen och efter en förlust av femtio skepp.”[2]

Segern vid Mylae gjorde Rom till en sjömakt och dess omedelbara resultat blev att karthagerna lämnade Korsika samt att romarna invaderade Sardinien.

Romarna beslöt sig nu liksom Agathokles för att föra kriget till Afrika. Deras flotta bestod av 330 skepp. Även om karthagerna hade samlat en avsevärt större flotta när de möttes vid Herakleia Minoa väster om Akragas (Agrigento), för att kunna ta den romerska flottan i flanken, skulle *corvi* än en gång visa sig fälla avgörandet. Karthagerna förlorade 94 skepp mot romarnas 24. Slaget vid Herakleia gav romarna herravälde över centrala Medelhavet.

Romarna iståndsatte sina skepp efter striden och fortsatte sedan direkt till Hermaeum (Kap Bon), där en armé under M. Atilius Regulus landsattes. Han intog först Tunes (Tunis) för att skaffa sig en bas för sina fortsatta operationer mot Karthago. Men medan han gjorde det fick karthagerna förstärkning av en styrka grekiska legosoldater under en spartan vid namn Xanthippos. Han var en skicklig fältherre. Polybios säger om honom: ”Ty en enda man och en tanke tillintetgjorde de skaror, som synts oövervinneliga och välerfarna, och upprättade en uppenbarligen fullständigt fallen stat och truppernas mattade mod."[3] Han valde en plats för striden där karthagernas överlägsna kavalleri skulle komma till sin fulla rätt. Där besegrade han också Regulus och tog honom till fånga. Romarna övergav invasionsförsöket och återvände till Sicilien. I juli år 255 f.Kr. råkade de ut för en fruktansvärd katastrof. I en storm förlorade de 284 av sina 364 skepp. Genom detta missöde återfick Karthago sjöherraväldet och förstärkte genast Lilybaion (Marsala). En annan storm tillintetgjorde så gott som hela den romerska flottan år 249 f.Kr. och denna förlust gjorde romarna så modfällda att de helt övergav tanken på att strida till sjöss. Två år senare sände karthagerna Hamilkar Barkas, Hannibals far, till Sicilien.

När romarna år 242 f.Kr. kommit över sina förluster och var beredda att fortsätta började de än en gång bygga upp en flotta. Följande år, då de hade 250 femroddarskepp färdiga, gjorde de överraskande räder mot de karthagiska hamnstäderna Lilybaeum och Drepana (Trapani). Detta var alarmerande för Karthago eftersom dessa hamnar var de på Sicilien som låg närmast Kap Bon. De gick genast till sjöss för att återta hamnarna och de två flottorna möttes vid Egadiska öarna. Den romerska flottan segrade. 70 karthagiska skepp övertogs och 50 sänktes. Karthago var nu trött på krig och det var också Rom, och år 241 f.Kr. slöts fred mellan de två och Karthago gick i villkoren med på att dra sig tillbaka från Sicilien. Sicilien blev på detta sätt den första provinsen i det romerska väldet.

Krigsslutet innebar omedelbart en allmän inre oro hos karthagerna samt en mängd myterier bland dess legosoldater. På Sardinien gjorde de uppror mot Karthago, och när de drevs bort av sardinierna vädjade de till Rom att återställa ordningen. Romarna gick med på detta och år 238 f.Kr. ingrep de. Karthago övergav Sardinien och ön gick över till Rom.

Medan romarna under flera år bekämpade de vilda stammarna på Sardinien var de också inblandade i ett hårt gränskrig mot gallerna i norra Italien. Mellan 229 och 219 f.Kr. genomförde de även ett antal straffexpeditioner mot de illyriska piraterna i Adriatiska havet. Efter ett stort slag där gallerna uppges ha förlorat 40 000 man och fått 10 000 tagna till fånga tvingades de år 225 f.Kr. att upphöra med striderna. Efter denna seger grundades romerska kolonier i Cremona och Placentia (Piacenza) och för att förstärka dessa och andra nordliga garnisoner anlades Via Flaminia för att truppförstärkningar skulle kunna föras så långt norrut som till Ariminum (Rimini).

Det illyriska kriget innebar även att Rom för första gången kom i diplomatisk kontakt med Grekland. Kontakterna gjorde Filip V i Makedonien misstänksam och han intog därefter en fientlig hållning mot Rom.

Under tiden sände Karthago Hamilkar Barkas till Spanien för att förstärka makten över detta land och för att därigenom kompensera för Karthagos förluster i det centrala Medelhavsområdet. Han dog 229 f.Kr. och efterträddes som befälhavare av sin svärson Hasdrubal som år 228 f.Kr. grundade Carthago Nova (Cartagena). Uppenbarligen som svar på Karthagos utsträckta makt träffade Rom ett avtal om en allians med den välmående grekiska staden Saguntum (Sagunto). Då Rom samtidigt var helt upptaget av kriget mot gallerna och av denna anledning inte ville ha något nytt krig med Karthago träffade de ett avtal med Hasdrubal i vilket det bestämdes att floden Iberus (Ebro) skulle utgöra gräns mellan Karthagos och Roms intressesfärer i Spanien. År 221 f.Kr. blev Hasdrubal mördad och efterträddes då av sin svåger Hannibal, vars fader var Hamilkar Barkas.

Slagen vid Metaurus 207 f.Kr. och Zama 202 f.Kr.

Rom lyckades genomföra så gott som allt det som Alexander försökt göra. Rom övertog hans idéer, som vi kommer att se. Men detta gjordes inte avsiktligt eftersom historien styrs av sitt eget skeende. Driften efter världsherravälde hade dock väckts och var nu stark i Rom. Livius säger med all rätt: ”Ingen stormakt kan leva länge i fred. Om den saknar en yttre fiende finner den snart en inre på samma sätt som starka kroppar förefaller skyddade mot yttre infektioner men är nedtyngda av sin egen styrka.”[1] Det historiska förloppet för varje kraftfull nation kommer därför att bestämmas genom två skeenden – inre och yttre konflikter. De förra kallas revolutioner och de senare krig. Inte förrän nationerna blir gamla kommer de att nå fram till ett permanent fredligt tillstånd och det som får dem att åldras mer än något annat är känslan av säkerhet. Detta gällde på intet sätt för Rom. När det andra puniska kriget bröt ut befann sig Rom i sin tidiga ungdom och stod mot två stormakter – Makedonien i öster och Karthago i söder. Innan Rom kunde känna sig säkert måste dessa båda makter elimineras. En kraftfull nations mål är alltid att skapa lättförsvarade gränser – det var samma mål som Alexander hade haft.

I Spanien hade inte Rom någon sådan lättförsvarad gräns. Ebro var knappast något mer än ett geografiskt begrepp. Så snart det galliska kriget var över ordnade romarna, som var intresserade av de spanska silvergruvorna och marknaderna där, så att en grupp i Saguntum övertog makten och anföll torboletanerna som löd under Karthago. Hannibal ingrep men varnades av romarna och uppmanades av dem att lämna Saguntum i fred. Han vägrade. År 219 f.Kr. anföll han staden och intog den genom stormning efter åtta månaders belägring. Trots att romarna inte hade företagit sig något för att hjälpa Saguntum sände de i mars året därpå en delegation till Karthago och krävde Hannibals avgång. Detta avvisades och följdes av en formell krigsförklaring.

Att Hannibal hade rätt att ingripa förefaller klart. Det kan knappast heller råda någon tvekan om att han belägrade Saguntum i full vetskap om de troliga konsekvenserna. Hans tanke att ta hämnd på Rom kan vara riktig men knappast som ett uttryck för "huset Barkas vrede" utan snarare för att radera ut konsekvenserna av det första puniska kriget och därigenom återskapa Karthagos ledarställning. Han hade god politisk instinkt och förstod att Rom fortfarande inte var något annat än ett lapptäcke av små stater som hade vunnit sin ställning med våld och inte genom politiskt agerande. Gallerna var ständigt fientligt inställda mot Rom och under striderna med Pyrrhos hade flera av Roms allierade övergivit henne. Strategiskt verkade tidpunkten väl vald och taktiskt var Hannibal i en god position eftersom han visste att den revolution i krigskonsten som Alexanders bruk av kavalleriet hade inneburit inte hade anammats av romarna.

Även för den romerska senaten var läget klart och tiden föreföll lämplig. I norra Italien hade gallerna besegrats och latinska kolonier hade skapats för att hålla dem under kontroll. Tarentum och andra sydliga hamnar hade fått sina garnisoner, inget hot upplevdes över Adriatiska havet och sjöherraväldet var romerskt. Det var inte bara det att sjöförbindelserna med Spanien var säkra, utan från Sicilien var det även möjligt att rikta ett anfall mot Karthago. Men i krig spelar slumpen stor roll och det oväntade inträffar ofta. Med ett viktigt undantag var senatorernas bedömningar helt korrekta. De kunde bedöma karthagerna väl men Hannibals genialitet kände de inte. De kunde inte se, som Dodge säger, att från början till slut skulle Hannibal bli den axel som allt rörde sig kring.[2] Framför dem låg nu ett krig som skulle vara i sexton år. Under denna tid skulle en man bekämpa Rom och lära romarna hur man erövrar världen. Vilken sorts man var han?

Inte mycket är känt om Hannibal förutom det som kan utläsas om hans fälttåg, och inget av dessa har beskrivits av en vänligt inställd skribent. Han föddes år 249 f.Kr. Vid nio års ålder lämnade han Karthago tillsammans med sin far och for till Spanien. Där bodde han ända tills hans stora äventyr började. Även om han säkerligen hade åtföljt sin far Hamilkar på flera av dennes fälttåg – då han fick lära sig krigskonst – blev hans övriga utbildning på intet sätt bortglömd. Vi har hört att han talade grekiska flytande, att han även läste och skrev på detta språk samt att han var väl utbildad i den hellenska krigskonstens historia. Han var liten till växten men kraftigt byggd. Han var en utmärkt löpare och fäktare och en oförskräckt ryttare. Han var väl rustad att stå emot fysiska påfrestningar. Han var snabbtänkt och hade god förmåga att bedöma läget, sammanfatta situationen och på denna grund fatta sina beslut. Han levde enkelt och var inte särskilt dragen till vin och kvinnor. ”Hans mod skydde inga faror”, säger Livius, ”och hans rådighet i farans stund var enastående.” Trots det förser Livius honom med omänsklig grymhet och mer än punisk svekfullhet. Han hade ”ingen känsla för sanning och rätt, ingen gudsfruktan, ingen trohet mot svuren ed”.[3] Även Polybios säger att han var ”ytterst grym” och ”i högsta grad begiven på pengar”.[4] Dessa svagheter tror vi dock att vi till stor del kan bortse ifrån. Som vi kommer att se var hans ”svekfullhet” knappast större än den hos hans främste motståndare, Scipio, och hans grymhet var på intet sätt ovanlig i hans samtid.

När Hannibal våren 218 f.Kr. gav sig iväg från Carthago Nova till Ebro hade han ett tydligt mål. Det var inte att erövra Italien utan han skulle bryta upp det italienska förbundet och tvinga Rom att sluta fred på samma sätt som Agathokles en gång tvingat Karthago. Efter sin seger vid Trasimenska sjön sade han ”att han kommit för att kriga, icke med Italiens inbyggare, utan med romarna för deras frihet”.[5] Han drog inte fram som en erövrare utan som en befriare. Med detta som grundbult i sin strategi marscherade han mot Perpignan i spetsen för en armé om 90 000 fotsoldater, 12 000 kavallerister och 37 elefanter.[6] Skälet till att han valde landvägen och inte sjövägen var inte bara att romarna hade herraväldet till sjöss utan också att det var viktigt för honom att få gallerna att resa sig mot romarna samt att bygga upp en underhållsbas och skapa ett rekryteringsområde så nära det cisalpinska Gallien som möjligt. Hans förbindelseväg bakåt till Spanien skulle annars lätt kunna skäras av.

Från Pyrenéerna fortsatte han utan något motstånd fram till en plats något norr om Avignon. Den romerska senaten hade nämligen misslyckats totalt i sitt försök att bedöma hans avsikter. När de hade samlat en armé under Tiberius Sempronius på Sicilien för ett företag mot Karthago gav senaten order om att en annan under Publius Cornelius Scipio skulle marschera via Massilia (Marseilles) till Ebro. När Scipio kom till Massilia fick han reda på att Hannibal befann sig åttio kilometer norr om honom och utom räckhåll. I stället för att då marschera tillbaka utefter kusten med sin armé till Italien lät han den gå vidare mot Spanien under brodern Gnaeus för att anfalla Hannibals underhållsbas, medan han själv med en mindre styrka återvände till Pisa.

Så snart Hannibals läge blev känt fick Sempronius order att föra sin armé mot norr. Under tiden gick Hannibals armé över Rhône på ett sätt som i mycket liknade det som Alexander använt sig av vid Hydaspes. Därefter fortsatte han mot Västalperna. Var han gick över Alperna är inte känt men det var någonstans mellan det lilla Sankt Bernhard och Genèvreberget. Det var inte bergen som beredde honom de största svårigheterna[7] utan allobrogernas fientlighet. De anföll hans eftertrupp i ett. Hans förluster från dessa attacker var stora. När han gick över Rhône hade han 50 000 fotsoldater och 9 000 hästar[8] och när han marscherade in i det cisalpinska Gallien hade antalet reducerats till 20 000 respektive 6 000. Det är nästan exakt en fjärdedel av den styrka Livius anger för honom när han lämnade Carthago Nova.

Om dessa stora förluster berodde på dålig ledning från Hannibals sida är inte möjligt att avgöra, men de visar knappast på god disciplin i hans armé. Det i sin tur kontrasterar mot den serie av segrar som han skulle komma att vinna under de följande åren.

I december år 218 f.Kr. lockade han Sempronius till ett slag på floden Trebias stränder.[9] Han förvillade honom, låste honom i fronten medan hälften av hans kavalleri red runt hans flank och därefter anföll honom i ryggen. Sempronius besegrades fullständigt. I april följande år mötte han Servilius och Flaminius arméer på den norra stranden av Trasimenska sjön, och genom att avsiktligt placera sig själv mellan dessa arméer överraskade han den sistnämnda och var mycket nära att totalt nedgöra hans armé.[10]

Hannibal fortsatte sedan mot söder utefter den adriatiska kusten och intog en romersk förrådsdepå i Cannae vid floden Aufidus (Ofanto). Det tycks dock som om hans verkliga skäl för att dra sig åt detta håll var att finna lämplig terräng för sitt kavalleri. Vid den tiden låg fyra dubbla legioner vid Gerunium (söder om Termoli) under befäl av konsulerna Aemilius Paullus och C. Terentius Varro. När Hannibals läge blev känt marscherade de till Aufidus och slog läger på dess högra strand fyra och en halv kilometer uppströms från Hannibal.

På grund av Karthagos överlägsna kavalleri var Aemilius inte benägen att söka strid, men Varro var av en annan uppfattning, och eftersom de två konsulerna förde befäl varannan dag och det var Varros tur att ha befälet på dagen för deras ankomst beordrade han omedelbar framryckning. Det kom till en mindre sammandrabbning som knappast gav något resultat. Men dagen därpå, den 2 augusti 216 f.Kr., kunde Aemilius inte längre dra tillbaka sin armé som han ville, och då Hannibal troligtvis förstod detta grupperade han sin armé i en halvmåneformering. I centern hade han sina spanjorer och galler med afrikaner på deras flanker. På varje infanteriflygel grupperade han en stark kavalleristyrka. Mot sig hade de romarna i parallella linjer. Han slog först det romerska kavalleriet och väntade sedan på det romerska infanteriets framryckning. De pressade tillbaka karthagernas halvmåne så långt att den blev konkav. Då avancerade Hannibal plötsligt med sina två divisioner med afrikanskt infanteri, svängde dem inåt och stängde in romarnas flanker som i en ficka. Slutligen kom karthagernas kavalleri tillbaka från sitt förföljande och anföll romarnas kö. Den romerska armén slukades som av en jordbävning.[11]

När slagen vid Trebia, Trasimenska sjön och Cannae studeras föreligger ingen som helst tvekan om att de vanns genom Hannibals taktiska genialitet och att han genom denna genialitet kunde uträtta det han gjorde på grund av romarnas sätt att se på och leda krigföringen. Den var mekanisk och helt beroende av deltagarnas mod, disciplin och drill. Strategisk stridsledning förekom inte alls, generalerna betraktades mer som exercisinstruktörer som framgångsrikt kunde genomföra ett antal paradmoment utan något samband med de taktiska kraven. Eftersom de genom sin egen drill och disciplin tidigare hade vunnit ett stort antal slag mot odisciplinerade och illa utbildade barbarer, och då de inte hade lärt någonting av Alexander och hans efterföljare, blev romarna ständigt lika förvånade över sina egna taktiska blundrar och sin ignorans som av Hannibals kunskap, förutseende och fantasi. Det var knappast generalernas fel – de saknade ingalunda mod – utan det var det romerska militära systemets fel. Varje medborgare ansågs kapabel att bli general eftersom varje medborgare antogs kunna sin drill. Som Mommsen säger: ”Det var helt enkelt omöjligt att i ett sådant krig år efter år avgöra frågan om ledarskapet för stadens arméer genom valurnans Pandoras ask.”[12] Detta skedde delvis på grund av partipolitik som i sin tur grundades på rivaliteten mellan de stora familjerna. Kanske med en viss överdrift säger Livius: ”Alla stammarna röstade för Publius Scipio. Trots detta drog konsulerna lott om Afrika som provins, då senaten så hade bestämt.”[13] Resultatet blev en trög, statisk armé vars befälhavare inte valdes på grund av sin erfarenhet eller kunnighet utan på grund av partiintressen.

Hannibal var däremot en general som kunde anpassa sig till varje form av krigföring utom en – belägring – och som genom sin starka vilja kunde gå från den ojämförliga djärvhet han uppvisade under de tre första årens fälttåg i Italien till den hårdnackade och begränsade defensiv han bedrev under de tretton därpå följande åren. Det var hans förmåga att anpassa sitt agerande till förändrade förhållanden som berättigade följande uttalande från Polybios: ”Allt det som hände romare och karthager, gott eller ont, var beroende av en mans verk och ande, Hannibal ... Så stort och underbart är inflytandet från en man, och ett sinne från början utformat för att utföra allt som står i mänsklig makt.”[14] Han säger vidare:

> Hannibal förde under sexton år ett oavbrutet krig med romarna i Italien och gav aldrig sina trupper frihet från fälttjänst, utan höll dem samman under sin ledning, liksom en god styrman, och förebyggde att de stora massorna reste sig mot honom eller mot varandra, ehuru hans härar icke bestodo av soldater av samma folk, utan icke ens voro av samma stam ... Men likväl åstadkom anförarens sinnesnärvaro, att män med så stora och så beskaffade olikheter lyssnade till *en* mans befallningar och lydde *en* vilja ...[15]

För att citera en modern historiker säger Mommsen:

> Han präglades särskilt av denna uppfinningsrika slughet som är ett framträdande drag i den feniciska karaktären, han tyckte om att välja ovanliga och oväntade vägar, hastiga överfall och krigslister av alla slag kände han väl till och utnyttjade till fullo. Han studerade sina motståndare noggrannare än någon gjort tidigare. Genom ett mästerligt spionagesystem – han hade spioner till och med i Rom – höll han sig väl informerad om fiendens avsikter. Han uppträdde själv ofta i förklädnad och peruk för att skaffa sig information av något slag. Varje sida i denna periods historia bekräftar hans genialitet som general och skicklighet som statsman ... Han var en stor man; vart han än gick drog han blickarna till sig.[16]

Vad kunde den romerska militära organisationen åstadkomma mot en sådan man? Ingenting! Men till slut var det dock den romerska särprägeln som avgjorde och vann. Vad hände efter Cannae? Ett sammanbrott för den romerska republiken, som Hannibal hade hoppats? Nej – inte en enda av dess städer gjorde uppror. Alla höll fast vid Rom trots att staden var paralyserad. Hade Hannibal varit Alexander hade Rom fallit. Då han förstod styrkan och sammanhållningen i det romerska stadsförbundet, vilket han nu måste ha gjort, stod det klart för honom att det var Rom och inget annat som gällde. Hans kavallerigeneral, Maharbal, uppmanade honom att gå mot huvudstaden – men han gjorde det inte. Då sade Maharbal bönfallande till honom: ”Det är tydligt att gudarna inte skänker alla gåvor till en man. Ni vet hur man vinner en seger, Hannibal, men ni vet inte hur man utnyttjar den.” Livius kommenterar detta på följande sätt: ”Förseningen den dagen anses allmänt ha räddat staden och imperiet.”[17]

Varför ryckte inte Hannibal fram mot Rom? Mr Hallwards svar är att han hade utarbetat en ny strategi som innebar att ”Karthagos samlade styrka skulle utnyttjas för att sprida kriget till nya områden och därigenom få till stånd en inringning av Italien”. Medan han avskilde stad efter stad skulle hemmaregeringen förbereda vägen till fred ”genom att driva romarna bort från Spanien, genom att återta Sardinien och framför allt genom att etablera sig på Sicilien”.[18] Med detta för ögonen hade Hannibal redan år 215 f.Kr. mottagit och accepterat ett erbjudande om en allians från Filip V i Makedonien.[19] Men var detta verkligen det snabbaste sättet för honom att uppnå sitt mål? Om Rom hade kapitulerat eller stormats hade hela Spanien, Sardinien och Sicilien följt med i fallet och hamnat i hans händer. Det var inte så att hans ”nya strategi” var den bästa utan han tvingades acceptera den på grund av sin bristande kunskap om och erfarenhet från belägring. Han visste att han inte kunde inta Rom genom stormning och därför var han tvingad att överge offensiven och, liksom sin motståndare Q. Fabius Cunctator, övergå till defensiv och därefter förlita sig på ett utnötningskrig.

Varför hade ingen stad gjort uppror mot Rom? Det var inte därför att de var lojala mot Rom utan därför att de alla hade sina stadsmurar och var förbundna med varandra genom vägar. Det var inte bara det att de var säkra mot Hannibals fältarmé utan de kunde också försörja sig. Det var dessa muromgärdade städer som kom att tjäna som hörnstenarna i den romerska strategin och det är egendomligt att Hannibal inte insåg detta.

Om han hade gjort det år 215 f.Kr. då han slog sig ner i Capua och större delen av södra Italien blev hans, hade han säkert organiserat en rad av belägringar och därigenom krossat fiendens taktik. Under fyra år kom kriget att bestå i ett antal marscher följda av återtåg, hot och tillbakadraganden och år 211 f.Kr., när Fulvius intog Capua, var allt Hannibal kunde göra att gå över floden Anio och ta sig till Roms murar där han svängde med sitt svärd utanför Collinska porten. Det var en heroisk gest – men den kom fem år för sent.

Medan denna dubbla defensiv pågick i Italien fördes kriget aktivt på andra håll, huvudsakligen genom Hannibals diplomati. I Spanien krigade Hannibals bröder, Hasdrubal och Mago, liksom Hasdrubals son Gisgo, mot Publius och Gnaeus Scipio. År 215 f.Kr. utbröt ett uppror på Sardinien och året därpå tog konsuln M. Claudius Marcellus sig till Sicilien där Syrakusa hade ingått en allians med Karthago. Hans belägring av staden blev för ett tag krigets största militära händelse. Militärt är belägringen av intresse eftersom det var där som Archimedes genialitet blev tydlig. Om den säger Polybios att ”ett enda snille vid vissa tillfällen uträttar mera än många händer tillsammans”.[20] Syrakusa höll ut till 212 f.Kr., då staden genom ett förräderi gav sig till romarna och därefter upphörde allt motstånd på Sicilien.

Marcellus kröntes med framgång på Sicilien. De båda Scipio drabbades däremot av katastrof i Spanien. Detta år övergavs de nämligen av sina keltiberiska trupper och båda besegrades och dödades. Återigen var Rom paralyserat och ännu en gång skulle valet av militär befälhavare avgöras genom omröstning. Eftersom ingen man av betydelse – som exempelvis hade varit konsul eller praetor – trädde fram ställde slutligen en tjugofyraåring, som endast innehaft några mindre betydelsefulla militära och civila befattningar, sig till förfogande för att väljas. På grund av folkets högljudda krav accepterades han med viss tvekan av senaten. Han bar samma namn som sin far – Publius Cornelius Scipio – och senare blev han känd i historien som Scipio Africanus, Hannibals besegrare.

Scipio föddes år 235 f.Kr. och det första som hördes om honom skedde under det trebiska fälttåget då han räddade sin faders liv trots att han då bara var en pojke.[21] Nästa gång han omnämndes var vid Cannae då han var militärtribun. Han lyckades undkomma från dödandet på slagfältet. När han senare fick reda på att Metellus och ett antal unga adelsmän avsåg att fly från Italien tog han sig till denne officers uppehållsplats, och stående över honom med draget svärd fick han honom att svära att han och hans följeslagare aldrig skulle överge Rom. Även om Scipio var en man med stort mod är hans karaktär inte lätt att bedöma. Mommsens bedömning av honom lyder som följer:

> Han var inte en av dessa få som genom sin energi och järnvilja tvingar världen att bryta nya vägar för kommande århundraden ... Det vilade dock en speciell charm över denne behaglige hjälte; han omgavs av en bländande strålglans samt av en atmosfär av trygg skaparanda inom vilken Scipio alltid rörde sig med en blandning av lättrogenhet och skicklighet. Hans entusiasm var tillräckligt för att egga männens sinnen och han var noga med att låta sitt intellekt styra handlingarna utan att bortse från det vulgära; han var inte naiv nog att dela mängdens tro på en gudomlig kallelse, inte heller tillräckligt rättfram för att bortse från den, och likväl var han i hemlighet övertygad om att han var en man som var särskilt gynnad av gudarna – kort sagt var han en verkligt profetisk natur; höjd över folket men inte skild från det; en man som stod för sitt ord och var konungslig i sin resning, som ansåg att han skulle ödmjuka sig själv genom att anta den vanliga titeln kung men aldrig kunde förstå hur republikens författning skulle kunna vara bindande för honom; så övertygad om sin egen storhet att han inte kunde känna någon avundsjuka eller något hat, alltid var beredd att uppskatta och erkänna andra mäns skicklighet och mod, och alltid beredd att förlåta dem deras fel; en utomordentlig officer och en utsökt diplomat som aldrig skulle ha framhävt någon av de olika gruppernas kännetecken, som förenade den hellenska kulturen med en romares starka nationella självkänsla, en framstående talare med behagligt sätt – Publius Scipio vann sina soldaters och kvinnornas hjärtan och sina landsmäns och spanjorernas, liksom sina rivalers i senaten och även sin store antagonists från Karthago.[22]

Hans långa rad av segrar alltifrån den dag då han utnämndes till befälhavare över förbanden i Spanien till hans sista krigshandling berodde på hans hellenska öppenhet. Medan andra generaler lärde sig föga av de romerska nederlagen lärde han sig mycket mer av dessa än av sina egna segrar. Hannibal som dock var hans fiende var samtidigt hans läromästare. Han lärde sig inte bara krigskonst utan även konsten att leda och styra sina soldater av Hannibal. Värdefullast för honom var hans kunskap om masspsykologi.

När hans soldater i Spanien gjorde myteri kommenterade han denna malör på följande sätt: ”en soldathop blir alltid lätt missledd och lätt lockad ut på fel väg. Det är därför som den kan jämföras med havet som i sig självt är säkert och lugnt; men när stormen blåser, övergår det till ett tillstånd där vindstötarna piskar havet till raseri; på samma sätt blir en soldathop alltid vad dess ledare och rådgivare gör den till”.[23]

I slutet av år 210 f.Kr. seglade Scipio från Tibern till Emporion (Ampurias). Den situation som mötte honom vid ankomsten dit var föga uppmuntrande. Med undantag för de befästa städerna Castulo (Cazlona) och Saguntum fann han att allt land söder om Ebro hade gått förlorat. Detta kom att verka som en sporre för honom som fältherre. Hans första åtgärd var en av krigshistoriens mest dramatiska och djärva. Den var dessutom möjlig att genomföra endast därför att det var han som behärskade sjövägarna. Vad han gjorde var att genom överrumpling ta Carthago Nova medan två styrkor, Hasdrubals och Magos, var åtskilda. Genom denna kupp kunde han etablera sig i sina fienders östra flank och anfalla dem i ryggen samtidigt som han hotade deras havskommunikationer.[24] Han visade stor taktisk skicklighet vid sin stormning av staden. Så snart den var i hans besittning skapade han skräck genom att plundra den. Därefter uppträdde han vänligt mot de spanjorer som hade hållits som gisslan där. Han släppte dem fria och gav dem gåvor, ”flickorna fick örhängen och armband, de unga männen fick dolkar och svärd”,[25] vilket fick till resultat att han vann folkets uppskattning.

Så snart Carthago Nova var hans och hans flotta och armé var färdigutrustade marscherade han in i Andalusien och besegrade Hasdrubals armé år 208 f.Kr. vid Baeculae. Den fientliga armén blev dock på intet sätt tillintetgjord vid det slaget. Hasdrubal förstod att dra sig tillbaka till San Sebastian. Han gick sedan över gränsen till Frankrike och möjligen ända in i Italien. Även om många historiker har kritiserat Scipio för att han tillät honom att slippa undan finns det knappast något berättigande för en sådan kritik. Att brådstörtat följa efter Hasdrubal genom ett okänt och mycket svårgenomträngligt landskap med Magos och Hasdrubals (Gisgos son) styrkor intakta bakom sig skulle taktiskt sett ha varit mycket oklokt.

Därefter drog han samman sin armé till Castulo och ryckte därifrån fram mot Hasdrubal och Mago vid Ilipa (nära Sevilla). Genom stor taktisk skicklighet[26] som delvis liknade den som Hannibal använt sig av vid Cannae, vann han sedan ett avgörande slag över dem. Hasdrubal flydde till Mauretania (Marocko) och Mago till Balearerna, där han började rekrytera en ny armé för att hjälpa Hannibal. Detta slag avgjorde Karthagos öde i Spanien. Hösten 206 f.Kr. hade hela landet underkastat sig Rom.

Under tiden hade Hasdrubal på våren 207 f.Kr. tagit sig över Alperna och då använt sig av samma väg som hans bror utnyttjat elva år tidigare. Därefter ryckte han fram mot Podalen där han, sedan han rekryterat 10 000 galler[27], inledde en belägring av Placentia. Han lyckades inte inta staden utan fortsatte i stället mot Fanum Fortunae (Fano), en liten hamnstad vid Adriatiska havet där Via Flaminia når kusten. Här kom han i kontakt med förtrupper från praetorn L. Porcius och konsuln M. Livius förenade arméer som hade slagit läger vid Sena Gallica (Senigallia) några kilometer söder om Fanum Fortunae. Vid denna tid befann sig Hannibal fortfarande i vinterkvarter i södra Italien där han hölls under bevakning av 40 000 man romerskt infanteri och 2 500 ryttare, under befäl av konsuln C. Claudius Nero och Q. Fulvius Flaccus. Hans avsikt var att slå samman sin och broderns armé i centrala Italien. Eftersom han också måste hålla ett öga på sina baser i Bruttium (Italiens tå) ville han emellertid inte dra sig mot norr innan han var säker på var Hasdrubal befann sig. Enligt Livius hade han inte räknat med att brodern skulle ta sig över Alperna så snabbt som han gjorde. När han sedan fick reda på att denne inlett en belägring av Placentia, och då han var väl medveten om hur lång tid belägringar som regel krävde, drog han sig inte längre mot norr än till Canusium (Canossa) och inväntade där ett meddelande från sin bror.

När han väl kommit dit inträffade en av dessa oförutsägbara händelser som i krig så ofta avgjort nationers öden. När Hasdrubal hävde belägringen av Placentia sände han fyra galler och två nubier till häst med ett brev till Hannibal. Dessa män tog sig igenom hela Italien, men då de inte visste att Hannibal hade förflyttat sig och sin armé till Canusium sökte de honom i stället intill Tarentum där de kom bort sig och blev tillfångatagna av en grupp romerska furagerare. Genom dem fick Claudius Nero nu reda på att Hasdrubal föreslog att han skulle gå över Apenninerna för att möta sin bror i Umbrien. Livius skriver att Claudius Nero ”bedömde att nationens läge var sådant att de inte längre kunde fortsätta kriget enligt tidigare rutiner då varje konsul inom sin egen provins stred med sin armé mot fienden på det sätt som föreskrivits av senaten. Han måste snarare våga pröva på och improvisera något oförutsett och oväntat, något som till en början skulle skapa lika mycket oro bland medborgarna som hos fienden, men som när det väl var genomfört skulle förvandla stor fruktan till stor fröjd".[28] Claudius Nero sände därför Hasdrubals brev vidare till Rom och informerade samtidigt senatorerna om att han, medan Hannibal fortfarande var ovetande om vad som hände, i spetsen för 6 000 utvalda infanterister och 1 000 kavallerister skulle marschera mot norr för att förena sig med och förstärka Porcius och Livius. Han kvarlämnade Quintus Catius som chef för sin armé som bevakade Hannibal. Han föreslog också att legionen i Capua skulle förflyttas till Rom och att trupperna i Rom skulle sändas till Narnia (Narni). Han sände bud i förväg till de områden som han skulle genomkorsa med order om att "de från gårdar och städer skulle bära proviant som soldaterna genast kunde äta ner till vägen och att de även skulle ställa upp hästar och mulor, så att de uttröttade inte skulle sakna fordon".[29] Han visste att ingen tid var att förlora och inväntade inte något svar utan satte sig genast i rörelse mot norr.

Detta oväntade steg skapade stor oro bland senatorerna. De ansåg att Hannibal nu på nytt kunde sätta sig i rörelse. "De tidigare katastroferna i detta krig och två konsulers död året innan förskräckte dem fortfarande. Och de sade att alla dessa olyckor hade kommit över dem när fienden endast hade en general och en armé i Italien. Nu hade det blivit till två puniska krig, två mäktiga arméer, så att säga två Hannibal, i Italien."[30]

Nero och hans 7 000 man förflyttade sig med hög fart. De marscherade såväl dag som natt och när de närmade sig Sena Gallica sändes budbärare fram till Livius för att underrätta honom om deras ankomst. De meddelade vidare att de i hemlighet avsåg att nattetid ta sig in i hans läger. För att deras ankomst inte skulle upptäckas av Hasdrubal genom att Livius läger plötsligt blev större fick var och en av Neros officerare och soldater förläggas tillsammans med och dela tält med någon från Livius armé.

Omedelbart efter Neros ankomst samlades ett krigsråd, och trots att många önskade avvakta tills Neros soldater var ordentligt utvilade ville Nero själv gå till anfall så länge som Hasdrubal var ovetande om hans ankomst och Hannibal om hans avmarsch. När hans förslag accepterats blåstes signalen till strid och soldaterna ställdes upp.

Trots alla försiktighetsmått för att bevara hemligheten hade Hasdrubal genom ett löjligt misstag på romarnas sida blivit medveten om att Livius mottagit förstärkningar. En spaningspatrull rapporterade vid sin återkomst att signalen till strid hade ljudit en gång i praetorns läger medan den ljudit två gånger i konsulns. Av detta drog Hasdrubal den slutsatsen att det måste finnas två konsuler i Livius läger och misstänkte därför att Livius fått förstärkning och beslöt på denna grund att inte gå i strid. Den natten drog han sig dold tillbaka uppför Metaurusflodens dalgång för att nå Via Flaminia. I mörkret övergavs han dock av sina vägvisare och förlorade så mycket tid i sina försök att åter finna vägen att romarna, som upptäckt hans avmarsch, hann upp honom och tvingade honom till strid.

Hasdrubal grupperade sin armé på följande sätt: I centern ställde han sina ligurier och framför dem stod hans elefanter. På den vänstra flygeln hade han galler och på den högra de spanska trupperna. Gallerna fanns på en höjd som överblickade en ravin – möjligen San Angelo-ravinen – och tycks ha befunnit sig på alltför stort avstånd från liguriernas vänster. På en höjd som också överblickade ravinen hade Nero själv tagit ställning mitt emot gallerna. Livius var väl åtskild från honom och stod långt ut på hans vänstra flygel mitt emot spanjorerna, som stod under Hasdrubals direkta befäl. Av Livius har vi fått veta att Hasdrubals linje var ”snarare lång än djup” och att romarnas högra flygel sträckte sig bortom stridslinjen.

Spanjorerna inledde slaget.

> Där engagerades båda [de romerska] generalerna, större delen av romarnas infanteri och kavalleri, de spanska trupperna, de gamla soldaterna som var väl bekanta med romarnas sätt att strida, och ligurierna – ett härdat krigarfolk. Till samma plats kom elefanterna, som hade skapat oreda i den främsta linjen vid sin första attack och nu hade tvingat standaren tillbaka. När striden och skrikandet sedan tilltog kunde elefanterna inte längre kontrolleras utan drev omkring mellan de båda stridslinjerna som om de var osäkra på vem de tillhörde, inte olikt skepp på drift utan styråra.[31]

Slutligen måste många dödas av sina elefantförare som var utrustade med en lång kniv och en klubba för detta ändamål, den senare användes för att driva in kniven i elefantens ryggmärg.

På Hasdrubals vänstra flygel var terrängen sådan att den förhindrade strid. Nero som såg att en våldsam strid pågick långt till vänster om sig beslöt sig för att ta del i den. Han lämnade en styrka för att binda gallerna och ledde själv ”flera kohorter” utom synhåll för fienden och runt de bakers-

11. Slaget vid Metaurus, 207 f.Kr.

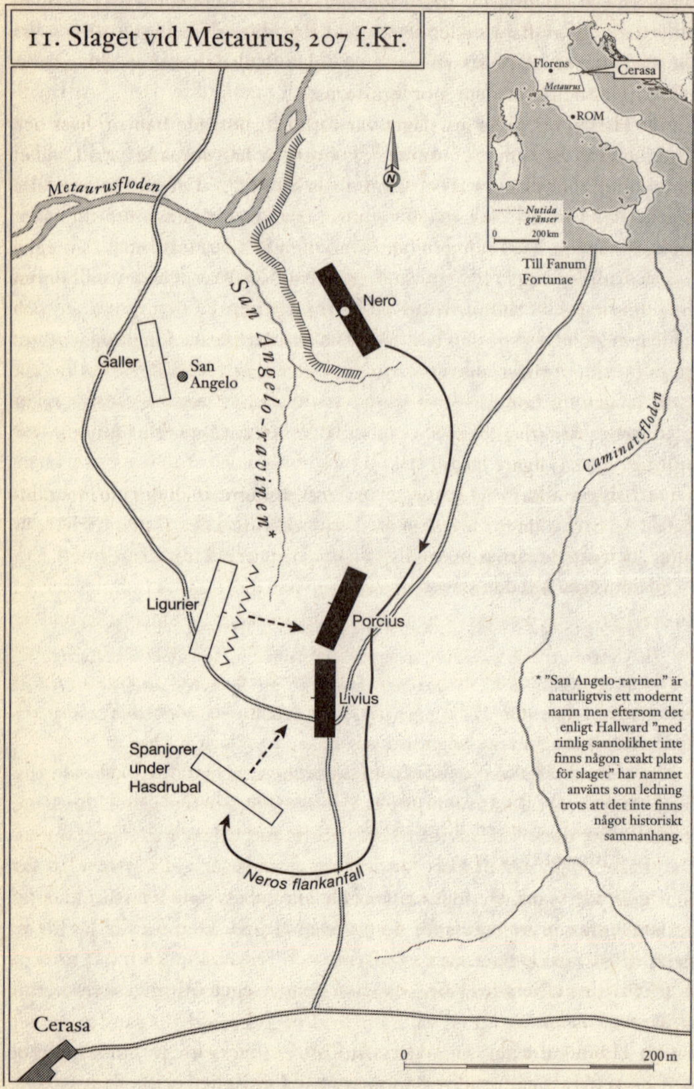

ta delarna av Livius armé på ett sätt som liknande det som Marlborough utnyttjade sig av flera sekler senare vid Ramillies. Till Hasdrubals stora överraskning anföll Nero spanjorernas högra flank och angrep sedan deras bakre linjer och drev dem mot ligurierna.

När Hasdrubal insåg att slaget var förlorat sporrade han sin häst och ”red i galopp rakt emot en romersk kohort där han stupade i strid, vilket var värdigt Hamilkars son och Hannibals broder”.[32] Om denna händelse skriver Polybios att ”så länge det fanns hopp om att kunna uträtta något som var värdigt hans tidigare bedrifter” betraktade Hasdrubal ”sin egen säkerhet under slaget som mycket väsentlig. När lyckan inte stod honom bi längre och han hade berövats alla förhoppningar inför framtiden och tvingades gå till ytterligheter – trots att han inte hade försummat något vare sig i sina förberedelser eller under själva slaget som skulle ha kunnat säkra segern för honom – övervägde han ändå hur han, i händelse av ett fullständigt nederlag, skulle möta sitt öde och inte utstå något som var ovärdigt hans tidigare karriär”.[33]

De förluster som Polybios anger var ”med kelterna inkluderade inte mindre än 10 000 döda för karthagerna, och omkring 2 000 för romarna”.[34]

Nero startade sin återmarsch redan på natten efter slaget och han marscherade denna gång ännu snabbare än han gjort under frammarschen. På den sjätte dagen återkom han till sitt tidigare läger.[35] Under tiden nåddes Rom av något svävande rapporter om hans seger. Till en början ”snarare hörde än trodde folket denna nyhet”, men när den blev bekräftad greps hela staden av en vild glädje – för detta var den största seger som de hittills hade vunnit mot sin dödsfiende.

När Hannibal nåddes av budet om sin broders förlust och död beslöt han sig för att dra sig tillbaka till bruttiernas land. Skräcken för hans namn bland romarna var dock fortfarande så stor att de inte vågade angripa honom. Det måste dock ha stått klart för dem att deras seger i alla avseenden var en avgörande seger. Den satte punkt för Hannibals sista förtvivlade hopp om att kunna bryta romarnas grepp över Italien. Den återställde självförtroendet hos de romerska soldaterna och försäkrade Rom om fortsatt stöd från sina allierade. Från och med denna seger övergick initiativet i romarnas händer.

Om Hannibal efter sin seger vid Cannae övergav sin framryckning mot Rom för att han trodde att inneslutning av Italien skulle visa sig mer framgångsrik, måste han efter sin brors förlust vid Metaurus ha insett sitt misstag – i stället var det nu han som var föremål för inneslutning. År 205 f.Kr. stod han isolerad på Italiens tåspets, Sicilien var förlorat och det var också Spanien. Rom hade även slutit fred med Filip V i Makedonien.[36] Följden blev att initiativet övergick till romarna då Hannibal nu var tvingad till en passiv defensiv. Deras avsikt var att strypa honom långsamt. Scipio var dock av en annan uppfattning, och som det senare kom att visa sig hade han varit det ända från den dag han övertog befälet i Spanien. Hans tanke var att med Spanien som utgångspunkt föra kriget över till Afrika. Polybios säger att sedan han hade drivit karthagerna ut från Spanien blev han tillrådd ”att vila sig i lugn och ro”. Han svarade att han i stället nu ”mer än någonsin funderade över hur han skulle inleda kriget mot Karthago”.[37] Han hade som det skulle visa sig hela tiden haft Agathokles fälttåg i tankarna. Agathokles var en man vars djärvhet han beundrade.[38] Han var så övertygad om nödvändigheten av att föra kriget till Afrika att han en kort tid efter slaget vid Ilipa riskerade sitt liv genom ett besök till Mauretania i syfte att vinna över Syfax, massyliernas kung, och att från numidernas kung, Masinissa, få en kavallerienhet.[39]

Efter detta företag återvände han år 205 f.Kr. till Italien där han hälsades med jubel av folket men kritiserades av de äldre generalerna som, på grund av hans ungdom, var avundsjuka på hans framgångar. Mer för att de skulle bli av med honom än för att tillgodogöra sig hans tjänster valdes han till konsul och tilldelades Sicilien som provins. Där konstaterade han att han endast hade befäl över två legioner som var rester från armén vid Cannae och han förvägrades all ytterligare hjälp. I stället för att erkänna sig förskjuten satte han igång att rekrytera, organisera och utbilda en armé för den stora hämnden.

År 205 f.Kr. sände han sin ställföreträdare, C. Laelius, till Afrika och på våren följande år embarkerade hans armé i Lilybaeum (Marsala) och landsattes vid Kap Farina, nära Utica, där han genast förenades med Masinissa som hade drivits bort från sitt land av Syfax. Scipios expeditionsstyrka bestod av hans två legioner och frivilliga som han lyckats rekrytera, totalt cirka 25 000 man, 40 krigsskepp och 400 transportskepp. Efter sin återkomst till Afrika hade Gisgos son Hasdrubal samtidigt organiserat en karthagisk armé om 20 000 infanterister, 6 000 kavallerister och 140 elefanter och inväntade dessutom en kår av keltiberiska legosoldater som förstärkning. Syfax var också igång med att organisera en kavallerienhet till hans stöd.

För Scipio var det nödvändigt att först skaffa sig en operationsbas. Han inledde därför en belägring av Utica, men när Hasdrubal och Syfax närmade sig tvingades han häva belägringen och dra sig tillbaka till en hög klippudde några kilometer därifrån som han kallade Castra Cornelia, och där gick han i vinterkvarter. Syfax betraktade honom som infångad, vilket han också kan sägas ha varit, och erbjöd honom fred på vissa villkor. Med en slughet som översteg allt vad karthagerna tidigare presterat drog Scipio ut på förhandlingarna så att han fick möjlighet att utforska fiendens läger som bara låg nio kilometer från hans eget. Hans avsikt var att utsätta det för en överraskande nattlig attack.

Hans slughet har med rätta av många fördömts som svek. Som förmildrande omständighet bör man dock komma ihåg att Scipios situation var mycket kritisk, särskilt eftersom hans fiendes överlägsna kavalleri starkt försvårade hans egen furagering. Oavsett vad som anses om detta kvarstår faktum att det som Scipio stod i begrepp att göra var så avgörande att det är mycket sannolikt att hans sista stora seger hade varit omöjlig om det inte hade blivit gjort. Genom ”att verka överdrivet angelägen om fred” invaggade han sina båda motståndare, Syfax och Hasdrubal, i en falsk känsla av säkerhet. Han bröt sedan plötsligt vapenvilan och vilseledde dem ytterligare genom att inleda förberedelser för att återuppta belägringen av Utica. Han ställde därefter snabbt upp sina två legioner och satte sig i rörelse vid mörkrets inbrott. Han beordrade Laelius och Masinissa att anfalla Syfax läger ”och sätta eld på det”, medan han själv i samma syfte vände sig mot Hasdrubal.

Karthagernas vaktposter var uppenbarligen ouppmärksamma eller sov när eldsflammor plötsligt slog upp mot natthimlen och tumult och villervalla följde. De redogörelser som Livius och Polybios lämnar är ytterst dramatiska. Den senare skriver: ”Därför kan händelsen i sitt övermått icke jämföras med något förut existerande. Så överträffade den i sin förfärlighet alla förut omtalade händelser.” Den förre berättar att 40 000 män dräptes eller omkom i flammorna och 500 togs till fånga tillsammans med 2 700 numidiska hästar och sex elefanter. Sammanfattningsvis kan sägas att Hasdrubals och Syfax kombinerade arméer i det närmaste tillintetgjordes, även om de själva lyckades undkomma, om inte Livius siffror är en våldsam överdrift.[40]

Utica höll fortfarande stånd och i stället för att gå mot Karthago, vilket skulle ha varit ett riskfyllt företag, återvände Scipio till Utica och förstärkte belägringen där. Under tiden började Hasdrubal och Syfax, som nu tillförts 4 000 keltiberianska legosoldater, att organisera en ny armé. Scipio insåg faran i att Hannibal plötsligt skulle dra sig tillbaka från Italien liksom nödvändigheten av att tillintetgöra Hasdrubal innan han återvände. Han drog därför åter i fält med en legion och hela sitt kavalleri som nu var kraftigt förstärkt. På de stora slätterna vid Bagradasfloden (Mejerda) mötte han Hasdrubal och Syfax och genom en taktisk manöver som påminde om den han använt sig av vid Ilipa blev fienden för första gången i romarnas historia besegrad enbart genom kavalleriattacker. Hasdrubal blev övermannad och Syfax, som flydde med delar av sitt rytteri, förföljdes av Masinissa till Cirta där han togs till fånga. För Scipio blev detta slag av allra största betydelse, inte bara för att det gjorde det möjligt för honom att återinsätta Masinissa utan också därför att Karthago berövades sitt bästa rekryteringsområde för sitt kavalleri. Det kunde nu i stället utnyttjas av Scipio.

Karthago greps av panik efter slaget. Där var man nu åter beredd att diskutera fred, och Mago som opererade i Podalen återkallades först och senare även Hannibal från Bruttium. Scipio uppnådde därigenom sitt första mål som var att få Hannibal att lämna Italien. Genom att erbjuda ett generöst fredsavtal hoppades han kunna vinna sitt andra mål – ett segerrikt slut på kriget.

Mago satte sig i rörelse medan fredsförhandlingarna pågick. Hans armé återkom till Afrikas kust men själv dog han av en skada under återmarschen.

Hannibal befann sig i Kroton (Cotrone) när han mottog order om att dra sig tillbaka. Det första han gjorde var att döda alla sina hästar och sedan embarkerade han den 23 juni 203 f.Kr. under skydd av vapenstilleståndet sin armé som då bestod av 15 000 till 20 000 man och gick iland vid Leptis Minor (Lemta). Därifrån marscherade han till Hadrumetum (Sousse) för att organisera så många kavallerienheter han kunde, en åtgärd som ingav sådan tillförsikt hos det patriotiska partiet i Karthago att dess anhängare vägrade att ratificera fredsavtalet och tog de romerska sändebuden tillfånga. Djupt upprörd över detta förräderi bröt Scipio år 202 f.Kr. upp från sitt läger i Tunes och marscherade utefter Bagradas dalgång och brände samhällen och boplatser där han drog fram för att terrorisera befolkningen och för att skära av Karthago från den livsmedelstillförsel som var så viktig för staden. Detta resulterade i en sådan skräck i staden att invånarna uppmanade Hannibal att omedelbart vidta åtgärder. Av den anledningen bröt han några dagar senare upp från sitt läger i Hadrumetum och satte sig i rörelse inåt landet mot Zama (Zowareen), fem dagsmarscher söder om Karthago. Där möttes han av nyheten att Masinissa i spetsen för 6 000 infanterister och 4 000 kavallerister hade anslutit sig till Scipio.

Han förstod att med en sådan överlägsenhet hos det fientliga kavalleriet var hans chanser till seger mycket små och han sökte därför få ett samtal till stånd med sin motståndare. Det beviljades och följande dag ”redo båda, Hannibal och Publius, med några få ryttare ut från sina läger, och sedan de skilts från dessa, sammanträffade de. De hade en tolk med sig.”[41] Hannibal framhöll hur ombytlig krigslyckan kunde vara och föreslog att de skulle komma överens om ett fördrag i vilket Sicilien, Sardinien och Spanien skulle förbli romerskt land och karthagerna skulle förbinda sig att aldrig gå i krig för dessa områden. Scipio som var väl medveten om sin militära överlägsenhet förkastade detta förslag och sade att på grund av brottet mot det tidigare fredsavtalet kunde han inte längre lita på karthagernas ord. Mötet avslutades och de återvände båda till sina läger och i gryningen följande dag ställde de upp sina arméer i slagordning.

Hannibals armé var långt underlägsen vad avser utrustning och utbildning. Det sätt på vilket han grupperade sin armé visar också att han var medveten om detta. Han hade tre infanteriavdelningar: sin egen armé, Magos och en avdelning med karthagiska och afrikanska trupper som hastigt hade organiserats av senaten i Karthago. Den första och den andra kunde han lita på men knappast på den tredje. Han ställde därför den andra främst. Den bestod av liguriska och galliska hjälptrupper som troligtvis arrangerades i en öppen ordning eftersom han blandade den med baleariska kastare och nubiskt lätt infanteri. Den tredje, som bestod av karthagiska och afrikanska trupper, ställde han upp i en andra linje omedelbart bakom den första linjen. Den första avdelningen höll han som reserv omkring 200 meter bakom den andra linjen. Den bestod huvudsakligen av bruttier. Framför sin första linje ställde han upp 80 elefanter i en utsträckt linje. På arméns båda flyglar grupperade han slutligen sina 2 000 kavallerister med karthagerna på den högra och numiderna på den vänstra flygeln. Hans underlägsna kavalleri gjorde det svårt för honom att gå runt fiendens

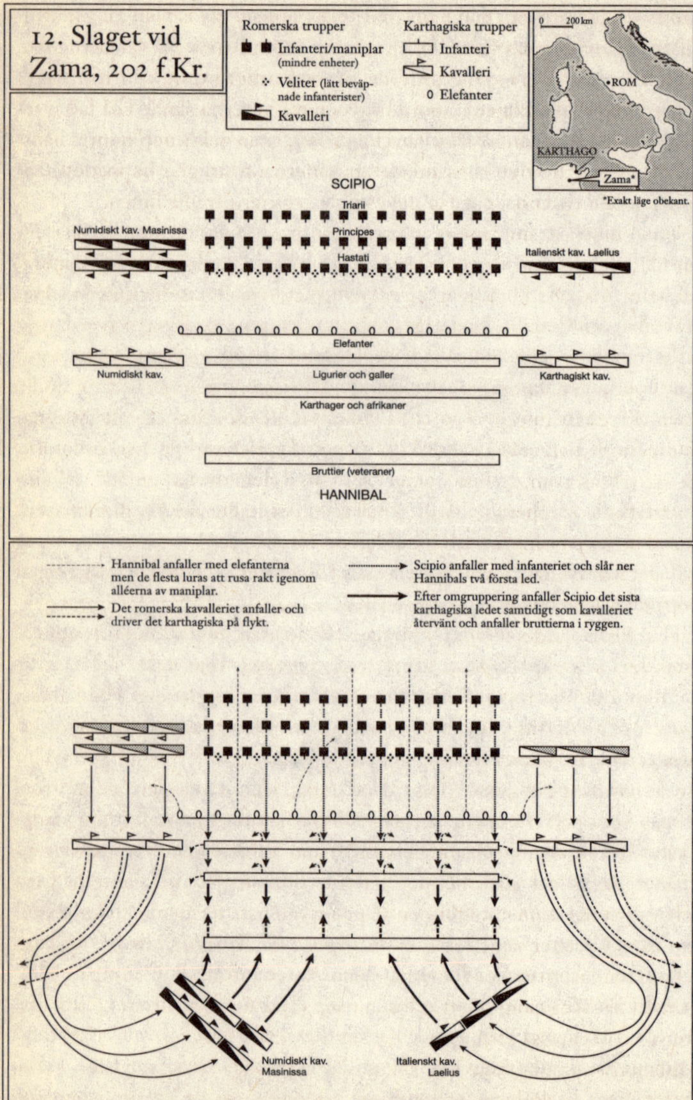
12. Slaget vid Zama, 202 f.Kr.
Romerska trupper
Infanteri/maniplar (mindre enheter)
Veliter (lätt beväpnade infanterister)
Kavalleri
Karthagiska trupper
Infanteri
Kavalleri
0 Elefanter
0 200 km
ROM
KARTHAGO
Zama*
*Exakt läge obekant.
SCIPIO
Triarii
Principes
Hastati
Numidiskt kav. Masinissa
Italienskt kav. Laelius
Elefanter
Numidiskt kav.
Ligurier och galler
Karthagiskt kav.
Karthager och afrikaner
Bruttier (veteraner)
HANNIBAL
Hannibal anfaller med elefanterna men de flesta luras att rusa rakt igenom alléerna av maniplar.
Det romerska kavalleriet anfaller och driver det karthagiska på flykt.
Scipio anfaller med infanteriet och slår ner Hannibals två första led.
Efter omgruppering anfaller Scipio det sista karthagiska ledet samtidigt som kavalleriet återvänt och anfaller bruttierna i ryggen.
Numidiskt kav. Masinissa
Italienskt kav. Laelius

flanker på det sätt som han hade gjort vid Cannae. Hans plan nu var att i stället bryta romarnas front, en chansning som till stor del var beroende av elefanternas agerande. Skötte de sig ordentligt skulle den romerska fronten säkerligen komma i oordning och elefanterna skulle i så fall inte bara möjliggöra ett anfall från hans första linje utan också uppmuntra hans andra linje, de hastigt hopsamlade afrikanerna. Slutligen hoppades han kunna utdela ett knockoutslag med sina veteraner i tredje linjen.

Scipio bibehöll sin vanliga organisation med legioner men anpassade den till den taktiska situation som han nu mötte. I stället för att gruppera sina maniplar schackbrädesvis i tre linjer, så att de i den andra linjen täckte luckorna i den första – vilket var den vanliga grupperingen – fick den andra linjens maniplar ställa upp omedelbart bakom den första för att därigenom öppna vägar för karthagernas elefanter att passera genom. Vidare hölls *triarii* långt bakom de övriga så att de inte skulle skingras om elefanterna bröt igenom, och *velites* placerades i vägen för elefanterna med order att dra sig tillbaka om de inte kunde "stå emot elefanternas anfall". På sin vänstra flank grupperade han Laelius med det italienska kavalleriet, och på den högra Masinissa med numiderna.

Slaget kan indelas i fyra faser: 1. Hannibals elefanters anfall och sammanbrottet för hans kavalleri; 2. striden mellan Hannibals första två linjer och Scipios *hastati* understödda av *principes*; 3. striden mellan de motstående reserverna och 4. Masinissas attack mot Hannibals veteraner.

Enligt Polybios redogörelse (Livius är dock mer dramatisk)[42] inleddes slaget med en skärmytsling mellan de motstående styrkorna av numidiskt kavalleri under vilken Hannibal beordrade sina elefanter att anfalla. Men när de närmade sig fienden blev de så förskräckta av oväsendet från romarnas horn och trumpeter att de på den vänstra flygeln i stället rusade bakåt och skapade oreda bland Hannibals numidiska hästar. Masinissa grep tillfället, anföll och drev numiderna bort från slagfältet. I centern drev elefanterna ner *velites* utefter den väg som öppnats för dem och straffade dem hårt. Därefter såg Laelius en möjlighet som han tog tillvara. Medan elefanterna fortsatte mot romarnas bakre linjer anföll han Hannibals karthagiska kavalleri som drevs tillbaka med stora förluster. I ett försök att efterlikna Masinissa satte han efter dem i en djärv jakt.

Infanteristerna började inte sin strid förrän båda sidors kavalleri hade lämnat slagfältet. Polybios säger att den "försiggick under handgemäng och man mot man". Till en början verkade striden gå Hannibals väg men då hans andra linje misslyckades med att stödja den första trängdes den senare långsamt tillbaka tills den upplevde sig ha blivit övergiven. Den drog sig då tillbaka och när den inte tilläts passera genom den andra linjen försökte dess panikslagna män kämpa sig igenom den. Kaos utbröt när den första och andra linjen, som pressades hårt av *hastati* som nu hade förstärkts med *principes*, föll tillbaka mot Hannibals tredje linje. Då de inte tilläts passera genom den försvann männen i oordnad flykt runt dess flanker.

Därefter började den tredje fasen. Marken var nu täckt av döda och sårade som "föllo blodbesudlade i massor". Scipio gav order om att de sårade skulle bäras bort för att skapa utrymme för ett sista och avgörande anfall. Han drog tillbaka sina *hastati* mot flankerna och mellan dem lät han *principes* och *triarii* rycka fram i tät formering. "Då dessa överskridit platsen [där liken låg] och kommit i jämnbredd med hastaterna, drabbade härarna samman med största häftighet och stridslust. Då båda voro till antal, till sinnelag, krigiska förtjänster och beväpning lika starka, var striden länge oavgjord, i det männen av stolthet stupade på sina platser."[43]

Om den fortsatta striden hade förblivit en strid mellan infanterister är det möjligt att Hannibal hade kunnat vinna den. Tursamt nog för Scipio återvände dock Masinissa och Laelius "i rätta ögonblicket. Då de nu anföllo Hannibals folk i ryggen, blevo av dessa de flesta nedhuggna i sina led. Av dem, som begivit sig på flykt, undkommo blott få helt och hållet". Detta ledde till ett totalt nederlag för Karthagos styrkor. "Av romarna stupade över 1 500, av karthagerna över 20 000. Tillfångatagna blevo icke mycket färre."[44] Hannibal lyckades åtföljd av ett antal ryttare undkomma till Hadrumetum.

Efter slaget marscherade inte Scipio med sin armé mot Karthago eftersom han, vilket Livius informerar oss om, trodde att hans efterträdare skulle få skörda frukterna av segern om han inledde en belägring av staden och blev återkallad till Rom innan belägringen var avslutad[45], och Polybios säger också att Roms värdighet krävde mildhet och storsint agerande.[46] Båda dessa skäl är tveksamma eftersom det verkliga skälet säkerligen var att Scipio på intet sätt var utrustad och förberedd för en lång belägring. Liksom Hannibal var han en skicklig fältherre på slagfältet men han var inte lämpad att genomföra en belägring. Kriget hade nu dessutom varat i sexton år och Rom var utlett och uttröttat. Hur som helst skulle en belägring ta lång tid eftersom Karthago var mycket väl befäst.[47] Att få en fred till stånd med Karthago var viktigare än att genomföra en ockupation och därför blev de fredsvillkor som Scipio erbjöd både generösa och kloka. De viktigaste punkterna man kom överens om löd:

1. Överlämna alla skepp och elefanter.
2. Överenskommelse att inte gå i krig utan godkännande från Rom.
3. Ett återinsättande av Masinissa i hans tidigare kungadöme.
4. Betalning av 10 000 talenter i silver över femtio år.

Dessa villkor accepterades av den romerska senaten och av folket. ”Sålunda”, skriver Scullard, ”bevisade den som besegrat Hannibal riktigheten av sin militära strategi och triumferade även på det politiska fältet. Han förhandlade fram en vis fred av ett slag som aldrig hade kommit till stånd om Hannibal hade besegrats i Italien ... Hans framgång var till stor del beroende av det entusiastiska och lojala stöd han fick från Roms befolkning.”[48] Mommsen framhåller:

> Det är ... troligt att de två stora fältherrarna, på vilka beslutet i den politiska frågan ... hängde, erbjöd och accepterade fred på dessa villkor för att sätta rättvisa och rimliga gränser för å ena sidan segrarens våldsamma hämndbegär, å andra sidan förlorarens styvsinthet och oförsiktighet. De stora antagonisternas ädelmod och statsmannaegenskaper framstår lika tydligt i Hannibals storsinta underkastelse inför det oundvikliga som i Scipios visa avstående från ett överdådigt och förolämpande utnyttjande av segern.[49]

Även om säkerligen ingen av de två stora männen vid denna tid till fullo insåg händelsens stora betydelse, måste åtminstone delvis de ord som Livius och Polybios senare skrev ha funnit sin plats i Scipios hjärta. När Livius skulle skildra slaget vid Zama skrev han att ”innan kvällningen skulle de få veta om Rom eller Karthago skulle formulera nationernas lagar ... För inte bara Afrika ... eller Italien utan hela världen som skulle bli segrarens belöning”.[50] Och Polybios säger: de ”uppställde sig till kamp, karthagerna för sin räddning och sitt välde i Libyen, romarna för sitt herravälde och sin makt över världen”.[51]

Detta var sanna ord. Slaget vid Zama kom nämligen att bestämma vem som skulle härska i den västra delen av Medelhavsområdet. Därigenom avgjordes också den kommande kampen om herraväldet i den östra delen.

Även under kriget hade Karthagos allians med Makedonien tvingat romarna att då och då kasta blickarna mot öster, men nu när de inte kände något hot från Karthago kunde de, och var i själva verket tvungna att, inrikta sig även åt det hållet.

> De omedelbara följderna av kriget i Italien var att Spanien omvandlades till två romerska provinser, vilka dock ständigt var i uppror, det tidigare kungariket Syrakusa och den romerska provinsen Sicilien förenades, ett romerskt i stället för ett karthagiskt protektorat över de viktigaste hövdingarna i Numidien inrättades, och slutligen förvandlades Karthago från en mäktig handelsnation till en försvarslös marknadsstad. Det resulterade med andra ord i en oomtvistad romersk hegemoni över det västra Medelhavsområdet.[52]

Slaget vid Zama utgör en av historiens stora vändpunkter. Det förde romarna över tröskeln till ett enat Italien och in på vägen mot världsherravälde.

Redaktörens sammanfattning

De 170 år som följde efter slaget vid Zama var åren för Roms uppgång och fall. Dess arméer var framgångsrika på de tre kända kontinenterna och därigenom skapades ett romerskt imperium och den romerska republiken dog slutligen genom sina egna framgångar. Dessa sjutton decennier var framför allt en tid av krig – oupphörliga krig, ibland vettlösa krig, eftersom det tog tid för de imperialistiska tankarna att få fast form och de imperialistiska äventyren saknade mening innan de gjort det. Men krig hade alltid accepterats som ett naturligt mänskligt tillstånd och Fuller berättar för oss varför det var på detta sätt, särskilt under Roms uppgång:

> skövling och förödelse av bondgårdarna hade drivit stora mängder fri arbetskraft till städerna där fria män rekryterades till legionerna. Genom ytterligare åderlåtning av lantarbetarstammen hade behovet av billig slavarbetskraft ökat. De nytillkomna stora jordbruksområdena i Afrika, Sicilien och Sardinien ställde krav på slavar som arbetskraft och behovet av slavar kunde endast tillgodoses genom krig. Kriget blev därför en nödvändighet för den romerska civilisationen.

Trycket på Rom från norr och nordöst upphörde aldrig. I norra Italien utgjorde gallerna ett ständigt hot. Bortom dem skedde stora rörelser bland övriga folkslag. De drevs på av de ständiga folkomflyttningarna på det euroasiatiska landområdet, vilka periodvis kom Centraleuropas instabila situation att koka över. Trots dessa ständigt återkommande kriser var det, som Fuller säger, mot det östra Medelhavsområdet som Rom riktade blickarna sedan de hade besegrat sin store fiende i väster.

Efter Alexanders död upplöstes det makedoniska väldet i ett antal med varandra krigande delar (själva Makedonien, Syrien och Egypten var de främsta) och även Rom drogs in i deras strider. Hannibal, som nu befann sig i exil, ställde gärna sin kunskap och sin prestige till förfogande till vem som helst som kunde skada hans gamla fiende. Men två större fälttåg i början av det andra århundradet f.Kr. visade återigen på de romerska legionernas överlägsenhet då de stod under god ledning. ”Dessa två krig”, säger Fuller,

> det första mot Makedonien och det andra mot Syrien, utgjorde i första hand en kamp för säkerhet även om de ledde vidare på vägen mot ökat välstånd och makt. Med ständiga krig i norra Italien och Spanien hade Rom inte det antal män som krävdes för att hålla de besegrade länderna besatta. Dessa krig utökade därför inte det romerska territoriet med en enda kvadratmeter. Sin främsta betydelse fick de genom att de ytterligare stimulerade en växande penningstark adel och korrumperade såväl folk som armé.

Effekterna av denna korruption gav sig snart tillkänna. Makedonien förblev ett hot mot Roms makt och hotet förstärktes genom militär inkompetens både hos ledningen och längre ner i organisationen. Makedonierna blev inte slutligt besegrade förrän efter Lucius Aemilius Paullus ankomst och hans seger år 168 över kung Perseus vid Pydna. Det slaget, säger Fuller, gjorde Rom till ”en världsmakt och ett imperium i allt utom till namnet”. Han fortsätter:

> Men denna väldiga makttillväxt var inte planerad. Den var resultatet av kraften hos ett växande och starkt folk som fungerade under de villkor som gällde i en tidsålder då maktbalans var ett okänt begrepp. I en sådan tidsålder tvingades varje nation så snart den lyckats uppnå inre stabilitet att av självbevarelsedrift antingen underkuva eller allvarligt försvaga sina grannar. De hellenistiska staterna försökte med den förra metoden, Rom med den senare. Eftersom en påtaglig svaghet hos en nation ökar aptiten på ett övertagande var den senare metoden bara en långsammare väg mot samma mål. Därför resulterade detta i, som Mommsen säger, ”att antikens alla rika och högt utvecklade nationer måste gå under för att gynna och berika ett enda folk, som om ändamålet med hela deras

existens bara varit att bidra till Italiens storhet och till det sönderfall som fanns inbyggt i denna storhet".[1]

När denna skoningslösa tid var över blev resultatet trots detta inte Greklands sönderfall utan hellenismens seger. Grekerna var nämligen antikens kineser som alltid lyckades besegra sina erövrare. Vad de behövde för att befria dem från den starka individualism som hållit dem splittrade och fientliga mot varandra var en stark och stabil världsregerings auktoritet. Och vad Rom behövde för att kunna bli en högt stående världsmakt var den hellenska kulturen. Dessa två förhållanden var det verkliga krigsbytet från slaget vid Pydna och det tredje makedoniska kriget, inte plundring och skövling.

Greklands totala underkastelse och reduktion till en romersk provins kom inte förrän 22 år efter slaget vid Pydna. Rom firade en dubbel triumf år 146 f.Kr. Korinth som gjort uppror erövrades då och plundrades och förstördes i grunden. Samma år undergick Karthago, som tvingats in i krig, ett liknande öde som var så fullständigt att "en plog kunde dras över dess område". Inte ens Ypres efter fyra och ett halvt års artilleribombardemang eller Hiroshima efter en atombomb var så totalt utslagna. "Detta utplånande av städer", säger Fuller,

> hade nu blivit kännetecknet på Roms makt. Men likväl, som Polybios framhåller: "Att förstöra det som varit anledningen till kriget förefaller dåraktigt och en dåraktighet av ett mycket våldsamt slag." Korinth, Karthago och senare Numantia (Guarrey intill Soria) i Spanien (133 f.Kr.) förstördes i grunden för att demonstrera Roms makt men också för att tillfredsställa dess plundringslust. Att sälja de erövrade städernas invånare som slavar var också en lönsam verksamhet och många av dessa uppror och så kallade krig var knappast något annat än jakt på slavar.

Liksom efter grekernas höjdpunkt vid Salamis medförde seger över främmande fiender inre oro under de följande hundra åren – maktkampen inom Rom förändrade staten från en mer eller mindre livskraftig republik till ett imperium. När mitten av det första århundradet f.Kr. närmade sig koncentrerades dessa strider till två framstående generalers personligheter, Pompejus och Gajus Julius Caesar. Pompejus segerrika period inträffade 67–61 f.Kr. då han besegrade Medelhavets pirater, marscherade upp utefter

Eufrat till Kaspiska havet, intog Jerusalem och tvingade in judarna under romerskt styre. År 60 f.Kr. återvände Caesar till Rom efter stora framgångar i Spanien och följande år utövades makten i Rom av ett triumvirat som bestod av Pompejus, bankiren M. Licinius Crassus och Caesar. Caesar fick makten över provinserna Gallia Cisalpina och Gallia Transalpina som nu skulle bli scen för en av historiens största militära bedrifter. Erövringen av Gallien var inte avslutad förrän 52 f.Kr., när dess kung, Vercingetorix, besegrades vid Alesia. Fuller sammanfattar händelsen:

> Det var en enastående bedrift, då, som Plutarchos skriver, Caesar "stormade över åtta hundra städer, underkuvade tre hundra nationer och utkämpade regelrätta fältslag med tre miljoner man vid olika tidpunkter, av fienderna dödade han en miljon i närkamp och tog lika många till fånga".[2] Det var hans oerhörda energi som hade uträttat detta och det resulterade inte bara i att Gallien blev romerskt utan denna erövring gjorde Caesar både till folkets hjälte och ledare för den mäktigaste romerska armén. Pompejus träder in i samband med hans tillbakagång.

Under denna period med ständiga krig genomfördes stora förändringar inom den romerska armén. Det som från början hade varit en välorganiserad samling av beväpnade romerska medborgare hade nu blivit en armé av legosoldater som kom från alla samhällsklasser. I armén var nu brottslingar och ofta även utlänningar representerade. "Där under tidigare skeden", säger Fuller, "soldaten svor en trohetsed till republiken svor han nu i stället en ed att tjäna sin general. En sådan armé förutsatte välutbildade och skickliga generaler, och när detta var förhanden var segrarna säkra. Då de inte fanns, bröt däremot disciplinen snabbt samman."

Professionalismen framkom även på andra sätt. Den romerska tekniken hade också sin betydelse för segrarna. Artilleriet och den militära ingenjörsvetenskapen gjorde stora framsteg. Romarna utvecklade en "fältkanon" (*catapulta*) som var mer träffsäker än sjuttonhundratalets flintlåsmusköter och som kunde skjuta upp till fem hundra meter (räckvidden för en musköt), en "tung kanon" (*ballista*) som kunde slunga iväg stenar som vägde upp till trettio kilo samt en användbar "haubits" (*onager*).[3] Fuller fortsätter:

> Hand i hand med förbättrad kastvapenteknik utvecklades fortifikation och belägringsteknik och i dessa delar av krigskonsten söker Caesar

sin like. Under belägringen år 52 f.Kr. av Alesia (Auxois) har det uppskattats att hans män grävde upp 2 000 000 kubikmeter jord från sina skyddsvärn. Vid belägringen av Dyrrhachion fyra år senare bör det ha varit i huvudsak likadant och vid belägringen av Massilia (Marseille) år 49 f.Kr. utnyttjades teknikens alla resurser.

År 49 f.Kr. gick Caesar över Rubicon för att slutligen marschera mot Rom och inleda den sista och korta fasen av sin tävlan med Pompejus. Under hela denna period utgjorde den grekiska halvön en ”motor” för antiken på samma sätt som Nederländerna var för Västeuropa vid slutet av medeltiden. Platsen för Caesars kamp mot Pompejus var först Dyrrhachium (Durrës i det som nu är Albanien) och därefter Thessalien i Grekland. I slaget vid Farsalos i Thessalien den 9 augusti 48 f.Kr. blev Pompejus totalt besegrad. Han flydde till Egypten dit Caesar följde efter honom bara för att få reda på att hans rival redan hade blivit mördad. Caesar stannade dock kvar tillräckligt länge för att utkämpa ett mindre krig för drottning Kleopatras räkning och göra henne gravid innan han genomförde sina avslutande operationer mot Pompejus följeslagare. De tog honom till Syrien, Nordafrika och Spanien och han återvände inte till Rom förrän år 45 f.Kr. Den 15 mars år 44 f.Kr. mördades han vid foten av Pompejus staty i senaten. Fuller beskriver beståndsdelarna i hans storhet:

Som ledare för sina män var Caesar inte bara hjärnan utan också arméns själ. I detta avseende liknar han Alexander och Hannibal. Hans omsorg om sina soldater var ständigt mycket påtaglig. Även om han då de var i tjänst upprätthöll strängast tänkbara disciplin var han beredd att släppa på den när så var möjligt, när de ej var i tjänst. Han visste nämligen att synd likaväl som dygd var en del av den mänskliga naturen. Suetonius berättar att ”Caesar värderade sina soldater vare sig efter karaktär eller social ställning, utan endast efter graden av förmåga”[4], och som Mommsen säger behandlade han sina soldater ”som män som har rätt att kräva och kunde utstå att höra sanningen”. Han tillvann sig deras respekt och trohet så fullständigt att en förlust föreföll fullkomligt utesluten när han befann sig bland dem.

Som befälhavare över arméer utmärkte han sig främst i tre avseenden. Tillsammans med Alexander och Hannibal hade han för det första förmåga att skapa en krigsmaskin som passade hans egen genialitet. Han var också en strålande organisatör och hans tilltro till sin egen genialitet var orubblig.

Han förstod för det andra den tidens krigskonst. Den var nationell, den gällde inte bara kampen mellan arméer, utan ett helt folks strid för att uppnå något nytt. Under krig av detta slag blir strategin att inrikta alla medel mot ett och samma mål – män, pengar, handel, politiska reaktioner och propaganda måste alla kanaliseras och leda fram mot detta mål. Slutligen grundades hans häpnadsväckande djärvhet och som det verkade obetänksamhet på att han förstod att i krig, liksom i fred, är de flesta svårigheter självframkallade, och eftersom två motståndare i allmänhet är lika rädda för varandra blir det den som först lyckas övervinna denna rädsla som först beträder vägen mot seger. Caesar, liksom Alexander, förstod detta och ägde den anda och den djärvhet som krävdes och upphöjde därigenom krigskonsten till dess högsta nivå. Caesar anade sina fienders avsikter och kunde bortse från sin egen fruktan.

Med sådana talanger var det inte förvånansvärt att han blev en framstående statsman. Han hade förmåga att rätt bedöma läget inom republiken och förstod vad som kunde hända om inga åtgärder vidtogs. Han kunde avläsa tidens anda lika väl som han förstod Pompejus själ. Han insåg att de behövde en monarkistisk demokrati, liksom att frihet under ansvar skulle vara styrande och inte lättsinne och penningbegär. Det han förstod och åstundade kan sammanfattas med vad hertigen av Wellington kallade *démocratie royale*. Med detta som sitt mål blev han, som Warde Fowler så träffande sagt, "en stor läromästare för mänskligheten".

Under sin korta regeringstid kunde han dock inte göra mer än att så fröna till det autokratiska imperium som senare till stor del kom att trampas under fötterna av hans efterföljare. Han förändrade Rom från att ha varit en stad till att bli ett kungarike i världen som han utsträckte ända tills navet uppslukades av omkretsen. Han blåste in nytt liv och en ny anda i republiken och förverkligade därigenom inte endast *démocratie royale* hos Augustus, den förste verklige världshärskaren, utan drog även upp riktlinjerna för en ännu högre föreställning, den om enhet i harmoni, vilken kom att bli den världsomspännande kyrkans ideal.

Den slutliga maktkampen efter Caesars död och republikens fall kom att dominera de följande tretton åren. Dess första fas blev dock kort. I sitt testamente hade Caesar upptagit sin brorson Gajus Octavianus som sin efterträdare. I en osäker allians med Marcus Antonius, Caesars ställföreträdare, inledde Octavianus jakten på den store mannens mördare. Än en gång blev Makedonien den huvudsakliga krigsskådeplatsen (även om alla delar av Roms stora landområden påverkades). De främsta konspiratörerna, Brutus och Cassius, drog sig tillbaka till Filippi i Thrakien där de i två slag år 42 f.Kr. besegrades och dödades.

Octavianus och Antonius lyckades fungera tillsammans till år 33 f.Kr. när den senare blev förtrollad av Kleopatra. Han gifte sig med henne och utropade hennes son med Julius Caesar – Caesarion – till "konungarnas konung". Antonius var en djärv och inspirerande ledare, Egypten ett rikt och välmående land och kombinationen var stark. Den var i själva verket alltför stark. Romarna blev förskräckta och trodde att Antonius avsåg att ersätta Rom och göra Alexandria till huvudstad och maktens centrum. De kan mycket väl ha haft rätt i detta avseende, i alla händelser blev deras reaktion den att stötta Octavianus och uppmuntra honom att dra i fält mot Antonius. Än en gång kom avgörandet att stå i Grekland – denna gång i ett sjöslag vid Actium år 31 f.Kr. (i Ambrakiabukten mitt emot Catanzaro). Octavianus seger blev fullständig. Året därpå landsteg han i Egypten. Antonius begick självmord och följdes därefter av Kleopatra, och Octavianus blev nu härskare över hela den kända världen. Fuller skriver:

Även om Filippi – som ironiskt nog vanns för honom av Antonius – var kronan på verket vad avser Octavianus makt, blev hans seger över Antonius vid Actium grundstenen för det världsimperium som hade väntat på att komma till stånd alltsedan diadokernas dagar. Den var höjdpunkten i en politisk kamp inom en demokrati för att bestämma om autokrati eller demokrati skulle vara förhärskande. Den kunde också betraktas som den slutpunkt som nåddes mellan de tvistande halvorna av en delad autokrati där det skulle beslutas om uppdelningen skulle vara permanent eller vilken halva som skulle dominera helheten. Om Brutus och Cassius hade segrat vid Filippi hade frukten av denna seger aldrig kunnat mogna eftersom det romerska imperiets politiska rötter då hade vittrat bort. Även om Antonius och Kleopatra hade lyckats med att försvara Egypten och därigenom hindrat Octavianus från att komma åt Ptolemaios skatt, utan vilken han aldrig hade kunnat betala ut de belöningar som han hade lovat sina anhängare och soldater, hade uppdelningen av imperiet i en västlig och en östlig del sannolikt blivit permanent, något som den också blev i en senare tidsålder. Hade Antonius och Kleopatra segrat vid Actium lär det inte heller råda någon tvekan om att de hade flyttat imperiets huvudstad från Rom till Alexandria, som både strategiskt och kommersiellt var en bättre plats, och i stället för det nationella romerska imperium som skapades av deras besegrare skulle ett sådant kosmopolitiskt världsimperium som Alexander drömde om ha vuxit fram. Det är av denna anledning som Actium var ett av de mest avgörande slag som någonsin utkämpats – det hindrade Europa från att ändra sin kulturella axel.

Frukterna från slaget skördades kvickt. När Octavianus i enlighet med Kleopatras sista önskan begravde henne vid Antonius sida annekterade han samtidigt Egypten i det romerska folkets namn. Han insåg betydelsen av dess stora spannmålstillgångar och var särskilt noga med att få landet under sin personliga kontroll. För att säkra sin prestige i öst tog han själv de ptolemaiska kungarnas gudomliga ställning och titlar. Något mer än tre år senare, den 17 januari 27 f.Kr., återupprättade han till det yttre republiken och tilldelades själv av senaten det halvgudomliga namnet Augustus – den helgade.

Han glömde dock aldrig att hans adoptivfar hade dödats med svärd, inte heller att han hade genomfört sina erövringar med svärd i hand. Under hela sin regeringstid försökte han dölja att hans makt hade vunnits med svärd genom att införa nya former med bibehållna gamla benämningar. Han sökte verklig makt åt sig själv och överlät åt senaten och åt folket den yttre glans som följde med denna makt. Enligt bokstaven i det som han skrivit om statsskicket låg makten hos senaten och folket – i själva verket låg makten över båda dessa hos honom själv. Eftersom ett ständigt konsulskap för honom skulle ha varit ett alltför tydligt brott mot traditionen valde han att från år 23 f.Kr. inte längre inneha denna befattning, utan styrde i stället provinserna där legionerna var stationerade genom *legati* som utnämndes av honom själv. På övriga platser inom imperiet kunde han, när så blev nödvändigt, utnyttja en makt som överglänste alla provinsguvernörers genom den *maius imperium* som var tilldelad honom. På hemmaplan förlitade han sig på den tribunala makt som redan tilldelats honom på livstid och år 23 f.Kr. förstärktes den ytterligare för att kompensera för det han förlorat när han uppgav sitt konsulskap. Även om han antog *Imperator* som första namn, var *Princeps* – förste medborgare – den titel som han önskade skulle användas när man talade om honom. För det var genom *auctoritas* – personlig prestige – som han styrde, liksom i kraft av sin skickligt utformade konstitutionella makt.

Augustus insåg, liksom Thomas Hobbes ett antal århundraden senare, att ”avtal utan stöd av vapen är inget annat än ord och erbjuder därför ingen säkerhet”. Han grundade därför sitt styre på militärmakt. Eftersom legionerna under normala tider var förlagda i provinserna och inte i Italien lade han år 27 f.Kr., samtidigt som han nominellt återgav senaten dess ställning, alla gränsprovinser, utom Afrika, under sitt direkta styre. Därigenom kom alla legioner utom en under hans direkta befäl.

På republikens tid hade alla arméer, åtminstone i teorin, rekryterats för ett bestämt fälttåg och sedan skingrats vid dess slut. Men under inbördeskriget hade detta sätt att ställa upp förband i huvudsak övergivits och ersatts av ett system med yrkesarméer, vars trohet i första hand gick till den som betalade deras löner. En av hans första reformer var att göra sig av med detta system och skapa en stående armé vars grund var imperiet. Dess män svor trohet endast till honom. Han reducerade antalet legioner till tjugoåtta och delade in armén i två stora grupper – legioner och *auxilia*. Till de förra rekryterades romerska medborgare, till de senare sådana som bodde i riket utan att vara medborgare. Tjänsten i legionerna varade i tjugo år, rekryteringen var frivillig och vid sitt avsked fick varje legionär en premie eller mark. I *auxilia* var tjänsten också frivillig men som regel längre och vid sitt avsked fick soldaten en premie och han, hans hustru och barn tilldelades romerskt medborgarskap. Förutom att de bildade många kohorter till fots, innehöll *auxilia* alla bågskyttar och nästan allt kavalleri.

Eftersom Augustus grundade sin politik på säkerhet och inte på erövring var legionerna och *auxilia* fördelade på grupper utefter gränserna. Var och en av dessa grupper var förlagd till ett försvarat militärt centrum kallat *castellum*, varifrån vägar löpte till gränsposteringarna. Denna inneslutningspolitik hade i motsats till expansion en djupgående moralisk inverkan på legionerna. Eftersom deras uppgift nu var att bevara freden och inte att gå i krig kom deras stridsvilja som tidigare hade stimulerats av patriotism eller genom plundring att successivt försämras. För det första kom den ökande pacifismen, som skapades av att de inte längre hade något att frukta, att leda till att allt färre medborgare rekryterades och att i stället barbarer antogs för att hålla antalet uppe i legionerna. För det andra smög sig en fördärvlig form av militarism in i legionerna – arméns vilja blev beroende av kejsarens politiska ställning.

Denna senare svaghet stimulerades ytterligare av en annan reform. Vid sidan av de två ovannämnda organisationsformerna skapade Augustus vad som idag skulle kallas en egen ”privatarmé” – det praetorianska gardet eller kejsarens livvakt. Under republikens sista år hade många chefer för sitt eget skydd skaffat sig egna livvakter, *cohortes praetoriae*. De kallades så eftersom generalens högkvarter benämndes *praetorium*. När Augustus återskapade republiken bibehöll han dessa livvakter i Italien. Han organiserade dem i nio kohorter, vardera bestående av 1 000 man, och ställde dem under befäl av två *praefecti* som förde befäl i hans namn. De var en ständig garanti för hans auktoritet och symbolen för vad hans styrelse verkligen var – en klokt organiserad militär tyranni. Som vi kommer att se fanns en fara inbyggd i detta system. Praetorianerna var ett instrument för den kejserliga makten och dess existens kom därför i slutskedet att vara beroende av praetorianernas lojalitet.

Detta styrelseskick, som var så djupt odemokratiskt i praktiken, accepterades av alla romerska medborgare och av alla som var beroende av Rom. Efter hundra år av civilt kaos och inre stridigheter hade Augustus armé nämligen lyckats återskapa ordning och upprätthålla en allmän fred. Under två århundraden säkrade den imperiet mot invasion och under ytterligare två århundraden lyckades den, trots tillfälliga motgångar, hålla emot de germanska barbarerna. Det var armén som upprätthöll *Pax Romana*, under vilken Västeuropa latiniserades och den kristna kyrkan fick fäste. Och det var slagen vid Filippi och Actium som gjorde det möjligt för Augustus att åstadkomma detta.

KRÖNIKA

Imperiets gränser skapas

Det imperium som Octavianus vann vid Actium sträckte sig från Atlanten till Eufrat och från Nordsjön till Saharaöknen och inkluderade alla stater kring Medelhavet, som nu var en romersk insjö. Det hade vuxit fram genom tillfälligheter och inte avsiktligt. För att konsolidera imperiet och för att göra dess olika folk till medborgare i en enda romersk nation krävdes två saker: för det första inre fred och för det andra att imperiets gränser var säkra. Detta var de två viktigaste problemen för Augustus under hans fyrtioett år långa regeringstid. Suetonius skriver visserligen: "Janus Quirinus tempel hade alltsedan Roms grundläggning och fram till Augustus stått öppet utom vid två tillfällen. Augustus kunde stänga templet tre gånger under en mycket kortare period, efter att ha uppnått fred i hela riket både till lands och till sjöss".[1] Men ändå var hela hans principat en enda lång period av militära operationer, som för det mesta genomfördes av andra än av honom själv. Dessa fältherrar hade vid tiden för hans död tillfört imperiet en yta som var större än den som erövrats av hans adoptivfar, Julius Caesar.

Av de två huvudproblemen var det första, som omfattade Spaniens och Afrikas pacificering liksom provinsernas omorganisering, det mest påträngande. Augustus började i väster och begav sig sommaren år 27 f.Kr. till Spanien. Efter ett antal framgångsrika fälttåg där återvände han till Rom 24 f.Kr. När han lämnat Spanien utbröt åter krig där och inte förrän 19 f.Kr. knäckte Agrippa slutligen cantabriernas motståndskraft genom en väldig massaker. Samma år genomdrev Cornelius Balbus provinsen Afrikas slutgiltiga underkastelse.

Efter sin återkomst från Spanien gav sig Augustus åter iväg för att gripa sig an problemen vid den östra gränsen. Efter hans ockupation av

Alexandria sex år tidigare hade folkopinionen i Rom uppmanat honom att underkuva hela Österlandet ända bort till Indien. Hade han varit Caesar hade han säkerligen gett sig iväg för att erövra Parthien, men han var diplomat och inte soldat, och även om han förstod att ett företag av denna art var nödvändigt för att återställa den prestige som Rom förlorat genom Antonius och Crassus fälttåg i Parthien, insåg han också att Medelhavsländerna utgjorde imperiets naturliga utsträckning eftersom Medelhavet var dess grund. En avsevärd utvidgning mot öster skulle därför resultera i svaghet och inte i styrka. Han hade gett Syrien en central position i det östliga försvaret och återvänt till Rom fast övertygad om att de romerska intressena säkrades bättre genom diplomati än genom krig. När han nu åter angrep detta problem hade han denna tanke i sinnet. Det var ett trefaldigt problem eftersom det omfattade Egyptens gräns i söder, Syrien i centrum och Mindre Asien i norr.

I Egypten lät han anlägga en linje befästa gränsposteringar tvärs över den övre delen av landet och troligtvis även en utefter den egyptiska nordvästra gränsen mot Cyrenaica, det senare är dock ej säkert belagt. Dessa försvarsanläggningar visade sig ha så god verkan att inga gränskränkningar ägde rum där förrän under mitten av 200-talet e.Kr. Samtidigt sände han en forskningsexpedition under befäl av Aelius Gallus utefter den östra kusten av Arabia Felix till Mariaba (Marib), Sabafolkets huvudstad i Yemen, för att ta kontroll över handeln med Indien. Expeditionen blev dock ett misslyckande.

När Egypten nu var säkrat annekterade han Galatien och utsträckte den romerska kontrollen till Pontos och Kappadokien samt sände år 19 f.Kr. Agrippa österut för att där övervaka ledningen av dessa provinser. Bland hans uppgifter fanns att reglera verksamheten i det bosporanska kungadömet – en nation på Svarta havets norra kust mellan floderna Dnestr och Dnepr som beboddes av ett grekiskt-iranskt folkslag. Detta land var betydelsefullt eftersom det försåg länderna i Mindre Asien och kring Egeiska havet med spannmål. När romerska trupper opererade i den norra delen utefter imperiets östra gräns kom dess underhåll huvudsakligen från södra Ryssland. Senare kom detta kungarike att bli en romersk vasallstat.

När Augustus bestämde sig för att låta övre Eufrat och den syriska öknen söder om detta område bli en naturlig försvarslinje för att täcka den centrala Medelhavssektorn, skulle det ha varit bra om han samtidigt övergivit alla anspråk på Armenien. Det var inte bara så att det landet i romarnas händer skulle skapa en utbuktning som både skulle vara svår att hålla och förstärka utan det skulle också bli en ständig källa för tvister med Parthien, som om landet var ensamt inte utgjorde något större hot. Det var ett feodalt land som inte hade någon egen stående armé. Även om deras uppbåd av ridande bågskyttar kunde vinna ett slag var de så illa utrustade att de inte kunde hållas samman under någon längre tid i fält. Men Roms prestige stod på spel och följaktligen föll Augustus tillbaka på en gammal romersk halvmesyr – i stället för att annektera Armenien eller helt överge landet bestämde han sig för att göra det till ett skyddsområde. Detta beslut förargade Parthiens kung, Fraates, som år 23 f.Kr. därför bestämde sig för att vägra att återlämna de vid Carrhae erövrade romerska fälttecknen som Rom anmodat honom att göra. Följande år drog Augustus till Syrien och samtidigt uppdrog han åt sin styvson Tiberius att gå med en stark legionärsstyrka till Armenien. Det fick önskad effekt. Den 12 maj 20 f.Kr. återlämnade Fraates de fälttecken som Crassus och Antonius förlorat liksom alla fångar som fortfarande var vid liv. Detta var en stor diplomatisk framgång som Augustus värderade högre än en seger i fält, och Tiberius tågade in i Armenien och placerade Tigranes, Roms kungakandidat, på tronen. Området var dock oroligt och mot slutet av Augustus regeringstid stod Armenien inte längre under Roms kontroll.

Augustus konstaterade att det romerska rikets norra gräns gick från Rhens mynning, utefter denna flods lopp till Basel, därifrån vidare över Jurabergens västra sluttningar, fortsatte mot söder mellan Rhône och Alpes-Maritimes där den bildade en smal landtunga väster om det cisalpinska Gallien som med sin sydligaste del nästan snuddade vid Medelhavet. Gränsen svängde sedan norrut utefter Alpes-Maritimes och därefter vidare mot öster över Alpernas sydsluttningar till en plats norr om Aquileia (Aquilega) varifrån den löpte åt sydöst för att sluta vid Hellesponten.

Ur försvarssynpunkt var det ingen bra gräns eftersom den inte skyddade norra Italien och Makedonien från räder från Alpernas och Donaubäckenets vilda folkstammar, och det gick inte heller att upprätta säkra förbindelsevägar mellan Italien och Gallien eller mellan Italien och Makedonien. Eftersom romarna ännu inte hade lyckats säkra stora och lilla Sankt Bernhardspasset gick den enda väg som förenade Italien med Gallien utefter Medelhavskusten. Mellan Italien och Makedonien fanns det ingen väg alls. Alla förbindelser med imperiets östra halva fick ske via Adriatiska havet och Via Egnatia. Detta var en stor svaghet och något som Augustus upplevt under inbördeskriget. Stormar till sjöss var nämligen vid denna tid mycket farligare för trupptransporter och underhållstransporter än de är idag. Avsaknaden av en väg mellan Italien och Makedonien hade, som vi har sett, varit den största svårighet som Caesar hade att hantera i sitt fälttåg år 48 f.Kr. mot Pompejus. Även under sitt eget Actiumfälttåg, då han behärskade sjövägarna, kunde en plötslig storm ha omintetgjort fälttåget redan från början.

År 25 f.Kr. började Augustus vidta åtgärder för att rätta till dessa strategiska missförhållanden. I Gallien uppdrog han inledningsvis åt Terentius Varro och Marcus Vinicius att säkra stora och lilla Sankt Bernhardspasset genom att ockupera området i den inbuktning av gränsen som fortfarande utgjordes av icke erövrat land. Detta genomfördes framgångsrikt och därigenom skapades två nya marschvägar, den ena gick in i Gallien genom lilla Sankt Bernhard och den andra genom stora Sankt Bernhard mot Rhens övre lopp. Troligen år 17 eller 16 f.Kr. bekämpade P. Silius Nerva stammarna öster om Gardasjön och troligtvis även stammarna i övre Adigedalen (Val Venosta). Då detta öppnade en väg mot Inndalen beslöt Augustus år 15 f.Kr. att företa ett mer omfattande fälttåg vars syfte var att bringa det stora antalet bergsländer, som idag omfattar Tyrolen, östra Schweiz, västra Österrike och södra Bayern, under romersk kontroll och att flytta den norra gränsens centrala del längre mot norr och upp mot Donaus övre lopp.

Detta viktiga fälttåg anförtrodde Augustus åt sina två styvsöner Tiberius och Drusus, som var söner till Tiberius Claudius Nero och Livia, Augustus andra hustru. Tiberius skulle marschera från Gallien mot öster mot Bodensjön och Drusus från Italien mot norr via Venostadalen och över Resiapasset (Reschen-Scheideck) till Inndalen och vidare in i Bayern där han skulle möta sin bror. Detta fälttåg blev en stor framgång och Noricum (Steiermark, Kärnten och södra Bayern) annekterades och den romerska kontrollen utsträcktes utefter Donau ända till Wien. Detta innebar en mycket stor strategisk vinst. Italien behövde inte längre skyddas genom en armé i Illyrien. Den kunde i stället frigöras för att skapa en landväg till Makedonien.

Förutom Savas dal fanns det ingen sådan väg. Augustus bestämde sig därför för att låta den gå från Aquileia till Emona (Ljubljana) och därifrån utefter Savas dalgång till Siscia (Sisak), Sirmium (Mitovitz) och Singidunum (Belgrad) varifrån vägen skulle fortsätta mot öster via Naissus (Niš) och Serdica (nära Sofia) till Byzantion. Ännu idag är detta den enda väg på vilken det forna Jugoslavien kan passeras från den ena sidan till den andra med någon rimlig grad av hastighet och komfort. Vid sidan av denna väg fanns det en annan utefter Draves dalgång till Sirmium via Mursa (Osijek). Genom att dessa båda vägar behärskades flyttades Illyriens norra gräns mot Donau från Wien till Belgrad. När Tiberius och Drusus intagit Noricum fanns nu en väg från Basel till Byzantion som kunde användas för snabba trupptransporter mellan imperiets östra och västra delar och som var oberoende av sjötransporter.

År 13 f.Kr. inledde Agrippa och Vinicius vad romarna kallade Bellum Pannonicum mot de pannonska stammarna utefter Sava och Drava. När Agrippa dog året därefter övertog Tiberius hans plats. När Tiberius år 9 f. Kr. hade ockuperat Siscia och Sirmium fortsatte han till Donau och det stora område han erövrat inkorporerades med provinsen Illyrien. Samtidigt stred hans bror Drusus framgångsrikt i Germanien.

Slaget i Teutoburgerskogen 9 e.Kr.

Första gången det indoeuropeiska folkslag som kallas germaner uppträder i Roms historia är i slutet av det andra århundradet f.Kr., då de hade skapat en panik i Rom som var lika stor som den gallerna tidigare åstadkommit. Som vi tidigare sett besegrades dock germanerna slutgiltigt av Marius och Catulus i det stora slaget vid Vercelle år 101 f.Kr. Omkring trettio år senare bad sequanerna, ett galliskt folkslag som bodde i landet mellan Jurabergen och Vogeserna, Ariovistus, ledare för en germansk härskara bortom Rhen, om hjälp mot en angränsande stam, haeduerna, som bodde väster om floden Saône. Ariovistus gick med på detta och besegrade haeduerna i slaget vid Magetobriga. Som belöning fick han och hans folk tillåtelse att ockupera övre delen av Alsace. Detta slag var troligen, som C. Hignett skriver, "den avgörande faktor som resulterade i en följd av händelser vilka slutligen förde med sig Caesars intervention i det centrala Gallien".[1]

Cirka tio år senare, år 59 f.Kr., inträffade två händelser som aktualiserade problemen med gallerna vid den nordvästliga gränsen. Den första var att senaten formellt erkände Ariovistus som "kung" och "det romerska folkets vän". Vänskapen blev dock kortlivad. Han hann knappt bli erkänd som kung innan han började övertala germanska stammar att ta sig över Rhen. De i sin tur krävde tillgång till land. Den andra händelsen var att Caesar förlänades provinsen Transalpinska Gallien. Så snart han hade träffat en överenskommelse med helvetierna drog de västerut in i Gallien för att undkomma de horder av germaner som hade trängt in i deras land (i stort sett dagens Schweiz). Därefter vände han sig på nytt till Ariovistus. I sina kommentarer över det galliska kriget skriver han:

> Han hade också klart för sig, vilken fara det innebar för Rom, att germanerna med tiden vande sig vid att övergå Rhen och intränga i Gallien i ständigt växande skaror. Han kunde inte tänka sig, att sådana ociviliserade vildar, sedan de väl en gång erövrat hela Gallien, frivilligt skulle hejda sig från att i likhet med cimbrerna och teutonerna på sin tid också översvämma provinsen och därifrån fortsätta in i Italien ... En sådan händelseutveckling ansåg han att man snarast möjligt borde förebygga.[2]

År 58 f.Kr. gav Caesar order till Ariovistus att sätta stopp för den fortsatta germanska immigrationen. Då den ordern inte åtlyddes gav Caesar sig i ilmarscher iväg till Vesontio (Besançon) för att framtvinga åtlydnad. Därifrån tog han sig vidare till den burgundiska porten där Ariovistus hade slagit läger med sin armé. Där inväntade denne en schwabisk hord som i avvaktan på att ta sig över floden höll på att samlas på Rhens östra strand. I mitten av september tvingade Caesar Ariovistus till strid och besegrade honom efter en hård kamp. Även om Ariovistus själv undgick att dö på slagfältet dog han strax efter sitt förkrossande nederlag.

Caesar beslöt att göra Rhen till norra och centrala Galliens östgräns. Han förstod nämligen att den germanska migrationen säkerligen skulle ta fart igen om han drog sig tillbaka. För att den skulle bli säker började han nu bekämpa de belgiska stammarna, av vilka de flesta var av germanskt ursprung.[3] De bodde i ett område som i huvudsak omfattade det som idag är Belgien. År 57 f.Kr. red han i spetsen för åtta legioner mot norr från Vesontio. Genom att besegra nervierna fick han fast kontroll över Rhens vänstra strand nedanför Köln. Två år senare ryckte han fram mot Xanten och med hjälp av en vanhedrande list lyckades han få de germanska hövdingarna i sin makt och anföll därefter deras ledarlösa skaror och slaktade dem.[4] När han på detta sätt skaffat sig kontroll över floden Rhen utefter hela dess längd från Xanten till Belfort beslöt han sig för att gå över floden. Han skriver att ”han såg hur lätt germanerna kunde lockas att intränga i Gallien och därför ville inge dem fruktan också för sin egen säkerhet genom att låta dem förstå, att Roms härsmakt både förmådde och vågade gå över Rhen”, som han nu hade fastställt som den slutliga ”gränsen för Roms välde”.[5] Han slog en bro över Rhen söder om Koblenz och utförde en maktdemonstration på flodens östra strand. Sedan han hade plundrat Sugambriterritoriet drog han sig tillbaka till Gallien.

Nu är det lika bra att vi, så långt det är möjligt, betraktar germanerna med romerska ögon. Caesar skriver så här om dem:

> De tillbringar hela sitt liv med jakt och krigsföretag. Alltifrån barndomen vinnlägger de sig om ett strävsamt och härdande levnadssätt. Ungdomar, som i det längsta avhåller sig från könsumgänge, vinner stort beröm för detta av sina närmaste ...
>
> Germanerna intresserar sig inte för åkerbruk utan livnär sig huvudsakligen på mjölk, ost och kött. Sålunda äger ingen någon bestämd jordlott eller har utstakade ägogränser, utan de folkvalda ämbetsmännen och hövdingarna tilldelar efter eget gottfinnande de olika släkterna och ätterna ... ett stycke åkerjord av lämpligt omfång på lämplig plats, och efter ett års förlopp tvingar de dem att flytta till annat ställe. De anför många motiv för detta tillvägagångssätt: man vill förhindra, att de vänjer sig vid bofasta odlingar och överger sin lust till krigarlivet för lantbruket ... man vill förhindra uppkomsten av penningbegär, något som alltid leder till partibildningar och stridigheter; man vill hålla det obesuttna folket i förnöjsamhet, då envar ser, att hans egendomar är fullt likställda med de mäktigastes.
>
> För de enskilda stammarna gäller det som den största ära att så vida omkring som möjligt ha ödemarker omkring sig genom att landet skövlats. De anser detta vittna om framstående krigaregenskaper, att grannfolken fördrivits från sin odlade jord och drar sig undan och att ingen vågar bosätta sig i grannskapet. På samma gång menar de, att de kan känna sig tryggare för framtiden härigenom, då de slipper frukta för plötsliga invasioner. Då en stam för ett försvars- eller anfallskrig, väljs hövdingar till att leda detta krig med oinskränkt makt över liv och död. I fredstid finns ingen gemensam styrelse, utan de lokala ledarna för större eller mindre bygder skipar rätt och bilägger tvister ... Våld mot en gästvän betraktar de som helgerån. Främlingar, som kommer till dem av vad skäl det vara må, skyddar man mot övergrepp och de behandlas som okränkbara. Allas hus står öppna för dessa, och man delar med sig åt dem av mat och dryck.[6]

Av denna utförliga beskrivning framgår att germanerna var ett halvnomadiserande folk som tillhörde vad som i inledningen till denna bok kallades för ett "vagnfolk". Även om Caesar inte nämner att de hade hästar och oxdragna vagnar står det klart att de inte hade kunnat förflytta sig i så stora mängder utan tillgång till sådana. Vi vet att helvetierna hade vagnar eftersom Caesar nämner detta. Han informerar oss vidare om att de ”placerat vagnarna som ett slags förskansning” – det vill säga vagnborgar – att strida från.[7] Det var rastlösheten och oron i den germanska befolkningens livsstil och inte överbefolkning som var drivkraften bakom deras förflyttningar.

Tacitus[8] beskriver dem som storväxta, blåögda och ljushåriga. ”Gäller det arbete och ansträngningar, ha de ej samma uthållighet”.[9] De var fruktansvärda kämpar men deras militära organisation var ytterst rudimentär. Den bestod av skvadroner och bataljoner som tillfälligtvis sammanställts inom familjer och klaner.

> Endast ett fåtal använder svärd eller större lansar. De bära spjut, eller med deras benämning *frameae*, som äro försedda med en smal och kort järnspets men så vass och så tjänlig att hantera, att de strida med samma vapen såväl i handgemäng som på långt håll, alltefter lägets krav. Också deras ryttare nöja sig med sköld och *framea*; fotsoldaterna använda också kastvapen, och varje karl slungar flera stycken, därtill oerhört långt; härvid uppträda de med bar överkropp eller blott iförda en kort, lätt mantel. Man prålar inte i fråga om utrustningen; det är endast sköldarna som man sirar i de mest utsökta färger. Blott ett fåtal bär bröstpansar, högst en eller två har metallhjälm eller läderhjälm.
>
> Deras hästar äro varken iögonfallande vackra eller snabba. Men så dresseras de ej heller, som brukligt är hos oss, till att volta på olika sätt: man rider dem blott rakt framåt eller i en enda sväng åt höger, varvid linjen hålles så tätt sluten, att ingen faller ur ledet. I det stora hela har fotfolket mera slagkraft. Av den anledningen strida de i blandad trupp[10], ty de fotsoldater som de utvälja bland hela det stridbara manskapet och placera framför linjen av ryttare äga en snabbhet …
>
> Stridshären grupperas i kilformig slagordning. Att lämna sin plats i ledet betrakta de mera som taktik än som ett tecken på fruktan, blott vederbörande anfaller på nytt.[11]

Till denna redogörelse tillägger Strabon: ”Mot dessa män var misstro och misstänksamhet det bästa försvaret, för de som blev trodda ställde till med mest ofog.”[12]

Urvalskriteriet för deras ledare var mod. Soldaterna leddes snarare genom ledarnas exempel än med hjälp av auktoritet. Tacitus berättar vidare: ”När man går i strid, är det … en skam för hirden att icke vara lika tapper som hövdingen. ... Att försvara och skydda honom, att tillskriva hans ära även förtjänsten av egna hjältedåd, det är kärnan av deras trohetsed." Å andra sidan: "Av sin hövdings frikostighet fordra de nämligen än en stridshäst, än ett blodigt, segerrikt spjut. Trakteringen däremot och de visserligen flärdfria, men rejäla gästabuden gälla såsom sold. Medel till frikostigheten kommer genom krig och rövartåg."[13]

På detta sätt kände romarna det folk som bebodde de väldiga och okända bergs- och skogsklädda områdena öster om Rhen och norr om Donau, vilka år 12 f.Kr. utgjorde imperiets norra gräns.

Strategiskt sett var det långt ifrån en perfekt gräns eftersom de båda floderna bildade en stor inbuktning med sin topp i Basel. I denna inbuktning kunde de germanska stammarna arbeta från de inre linjerna medan de romerska legionerna var tvingade att utnyttja de yttre linjerna. De förra kunde, om de så önskade, antingen anfalla Rhensektorn eller Donausektorn medan de senare måste vara beredda att försvara båda. Att förstärka den ena sektorn från den andra innebar att förflytta sig utefter två sidor på en triangel. Vidare var Rhen – på samma sätt som Egeiska havet under Dareios I:s dagar – inte en etnisk gräns. Väster om floden var stora delar av befolkningen av germansk härkomst och i tider med konflikter var germanerna på flodens östra sida beredda att stödja dem. De gjorde det på samma sätt som grekerna i Europa stödde grekerna i Jonien. Redan år 17 f.Kr. hade sugambrerna och andra germanska stammar gjort räder väster om floden och överrumplat Marcus Lollius.[14] Augustus, som betraktade Gallien som västs Egypten som därmed hade avgörande betydelse för underhållet av de stora arméerna vid Rhen, var mycket medveten om dessa svagheter. Rhen utgjorde en mäktig barriär för barbarerna som inte var hemmastadda i broslagning, men var det klokt att lämna plats för framväxten av en till Rom fientligt inställd makt i Centraleuropa då Gallien ännu inte var helt pacificerat?

När det nu inte längre fanns något hot mot Augustus legioner i Illyrien och det inte heller fanns någon självklar lösning på dessa problem, stod det klart för honom att om gränsen vid Rhen kunde flyttas, först till Weser och sedan till Elbe – öster om den floden hade han inte för avsikt att gå[15], – skulle följande förbättringar uppkomma för den norra gränsen: inbuktningen skulle försvinna och ersättas med en i huvudsak rak flodgräns som löpte från Hamburg till Wien och en ny förbindelseväg skulle kunna upprättas från Hamburg över Leipzig och Prag till Wien som ett komplement till linjen Köln–Basel–Wien. Även om erövrandet av det territorium som erfordrades för att åstadkomma detta inte erbjöd någon etnisk gräns skulle Gallien genom att få sin gräns förflyttad 300 till 400 kilometer åt öster bli ojämförligt bättre säkrat mot ett germanskt anfall. I själva verket tycks det som Augustus hade i sinnet inte skilja sig så mycket från Napoleons tankar då han 1806 skapade Rhenförbundet som en buffert mellan Frankrike och dess potentiella fiender Österrike och Preussen – ett problem som fortfarande engagerar fransmännen.

Drusus var som vi har sett tillsammans med sin broder Tiberius upptagen av krig i södra Bayern år 15 och 14 f.Kr. När kriget var slut blev han *legatus* över de tre galliska provinserna. Han föddes 38 f.Kr. och växte upp under en heroisk era då han utvecklades till en synnerligen aktiv man med stora ambitioner. Han var fylld av verksamhetslust och strävade efter stora erövringar.[16] När beslutet fattats om att Germanien skulle invaderas var hans tanke att inte bara bestraffa sugambrerna för deras seger över Lollius utan att skära av hela inbuktningen mellan Rhen och Donau och därigenom korta av förbindelsevägen mellan arméerna i Gallien och Illyrien. Det första steget i denna ambitiösa plan var att nå fram till Elbes övre lopp och att underkuva stammarna på vägen.

Drusus första åtgärd var att bygga upp en rad vinterläger utefter Rhen. De två största var Vetera (Wesel?) mitt emot Lippedalen och Moguntiacum (Mainz) mitt emot Maindalen. År 12 f.Kr. lät han därefter, sedan han hade ödelagt Westfalen, bygga en stor flottilj på Lacus Flevo (Zuidersee, som då var en insjö) och seglade med den till floden Ems mynning där han vann ett betydande sjöslag. Han fortsatte sedan till Wesers mynning där han träffade en överenskommelse med friserna. När kusten nu var vunnen inledde han år 11 f.Kr. invasionen av själva Germanien. Han marscherade upp utefter Lippes dalgång, genom sugambrernas område och nådde fram till Wesers mellersta lopp där han gjorde halt. Därefter återvände han till Rhen. Året därpå lämnade han Mainz och invaderade chatternas land (Nassau), ryckte fram genom Herkyniska skogen (Harz) från Main till Weser och stred mot markomannerna i Thüringen. Därefter drog han sig mot norr och marscherade genom cheruskernas land (Braunschweig) och nådde Elbe, troligtvis vid Magdeburg. Under sin återväg därifrån blev han år 9 f.Kr. kastad av sin häst och dog av de skador han då ådrog sig. Han efterträddes av sin sex år äldre bror, Tiberius. Under dennes ledning fördes fälttåget till ett framgångsrikt slut. När det år 7 f.Kr. avslutades lämnade Tiberius Germanien för att tillträda en befattning i öster.

Drusus erövringar hade genomförts alltför snabbt för att kunna bli bestående. Det fick också till resultat att cheruskerna inledde ett uppror år 1 f.Kr. År 4 e.Kr. hade det allmänna läget blivit så allvarligt i Germanien att Tiberius fick återvända för att där återställa Augustus makt.

Under sitt första fälttåg marscherade Tiberius till Weser och fick stammarna ända upp till Nordsjöns kust att underkasta sig honom. Under vintern slog han läger i Lippes dalgång och år 5 e.Kr. genomförde han sedan en expedition som kom att bli märkvärdigare och nå längre in i germanernas land än någon tidigare gjort. Han organiserade två arméer vid Rhen. Den ena embarkerade han på en stor flotta som tog den till sjöss utefter den frisiska kusten för att sedan fortsätta upp i Elbes mynning. Den andra ryckte fram österut från Rhen och sedan den besegrat langobarderna förenade den sig med den sjöburna armén som under tiden hade marscherat utefter Jyllands kust ända upp till Skagerrak och tillbaka. När de hade betvingat de nordliga stammarna gjorde Tiberius sig klar för att vända mot söder för att besegra Maroboduus, markomannernas kung, som år 9 f.Kr. hade lämnat Thüringen med sin stam och dragit vidare till Böhmen.

Hans plan för sitt fortsatta fälttåg år 6 e.Kr. innebar att fånga Maroboduus genom en samtidig framryckning mot öster med Rhenarmén under Saturninus, som skulle gå från Main mot Nürnberg eller Eger, och med den illyriska armén som under hans eget befäl skulle avancera mot norr från Carnuntum (nära Hainburg) vid Donau. Tillsammans skulle tolv legioner utnyttjas och det fälttåg som följde har kallats "ett organisatoriskt mästerverk som förtjänar en framträdande plats i krigskonstens historia".[17] Men när de båda arméerna endast var några kilometer från sitt slutliga mål i centrala Böhmen nåddes de av nyheten om ett allvarligt uppror i Illyrien. Tiberius lyckades då genast träffa en överenskommelse med Maroboduus och vände åter mot söder med sina arméer.

Vad som hänt var följande: dalmatierna som var trötta på romarnas ständiga krav på mera soldater och förråd hade gjort uppror och när de romerska garnisonerna dragits tillbaka från deras område hade all återhållsamhet försvunnit. Revolten spred sig snabbt till hela Illyrien och Pannonien. Snart kunde upproret mönstra 200 000 man infanteri och 9 000 ryttare. Rom var skräckslaget eftersom det inte fanns några reserver att ta till och det var omöjligt att rekrytera nya soldater. Följaktligen kunde de inte ställa upp några nya legioner. Trots revoltens stora omfattning behandlade Tiberius den uppkomna situationen på ett mästerligt sätt. I stället för att försöka få stora fältslag till stånd delade han upp sin armé i ett antal kolonner som intog alla orter av någon betydelse. Genom att sedan metodiskt föröda landet återtog han kontrollen över det genom svält. År 8 e.Kr. kapitulerade Pannonien och året därefter Dalmatien. Tiberius gav Germanicus[18] i uppdrag att omorganisera de återerövrade territorierna och återvände själv till Italien. Fem dagar efter revoltens sammanbrott nåddes Rom av nyheten om en fruktansvärd katastrof i Germanien.

När Tiberius lämnat Germanien år 6 e.Kr. för sitt fälttåg mot Maroboduus efterträddes Saturninus av Publius Quintilius Varus, som tidigare varit guvernör i Syrien, där han påstods ha skaffat sig en stor förmögenhet[19] vilket knappast var något ovanligt i denna tidsålder. Han "var en man med milt sinnelag och lugn läggning, något långsam såväl till sinne som kropp och mer lagd åt lägerlivets njutningar än åt verklig krigstjänst".[20] Han hade gift sig med en av Augustus brorsdöttrar och hade i själva verket fått sin utnämning genom sin kontakt med hovet i Rom. Detta hade kunnat ske eftersom det nu rådde fred utefter Rhengränsen och "barbarerna hade börjat anta romarnas sätt att leva, de vande sig vid att hålla marknader och de träffades vid fredliga sammankomster".[21] Valet av honom var därför inte så felaktigt som många vill göra gällande. Man bortser ofta från omständigheterna då valet kritiseras. Gallien var fredligt, och tursamt nog för romarna saknade de germanska stammarna ledare. Som ofta sker utefter en fredlig gräns hade garnisonerna tappat stridsviljan och blivit förslöade.

Det är visserligen sant att Varus borde ha åtgärdat detta men även om han hade många fel, vilka framförts i många sammanhang efter hans nederlag, tycks dumhet snarare än passivitet ha varit hans största svaghet. Uppenbarligen hade han inte tillräcklig fantasi för att förstå skillnaden mellan de kraftfulla och aktiva germanerna och de förvekligade syrierna. Dio Cassius berättar för oss: "Förutom att ge order till dem som om de vore romerska slavar krävde han dem på pengar på samma sätt som han skulle ha gjort i underkuvade länder."[22] Velleius Paterculus, en fientligt inställd kritiker, säger: "När han fick befäl över armén i Germanien var han av den uppfattningen att germanerna var ett folk som var män endast i kraft av sina lemmar och sin röst och att de som inte kunde kuvas med svärd kunde lugnas genom lagen."[23] Han förefaller ha varit mer byråkrat än soldat, och hans sätt att regera var svagt snarare än avsiktligt förtryckande.

De verkliga bekymren tycks ha börjat med frågan om betalning av skatt i guld och silver. I väst liksom i öst användes guld för att betala skatt. I öst kom guldet tillbaka som betalning för lyxartiklar, vilket det däremot inte gjorde i väster där det tillverkades mycket få lyxartiklar. Resultatet av detta blev att det i väst ständigt var ont om ädla metaller som germanerna främst använde för att tillverka smycken. I de germanska stammarnas högsta skikt växte missnöjet eftersom guld nu hade blivit en mycket sällsynt vara.[24]

Allt som allt hade Varus fem legioner under sitt befäl. Två av dessa var placerade i Moguntiacum och tre under vintern i Vetera eller i Aliso (Haltern?) vid Lippes övre lopp och under sommaren i närheten av Minden vid Weser.[25] Eftersom tiderna var så fredliga hölls inte legionerna samlade utan soldaterna var sysselsatta med att fälla träd samt bygga vägar och broar. Som vanligt på den tiden inkluderade garnisonerna även många kvinnor och barn.

Efter en sommar som förflutit under totalt lugn stod Varus i september 9 e.Kr. i begrepp att flytta från sommar- till vinterkvarter när han nåddes av budet om uppror i en närliggande stam. I stället för att som avsett direkt bege sig till Aliso beslöt han att passera genom det uppstudsiga området, lösa problemen där och sedan fortsätta till sitt vinterkvarter. Innan han gav sig iväg borde han ha sänt kvinnorna och barnen till Aliso, men eftersom han troligtvis betraktade upproret som ett begränsat lokalt problem brydde han sig inte om att vidta några särskilda försiktighetsåtgärder. När han sedan begav sig iväg kunde han inte drömma om att det som låg framför honom skulle bli ett av världshistoriens avgörande fältslag.

Det uppror som han hade fått informationer om var i själva verket lockbetet i en skickligt uppgjord plan som hade utarbetats av en ung cherusk vid namn Arminius. Under Tiberius hade han tidigare under upproret i Pannonien och Illyrien ingått i en trupp cherusker som stred där. Han hade med säkerhet varit noga med att studera romarna under detta fälttåg. Arminius var son till cheruskernas hövding, Sigimer, och hade fått romerskt medborgarskap och rang av riddare. Han var knappt 26 år då han blev placerad i Varus högkvarter. Han var häftig och uppbrusande till sin läggning. Tacitus kallar honom "en vild ande" och "Germaniens mordbrännare". Dessutom var han besatt av ett inneboende hat till romarna.

Det är tydligt att han hoppades på att kunna åstadkomma det som upproret i söder hade misslyckats med. Det verkar dessutom som om han ville hämnas på sin farbror Segestes som hade nekat honom att gifta sig med hans dotter Thusnelda. Senare kom Arminius ändå att rymma tillsammans med henne. Segestes var dessutom en trogen anhängare till Varus. Till sist kan sägas att Arminius hyste ett djupt förakt för Varus. Han betraktade honom som en byråkrat och inte som en general och i det avseendet hade han troligtvis rätt.

Hans komplott var noga förberedd. Han utnyttjade Varus vårdslöshet ”som en inbjudan till förräderi. Han var klok nog att förstå att ingen kunde överrumplas lättare än den som inte trodde sig ha något att frukta, och att en känsla av säkerhet var den vanligaste inledningen till en katastrof”.[26] När Varus stod i begrepp att inleda sin återmarsch till Aliso såg Arminius till att anordna sitt uppror för att därigenom dra honom genom ett som han kunde tycka vänligt men något svårframkomligt område där hans vaksamhet inte skulle vara alltför hög. Sedan han fått honom djupt in i de stora skogarna avsåg han att förgöra honom där.

Att hålla en så omfattande komplott hemlig var knappast möjligt och när Segestes fick höra om den informerade han Varus och rådde honom att låta fängsla konspiratörerna. Varus vägrade att göra det, troligtvis därför att han betraktade förräderianklagelsen som ett försök från Segestes att få en lösning på sitt gräl med sin brorson. Någon gång i september eller oktober år 9 e.Kr. satte sig därför Varus i rörelse i spetsen för XVII:e, XVIII:e och XIX:e legionen, omkring 20 000 man totalt, vilka åtföljdes av en omfattande tross samt soldaternas familjer.

Vad som hände under marschens inledande skede vet vi inte, och även om många nutida författare och historiker har gjort fullständiga beskrivningar av katastrofen så överensstämmer de inte med den information som de två trovärdigaste källorna – Velleius Paterculus och Dio Cassius – lämnat. Vad vi vet är att Arminius åtföljde Varus, att hans män eskorterade kolonnen och att han förblev tillsammans med Varus ända fram till eftermiddagen dagen innan revolten var planerad att börja. Återigen varnade Segestes Varus och återigen blev han inte trodd utan kördes åt sidan. När legionerna vindlade fram genom skogar och över våtmarker försvann Arminius och hans män och den första förvarningen om en revolt var en rapport om att soldater hade dödats på några framskjutna förläggningar. Det verkar som om Varus då vände och tog av på den väg som gick till Aliso via Dörenpasset.

Även om Varus stora tross och medföljande familjer gjorde att hans situation knappast var avundsvärd var den ändå på intet sätt svårare än de situationer som Julius Caesar och Drusus ställts inför vid många tidigare tillfällen. Men de hade varit krigare i spetsen för soldater medan Varus snarare var en lägerkommendant. Var själva slaget inleddes är inte känt. Tacitus nämner skogen Teutoburgium. Han berättar att det var där Germanicus fann skelettdelar efter Varus och hans legioner.[27] Den skogen ligger mellan Ems och Weser och år 9 e.Kr. måste den ha täckt en mycket stor yta. Några auktoriteter förlägger själva slagfältet till en plats nära Detmold, andra nära Münster. Möjligen började striderna intill den förra platsen och slutade i närheten av den senare. Om Minden var Varus sommarläger bör han ganska säkert ha sökt sig mot Dörenpasset under sitt återtåg, och när han senare upptäckte att Aliso var belägrat förstod han att den bästa reträttvägen skulle föra honom utefter nedre delen av Ems mot Münster. Bland experterna finns det emellertid ingen gemensam uppfattning om var katastrofen verkligen inträffade.

Dio säger att romarna när de väl hade kommit in i skogen och var i färd med att röja en väg överraskades av en våldsam regnstorm som gjorde marken hal och marschen blev därigenom "mycket förrädisk", "trädtoppar bröts av och föll ner över vägen och ställde till mycket förvirring".[28] Det var då, när "romarna inte längre tog sig fram i ordnad form utan var uppblandade huller om buller med vagnar och obeväpnade civila"[29], som Arminius plötsligt anföll och kastade skurar av spjut in i den oordnade massan av män. Romarna lyckades dock göra halt, slå läger och befästa detta.

Nästa morgon, sedan romarna hade bränt huvuddelen av sina vagnar och var "i något bättre ordning", lyckades de slå sig fram mot öppen terräng. Därefter "störtade de på nytt in i skogen" där de "led sina värsta förluster". Den natten gjorde de halt och när de följande morgon åter ryckte fram drabbades de på nytt av ett våldsamt regn som hindrade dem "från att rycka fram och försvårade försvaret av deras ställning. De kunde inte använda sina bågar eller sina spjut med någon framgång och deras sköldar som var genomblöta kunde inte heller erbjuda något skydd".[30] Detta blev det tillfälle Arminius väntat på. Han anföll den oorganiserade fienden och bröt igenom

13. Fälttåget i Teutoburgerskogen, 9 e.Kr.

hans led. Vala Numonius, som hade befäl över kavalleriet, flydde[31] och Varus och ”alla hans högre officerare som förstod att de antingen skulle tas till fånga levande eller dödas av sin värsta fiende (de hade alla redan blivit sårade) beslöt sig för att göra en sak som var fruktansvärd men oundviklig, de tog sina egna liv”.[32] Velleius säger till sist: ”Instängda av skogar och träsk och bakhåll” blev den ”romerska armén tillintetgjord till sista man av just den fiende som armén alltid hade slaktat som boskap”.[33]

De som togs tillfånga korsfästes, brändes levande eller offrades till gudarna. När Germanicus besökte slagfältet några år senare fann han vitnande benrester, delar av spjut, hästben och dödskallar fästa vid trädstammar. En hemsk bild som Tacitus gör en hemsk beskrivning av.[34]

Trots denna fruktansvärda förlust lyckades Lucius Caedicius hålla Aliso i ett fast grepp och med hjälp av sina bågskyttar slog han tillbaka alla anfall som riktades mot lägret. När lägret senare var under blockad lyckades han bryta sig ut en mörk natt tillsammans med återstoden av armén. Trots att han fördröjdes av ett stort antal kvinnor och barn lyckades han ändå nå Vetera där han möttes av Lucius Nonius Asprenas och två legioner. Arminius och hans hord drog sig då tillbaka. Detta blev ett gott slut på ett fruktansvärt misslyckande.

Katastrofens omfattning avspeglas i de förebud om undergång som det viskades om i hela imperiet. Dio berättar för oss att Mars tempel träffades av ett blixtnedslag, att bergen i Alperna föreföll att ramla över varandra och att ”en segerstaty som fanns i provinsen Germanien och där var vänd mot fienden, nu hade vänt sig mot Italien”.[35] Trots att uppgifterna var helt osannolika uppfattades dessa förebud som verkliga. Den romerska prestigen hade fått sig en allvarlig knäck. I fortsättningen visste barbarerna att legionerna inte var oövervinnerliga och att det Arminius lyckats åstadkomma gick att upprepa. Värre var att också Rom förstod det. Det sägs att ”Augustus när han fick reda på katastrofen ... rev sönder sina kläder ... och sörjde förtvivlat ... därför att han väntade sig att fienden skulle marschera mot Italien och mot själva Rom. Det fanns inte många medborgare kvar i Rom som befann sig i militär ålder”.[36] Men trots detta satte han igång att arbeta, ”och då inga män i militär ålder visade sig villiga att göra krigstjänst tvingade han dem att dra lott och berövade sedan var femte man av dem som var under trettiofem deras egendom och medborgerliga rättigheter och var tionde av dem som var över denna ålder. Till slut, då det visade sig att många trots detta inte lät sig övertalas, dömde han några till döden”.[37] Inte ens dessa drastiska åtgärder fick någon större effekt. De förlorade legionerna ersattes inte under Augustus livstid. Det var det värsta av allt. Det gjorde att ”han inte klippte hår eller skägg under flera månader” och ibland kunde han dunka sitt huvud mot en dörrpost och högt ropa: ”Quintilius Varus, ge mig tillbaka mina legioner!”[38]

Även om det skulle visa sig att allt som sagts ovan inte är sant kan dock konstateras att tre legioner aldrig samlades igen, inte för att Varus hade förlorat dem utan för att Rom hade börjat förlora sin kraft. Vi vet att Tiberius efter denna katastrof återtog befälet över förbanden i Germanien och att Germanicus, som efterträdde honom, i en serie fälttåg år 13 e.Kr. nådde fram till Elbe och besegrade germanerna mer än en gång. Men trots detta kom denna flod att bli för romarna vad Hyfasis varit för Alexander.

Alla dessa fälttåg var inget annat än ursäkter för en slutgiltig reträtt till Rhen som därefter skulle förbli den nordvästliga gränsen för den latinska civilisationen.

Men det fanns en djupare anledning, djupare än förlusten av den romerska expansionskraften, och den måste sökas i Augustus personlighet. Trots den glans som vilade över hans tidsålder var han en lysande snarare än en heroisk person. Han saknade knappast mod eller envishet men som ledare kunde han inte jämföras med Julius Caesar. Han var en tolerant opportunist som genom sin politik, *divide et impera* (söndra och härska), snarare blev en verkställande direktör än en monark i sitt imperium. Han såg Rom som ett väldigt affärsföretag, som ett stort monopol, och han betraktade stater och gränser som obligationer och säkerheter. Han saknade förmåga att sporra män och få dem att göra det till synes omöjliga. Han saknade det som skiljer snillet från den som bara är stor. Kortfattat kan sägas att han först och främst var "en borgare som blivit kejsare". Så kom det sig att även om han gjorde många erövringar, så var de till andan mest defensiva investeringar, och när gränserna stängdes upphörde samtidigt det kulturella utbytet både på det andliga och det materiella planet.

Denna förlust av moralisk stimulans tvingade honom slutligen att bibehålla den nordöstgräns som hans företrädare skapat. Vilka historiska följder kom detta att få? I ett försök att angripa en så hypotetisk fråga måste vi vara medvetna om problemet med "det som kunde ha varit". Några inte helt osannolika spekulationer är dock tillåtna. Även om Germanien inte var Gallien, för germanerna var mer barbariska än gallerna, skulle imperiet bestå i ytterligare fyra hundra år. Det är därför inte ologiskt att anta att om nordöstgränsen gått utefter Elbe i stället för utefter Rhen skulle inte nästa kapitel i denna bok ha skrivits, och av den anledningen hade alla efterföljande kapitel också blivit annorlunda. Med all rätt framhåller Creasy: "Denna vår ö hade aldrig burit namnet England" om Elbe förblivit gräns.[39] Men ännu viktigare är det att vi aldrig hade blivit engelsmän. Historiens hela förlopp hade förändrats. Återigen: om Germanien väster om Elbe hade romaniserats och genomkorsats av vägar under fyra århundraden, hade *en* kultur, och inte två i ständig konflikt med varandra, dominerat västvärlden. Det hade aldrig uppstått ett tyskt-franskt problem; i alla händelser hade det varit ett helt annat. Det hade inte blivit någon Karl den store, ingen Ludvig XIV, ingen Napoleon, ingen kejsar Vilhelm II och ingen Hitler.

Men även om vi hört att Augustus när han var i Alexandria lät öppna Alexander den stores sarkofag för att sätta en guldkrona på hans huvud och sprida blommor över kroppen[40], och fastän han på sin ring hade den mäktige makedonierns ansikte ingraverat[41], så förseglade han gränserna för hans ”Stora Tanke”. I Alexanders tankevärld fanns det ingen annan gräns än den stora oceanen. Även om imperiet under efterföljande kejsare kom att utsträckas ytterligare var det ett andligt stillastående imperium. Det övergick från att vara ett imperium till att bli ett företag med begränsat ansvar. Detta var den ”Stora Tanke” Augustus lämnade i arv till imperiet när han vid en ålder av 76 år den 29 augusti år 14 e.Kr. dog i Nola och efterträddes av Tiberius.

Redaktörens sammanfattning

Svagheten i det romerska imperiesystemet låg i successionsfrågan. Den berömda *Pax Romana* byggde på de förhållanden som (ibland) följde med en stark mans långa regeringsperiod och dess antites kan sägas ha varit anarkin år 69 e.Kr. – "de fyra kejsarnas år". Den kejserliga tronföljden låg så gott som alltid i händerna på armén – och då alldeles särskilt det praetorianska gardet, som svarade för kejsarens liv och säkerhet. Ett sådant system kan knappast vara lämpligt och det uppvisade sina sämsta resultat när armén (gardet inkluderat) i stigande grad rekryterades ur barbarernas stammar bortom gränserna.

Fuller förlägger imperiets höjdpunkt till kejsar Hadrianus period (117–138), "under vars regering Rom blev den ståtligaste staden i världen", och till Marcus Aurelius första år efter tillträdet 161.

> Vid denna tid hade en Medelhavsnation bildats och Italien hade, som Augustus förutsagt, reducerats till en av provinserna. Av de faktorer som lett fram till detta var den viktigaste att det under starkt stoiskt inflytande skapats en gemensam lag, som enligt J.H. Robinson "inte uppfattade mänskligheten som en samling av nationer eller stammar vilka var och en hade sitt eget territorium, utan som ett folk i ett enda stort imperium, underställt ett enda system av lagar vilka byggde på rättvisa och förnuft". Andra faktorer var det fantastiska vägnät som sammanband imperiet kulturellt, kommersiellt och strategiskt, en gemensam myntenhet och gemensamma vikt- och måttenheter, tillkomsten av banker och bankväxlar, att havet rensats från pirater samt att handeln utvidgats så långt bort som till Indien och Kina. Väster om Sicilien var språket latin i allt civiliserat umgänge, öster därom var det grekiska som gällde. Till sist

bör också sägas att hela imperiet från gränsen i Skottland till Eufrat och till den afrikanska provinsen omgärdades av legioner "som en vall som skyddade mot barbarernas stormfyllda hav".

Inre ekonomiska faktorer liksom yttre faror eroderade oavbrutet Roms styrka. Jordbrukets nedgång var kanske den allvarligaste av dessa, delvis beroende på att större egendomar successivt lade under sig mindre gårdar, men det fanns även andra anledningar:

> En ytterligare anledning till nedgången i jordbruksproduktionen var det fortskridande överutnyttjandet av jorden. Jordbruksarealen minskade successivt ända tills imperiet inte längre kunde föda sina myllrande miljoner. Medan den ekonomiska rötan spred sig drog sig alla som kunde till de stora städerna som därigenom kom att bli rasens gravkammare – då landsbygden var inriktad mot produktion var städerna inriktade mot nöjen. Det växande stadsproletariatet blev en ständigt ökande finansiell börda. De producerade så gott som ingenting och måste därför försörjas, och när samhällena på landet blev för fattiga för att kunna köpa de varor som producerades i städerna blev den mängd människor som levde på allmosor ännu större när stadens industriarbetare dessutom blev arbetslösa. Bristen på jordbruksprodukter ledde till industriell nedgång.

Under det romerska imperiets fyra århundraden skedde ytterligare förändringar inom armén. För att kunna betala de stora styrkor som erfordrades för att hålla imperiets gränser tilldelade man soldater mark i stället för pengar. De som fick mark kallades *limitanei* ("gränssoldater"). De blev som Fuller säger "knappast mer än en bondemilis och en fullkomligt otillräcklig ersättning för Trajanus och Hadrianus stolta legionärer. Med den tilltagande rekryteringen av *limitanei* från barbarerna upphörde den gamla organisationsformen med legioner och med den försvann också Roms makt över barbarerna och barbarernas soldatesk blev statens högsta makt".

För att övervinna denna svaghet skapade kejsar Diocletianus (284–305) en ny fristående fältarmé som var skild från gränsgarnisonerna. Styrkan hos denna armé (*comitatenses*) har bedömts till 150 000 fotsoldater och 46 000 ryttare vilket, som Fuller säger, förefaller överdrivet. Den nya relationen mellan kavalleri och infanteri är dock intressant. Rom hade alltid förlitat sig på sina legioner med fotsoldater, nu blev i stället kavalleriet, organiserat i enheter som kallades *vexillationes*, allt större och viktigare. Själva organisationsformen var betydelsefull. Under Diocletianus reducerades legionen som bestått av 4 000–5 000 man till vad vi skulle kalla en bataljon på omkring 1 000 man, medan *vexillum* bestod av 500 ryttare, vilket var den vanliga omfattningen på ett kavalleriregemente vid sekelskiftet 1900.

Djupgående förändringar inträffade i hela det romerska imperiet under 300-talet. Den oundvikliga maktkampen efter Diocletianus död slutade år 324 med seger för Konstantin den store, vilket kom att flytta imperiets tyngdpunkt.

> Han valde Byzantion till sin huvudstad och döpte om staden till Konstantinopel. Denna förändring rörande det kejserliga styrets säte resulterade så snart Konstantins starka hand var borta i en slutgiltig avskiljning av imperiets östra halva från den västra. Under tiden hade den kristna kyrkans makt ökat påtagligt. Redan år 311 hade kejsar Galerius, som insåg de faror som hotade Rom utifrån och meningslösheten i en inre kamp mot kristenheten, gett kyrkan en jämställd plats vid sidan om dyrkan av de gamla gudarna. Även om Konstantin inte döptes förrän på sin dödsbädd bibehöll han denna uppdelning. År 325 samlades under hans ledning imperiets första stora koncilium i Nicaea (Iznik). ”När han sitter där mitt bland de kristna biskoparna”, skriver N.H. Baynes i *Cambridge Ancient History*, ”är han i egen person begynnelsen till Europas medeltid.”

Konstantin dog i maj 337 och Fuller säger att ”liksom ett nedbrunnet ljus började imperiets låga flämta i blått”. Under hans bröder Valentinius och Valens regeringstid (samregenter 364–375) började goterna, som hade varit Roms allierade i hundra år, åter bråka då de utsattes för tryck från hunnerna i öster. ”Goternas styrka”, säger Fuller,

> låg inte enbart i deras antal och i den terror som de utövade utan också i att flera tusen av deras krigare hade tjänstgjort som romerska legosoldater och var mycket bättre beväpnade än sina förfäder på Tacitus tid. ”Manskapet var utrustat med små runda järnklädda sköldar, pikar, ett litet stötsvärd (*sacramasax*) liksom det långa huggsvärdet (*spatha*), och bland några raser den livsfarliga *franciscan*, eller slagyxan, som oavsett om den kastades eller svingades kunde bryta igenom romarnas kroppspansar och klyva den romerska skölden.”[1] Deras stridsmetod grundade sig, liksom

hunnernas och senare Zizkas av Trocnov på 1400-talet och boernas på 1800-talet, på deras vagnborgar eller *laager*. Ammianus Marcellinus säger att de kunde ställa upp sina vagnar i cirklar (*masses*) som fästningsvallar, ”som om de vore omgärdade av stadsmurar”. Från dessa långsamt rörliga fästningar kunde sedan rövarband snabbt spridas ut på givna signaler för att plundra och på order från sina ledare ”återvände de sedan som om de vore försedda med vingar till sin vagnstad (som de själva kallade den)”. Viktigt var också att plundringsräderna huvudsakligen utfördes av beridna män, vilket innebar att goterna hade ett fruktansvärt kavalleri till sitt förfogande. Deras enda egentliga svaghet bestod i oförmågan att storma stadsmurarna kring städer och samhällen.

Vilka svagheter de än hade var goterna likväl Roms dödligaste och farligaste fiender. År 378 lyckades de krossa kejsar Valens och hans armé i slaget vid Adrianopel.

Vid flera tillfällen under Roms historia hade staden lidit lika katastrofala nederlag men aldrig ett som var så avgörande som detta. Slaget vid Adrianopel var liksom det vid Gaugamela ett epokgörande fältslag. Det var mycket mer än ett andra Cannae. ”Imperiet skakades i sina grundvalar”, skriver professor Martin Bang. ”Panik drabbade allt som bar namnet Rom. Imperiets kraft och ära tycktes ha trampats till marken av de barbariska horderna. Striden mellan Rom och germanerna som vi har följt under fem århundraden gick mot sitt slut. Slaget vid Adrianopel inleder den sista akten i detta stora drama, en akt med mer omfattande följder än världshistorien någonsin upplevt.”[2]

Efter Adrianopel blev trycket från barbarerna – inte bara goter utan också vandaler, alaner, alemanner, kvader och andra – oemotståndligt. År 406 tog sig en stor blandad hord över Rhens is och överrumplade gallerna. År 408 anföll visigoterna (västgoterna) under Alarik själva Rom och staden tvingades köpa sig fri. År 410 återvände de och plundrade den ”eviga staden”.

På detta sätt försvann Alexanders stora dröm långsamt in i den mörka tidsåldern, eller med Orosius föga hjältemodiga och enkla ord: *Adest Alaricus, trepidam Romam obsidet, turbat, irrumpit* (”Alarik uppenbarade sig inför ett darrande Rom, belägrade staden, spred oreda och bröt in i staden”). Om vad som verkligen hände är föga skrivet förutom att Alarik innan han marscherade in i staden gav order om att alla kristna byggnadsverk skulle lämnas oskadda och att rätten till asyl i S:t Petri och S:t Pauli basilikor skulle respekteras. Det verkar också som om dessa order verkligen åtlyddes. Vid samma tid befann sig den helige Hieronymus i sin cell i Betlehem, då ”han nåddes av ett fruktansvärt rykte från väst”. När han hörde det utropade han: ”För att citera ett välkänt ordspråk: jag kan lika gärna glömma mitt eget namn.” Vid samma tid befann sig också den helige Augustinus i Hippo (Bona) i Numidien. Nyheten om Roms fall fick honom att skriva sitt största verk. Han säger nämligen i *Om gudsstaten*: ”Vid tiden för goternas invasion under kung Alarik, drabbades staden av ett våldsamt dödande … Varför jag, upptänd av glöd för Guds hus, bestämde mig för att skriva en avhandling om Guds Stad.”

KRÖNIKA

Folkvandringarna

Folkvandringstiden, eller *Völkerwanderung* som tyskarna kallar det, började som vi har sett när goterna år 376 tog sig över Donau, en rörelse som helt säkert var föranledd av hunnernas framryckning mot väster från sitt ursprungsområde kring Volga. Om hunnerna också var orsak till den andra vågen av germanska stammar som satte sig i rörelse över Rhen år 406 är inte känt men förefaller mycket sannolikt. Även om hunnerna inte hade något med den att göra var den ändå en oundviklig händelse. Sedan Tacitus dagar hade nämligen germanerna inte bara ökat i antal utan de små stammar som fanns på hans tid hade nu utvecklats till grupper av stammar som förts samman under en gemensam ledare. Dessutom hade "den romerska befolkningen", skriver sir Ernest Barker, "försvagats under århundradenas gång, ytan av den mark som de använde för jordbruk hade successivt och stadigt minskat och naturen föreföll själv ha skapat det vacuum mot vilket så småningom de germanska stammarna oundvikligen drogs", och "när fördämningarna slutligen brast kom flodvågen inte som en naturkatastrof utan som något helt självklart". De kom dessutom knappast som fiender utan nominellt som *foederati* för att försvara imperiet mot sådana som de själva och när de väl låtit värva sig kunde de resa lagliga krav på att få stanna inom imperiet. När de var beväpnade och utrustade fick de makt att utse sina egna låtsaskejsare och slutligen att skapa sina egna kungariken.

Så kom det sig att det västra imperiet omvandlades till ett antal oberoende kungariken under folkvandringarnas hundra år (376–476). Imperiet bröt inte samman på en gång utan övergick successivt i dessa riken efterhand som de bildades. Det östra imperiet undergick inte samma omformning därför att dess kejsare hade funnit en bra ersättning för barbarerna i sina trupper genom de kraftfulla och krigiska isaurierna. Tack vare dessa folk som bodde i landet norr om Taurusbergen, mellan Pisidien och Kilikien, kom det östra imperiet att bestå under flera hundra år sedan det västra upphört att existera.

År 407 utropades Constantin, en enkel soldat i Britannien, till kejsare och tog sig över till Gallien. Två år senare gjorde Gerontius, som var hans general i Spanien, uppror mot honom och för att öka sin styrka mot Constantin inbjöd han vandalerna och deras allierade att ta sig över Pyrenéerna. Inte långt efter att de hade gått in i Spanien kom en ny våg av barbarer, denna gång franker, alemanner och burgunder, att tränga in i områdena väster om Rhen. Frankerna var uppdelade i två grupper, salier som slog sig ner i landet mellan Schelde och Meuse samt ripuarier mellan Mosel och Rhen.

Vid tiden för denna tredje folkomflyttning kom Constantius, som nu var högste befälhavare, till Gallien för att tillvarata kejsar Honorius intressen. År 411 besegrade han både Constantin och Gerontius. Därefter vände han sig mot frankerna, alemannerna och burgunderna som under tiden hade utropat en marionettkejsare vid namn Jovianus för att ge viss legitimitet åt sin ställning i Gallien. Men snart därefter fick Constantius reda på att Ataulf (Adolphus), som hade efterträtt Alarik år 410, hade lämnat Italien för att ta sig till Gallien och att han då hade tagit med sig Placidia som var syster till Honorius. Han blev rasande då han fick höra detta eftersom han själv sedan länge haft för avsikt att gifta sig med Placidia för att säkra tronföljden efter Honorius, som var barnlös. Han började jakten efter Ataulf som hade intagit Toulouse och ockuperat Narbonne. När Ataulf misslyckades med att ta Marseilles, som hölls av Bonifatius (den blivande hertigen av Afrika), drog han sig tillbaka och gifte sig år 414 med Placidia. Som straff lät Constantius blockera de galliska hamnarna med sin flotta och skar därigenom av Ataulfs livsmedelstransporter från Afrika för att tvinga honom till underkastelse. För att undvika svält tog sig Ataulf in i Spanien och i Barcelona födde Placidia en son, som fick namnet Theodosius. Snart därefter dog barnet och 415 blev Ataulf mördad och efterträddes av en hövding vid namn Valia.

För att kunna skaffa föda åt sina män beslöt sig Valia för att ta sig över till Afrika. När de kommit till sjöss gick dock huvuddelen av hans flotta under i en storm. Den återstående delen av hans män svalt och år 416 tvingades han söka fred med Constantius. I fredsavtalet kom de överens om att han skulle överlämna Placidia mot en ersättning av 600 000 mått spannmål, en allians med Rom och löfte om att återerövra Spanien från vandalerna, alanerna och sveberna.

År 417 nådde Constantius slutligen sitt mål och gifte sig med Placidia mot hennes vilja och upphöjdes till Augustus status. Placidia födde honom två barn, Honoria och Valentinianus. Under tiden besegrade Valia vandalerna och deras allierade och drev dem upp mot Spaniens nordvästra hörn – dagens Galicien. Som belöning för detta fick han tillstånd att slå sig ner med sitt folk i Akvitanien samt ockupera Toulouse. Detta var första gången som en kejserlig regering av fri vilja gav tillstånd till ett germanskt folk att tillsammans med sin egen kung slå sig ner inom imperiet.

Constantius dog år 421 och efterträddes som högste befälhavare av Castinus. Snart därefter blev Honorius och Placidia ovänner och det bildades två partier i Italien, det ena under Bonifatius som stödde Placidia och barbarerna och det andra under Castinus som var för Honorius och romarna.

Samma år eller året därpå sände Theoderik I, som hade efterträtt Valia år 418, en styrka med soldater till den romerska armén som, i enlighet med den överenskommelse han hade träffat med Constantius, stred under Castinus mot vandalerna. Men mitt under den strid som följde bytte styrkan plötsligt sida, anföll romarna i ryggen och besegrade dem. Ungefärligen vid samma tid gjorde Bonifatius, som nu befann sig i Afrika, uppror och Placidia och hennes två barn förvisades till Theodosius II:s (408–450) hov i Konstantinopel, där de befann sig när Honorius dog år 423. Eftersom Placidias son då endast var fyra år gammal blev hon i realiteten regent. Hon återvände till Rom år 424 tillsammans med sin son och följande år utropades han till kejsare under namnet Valentinianus III (425–455).

Honorius död innebar att en ny person, Aëtius, kom att dominera händelserna under de följande trettio åren. Han föddes omkring 390, var en romare från Silistra och hade en gång suttit som gisslan hos Alarik och en gång hos hunnerna. Då möjligheterna att rekrytera germaner i huvudsak hade upphört utgjorde hunnerna år 423 basen för imperiets armé. I samband med Valentinianus tronbestigning utnämndes Aëtius till *comes* (hertig) och fick samtidigt befäl över Gallien. År 425 drog han i fält mot Theoderik, som då belägrade Arles, en nyckelposition i Rhônedalen. Han tvingade honom att häva belägringen, slöt fred och tilldelade honom fulla befogenheter över de provinser som ursprungligen tilldelats Valia.

Tre år senare började vandalerna flytta vidare från Spanien till Afrika. Den omedelbara anledningen till detta var en revolt bland numiderna. Vandalerna stod då under ledning av Gaiserik, född omkring 400 och en av de mest framstående personligheterna under de stora folkvandringarna. Huvudstyrkan, omkring 80 000 människor, tog sig i maj år 429 över från Julia Traducta, nuvarande Tarifa, för att där finna ett slut på sin långa vandring.

Eftersom denna nya invasion hotade Italiens viktigaste kornbod träffade romarna ett avtal med hertig Bonifatius. Men trots det motstånd han bjöd vandalerna slogs han tillbaka och år 437 ockuperade de Hippo. Ännu en gång besegrad kallade Placidia tillbaka Bonifatius till Rom för att han där skulle utgöra motvikt mot Aëtius som under tiden hade återtagit Gallien från frankerna och som nu, liksom Caesar före honom, hade blivit den främste i väst.

Det kom genast till en strid mellan dessa två, en strid i vilken Aëtius blev besegrad nära Ravenna som nu var den kejserliga huvudstaden i väst. Han sökte skydd hos sina gamla vänner hunnerna och blev väl mottagen där av deras kung Rua eller Rugila. Bonifatius dog ganska snart efter sin seger och hans svärson Sebastian tog hans plats.

När Bonifatius nu var borta återvände Aëtius år 433 i spetsen för en hunnerarmé och tvingade Placidia att ge Sebastian avsked och tilldela honom själv värdigheten av *Patricius*, en titel som instiftats av Konstantin den store.[1] Från denna tid och fram till sin död år 454 regerade Aëtius i väst. Hans första åtgärd var att få en överenskommelse till stånd med vandalerna genom att avstå Mauretania och en del av Numidien till Gaiserik. Hans andra var att dra i fält mot burgunderna som anföll områdena kring Metz och Trèves och hans tredje att slå ner ett uppror från revolterande bönder och slavar som pågick i många områden samt att driva tillbaka västgoterna som anföll Narbonne. I alla dessa sammanhang var han framgångsrik och avslutade sitt fälttåg år 422 genom att sluta fred med goterna och låta alaner kolonisera ett område intill Orléans för att skydda Loiredalen mot dem.

Trots att de träffat avtal om fred fäste vandalerna inget större avseende vid detta utan fortsatte med sitt sjöröveri i västra och centrala Medelhavet. I oktober 439 intog de överraskande Karthago som de genast gjorde till bas för sina operationer till sjöss. Därefter förhärjade och ödelade de Sicilien år 440 och Theodosius sände då sin flotta mot dem. Eftersom den tidens skickligaste diplomat, Gaiserik, inte ville bli störd av det östra imperiet då han härjade i det västra använde han sig nu av sin ansenliga förmögenhet och lyckades genom ett klokt utnyttjande av den locka hunnerna vid Donau till att anfalla det östra imperiet. När Theodosius kände sig hotad i norr återkallade han sin flotta. Det västliga imperiets situation kan vid denna brytpunkt sammanfattas som följer.

Gallien var återerövrat men fyllt av barbarernas bosättningar. Frankerna hade bosatt sig i norr, västgoterna i sydväst, burgunderna i Savojen, alemannerna vid Rhens övre lopp, alanerna i Valence och Orléans och bretonerna i nordväst. Afrika var helt förlorat och detta gällde även Britannien som efter de stora räderna över Rhen år 406 och 407 i realiteten hade frigjort sig från imperiet. Slutligen hade sveberna i Spanien fått en hövding vid namn Rechiar som år 439 intog Merida och 441 Sevilla och därefter provinserna Baetica (Andalusien) och Cartagena. Det enda som var kvarlämnat åt romarna i Spanien var dess nordöstra hörn – dagens Katalonien. Förutom alla dessa förluster hade det illyriska stiftet delvis avståtts till det östliga imperiet, delvis ockuperats av hunnerna.

Slaget vid Châlons eller på de katalauniska fälten år 451

Hunnerna som Gaiserik hade inlett förhandlingar med omkring år 440 var ett nomadfolk som tillhörde turaniastammen. I deras kamp mot romare och germanska stammar fortsatte striden mellan vagnfolk och stadsbefolkning. I kriget var hunnerna inledningsvis framgångsrika men mot slutet blev de besegrade, inte så mycket genom de västliga folkens vapen utan snarare på grund av sin brist på civilisation. I åtminstone ett avseende är deras historia en återupprepning av det som hände hyksos. I båda inbrytningarna – liksom i kommande århundradens invasioner från araber, seljuker och mongoler – var nämligen hästen den dominerande faktor som ledde till de inledande framgångarna.

Vilka hunnerna var och varifrån de kom har ännu inte kunnat fastställas. I mitten av 1700-talet kom Deguignes[1], en fransk-kinesisk lärd man, fram till att de nog kunde härledas till Hiong-nu (eller Hsiung-nu)[2], som när de var som starkast bebodde området mellan Altaj, Kuen-lun och Khinganbergen. För att begränsa deras härjningar lät kejsar Shi Huangdi bygga den kinesiska muren år 258 f.Kr. Men om det verkligen är så är av mindre betydelse i denna berättelse. Vad som är viktigt i detta kapitel är deras ankomst och inflytande på västvärldens historia. Vad som förorsakade deras västliga framryckning mot alanerna, ett annat folk av turanisk stam, som föregick de gotiska invasionerna år 376 är också höljt i dunkel. Det finns de som tror att den kan ha varit en följd av en period i Centralasien med starkt tilltagande torka under den kristna tidsålderns första århundraden som kulminerade omkring år 500 e.Kr.[3] Andra tror att den var en följd av att nomader i räder förstörde deras bevattningskanaler. Eller som T. Peisker framhåller: för att kunna göra en hel oas skattskyldig "behövde de bara ta kontroll över huvudkanalen, och nomaderna var kända för att plundra och förstöra allting, ofta i blindo. En enda räd kunde vara tillräcklig för att ödelägga hundratals oaser. Nomaderna förstörde inte bara en lång rad städer och samhällen i Centralasien utan förstörde även själva stäppen och lät den förvandlas till drivsand genom ett vettlöst fällande av träd och buskar för att få ved till sina eldar".[4] Med ledning från senare nomadiska folkströmmar förefaller detta andra skäl vara det sannolikaste. Gibbon tänker likadant och med beaktande av mongolernas våldsamhet skriver han: "... från Kaspiska havet till Indus förstörde de ett område på många hundra kilometer som hade förskönats genom mänsklighetens bosättningar och arbete. Fem århundraden har inte varit tillräckligt för att återställa fyra års skövling."[5] När hunnerna kom i kontakt med den västerländska civilisationen kunde de, som vi kommer att se, endast stjäla från den eftersom de själva inte hade något att ge. De *måste* i själva verket göra det för att kunna överleva vid sidan av den. Om denna process med en lägre civilisation som lever på en högre hade pågått tillräckligt länge skulle den senare ha gått under och det romerska Europa skulle ha blivit ett andra Khorasan.

Som alla vagnfolk var hunnerna ett vandrande nomadfolk och som följd därav var civilisation något i det närmaste okänt för dem. I otaliga generationer hade de drivit sina hjordar – boskap, hästar, getter och får – över stäpperna i centrala och södra Sibirien. Deras hantverk var så primitivt att det förefaller som om de inte ens hade förmåga att väva och därigenom tillverka yllekläder. Ammianus Marcellinus som levde och skrev under kejsar Valens dagar har lämnat följande samtida beskrivning av dem:

> Alla har kompakta och kraftiga armar och ben samt tjock nacke och de är så fruktansvärt fula och missbildade att man lätt tar dem för tvåbenta djur eller för de grovhuggna pålar som skulpterats för att pryda sidorna på broar ... De strövar fritt omkring bland berg och skogar och de får redan från vaggan lära sig att utstå kyla, hunger och törst ... De är klädda i linnetyg eller i hudar från skogsmöss som sytts samman ... De sitter som gjutna på sina hästar och är inte anpassade för att strida till fots. Det är sant att deras hästar är mycket härdiga, men fula ... De saknar fasta bostäder, saknar eldhärdar, saknar lagar och har inget bestämt levnadsmönster och de fortsätter att vandra från plats till plats som flyktingar med de vagnar som de bor i ... vid vapenvila är de trolösa och opålitliga och

> helt inriktade på att ta varje gynnsamt tillfälle som kan uppkomma i akt och de är beredda att överge vad som helst för en tillfällig impuls. Som ointelligenta djur ser de ingen som helst skillnad mellan rätt och fel.[6]

Jordbruk var ett okänt begrepp för hunnerna liksom för alla verkliga nomader. Därför måste de linnekläder som Marcellinus nämner, tillsammans med andra saker som de ägde, ha kommit i deras ägo genom byteshandel. Någon handel mellan hunnerna har troligtvis inte förekommit eftersom deras levnadsstandard var så låg att varje familjegrupp fick tillfredsställa sina egna behov. Den yttre handeln bestod av att med de bosatta jordbrukare som de kom i kontakt med byta hästar, kött, pälsar och slavar mot vapen och andra tillverkade varor.

Med tanke på det dagliga uppehället står det klart att de inte kan ha dragit runt i stora horder, om inte annat av det skälet att de var tvungna att leva på sina hjordar och hjordarna krävde omfattande betesområden. De var troligtvis som andra nomadiserande folk uppdelade i patriarkaliska grupper på omkring femtio till hundra personer och varje grupp rörde sig framåt på en jämförelsevis bred front från betesområde till betesområde. Deras samhälle var kollektivt och även om grupperna, enligt Marcellinus, på fädernesidan leddes av vad han kallar ”viktiga män” hade helheten ingen kung.[7] De kringvandrande gruppernas storlek överdrevs säkerligen av de klassiska och kyrkliga historiker som skildrade dem på grund av den snabbhet varmed hunnerna rörde sig, och den skräck som deras ohyfsade sätt och frånstötande utseende ingav. Enligt Jordanes trodde goterna att hunnerna var trollkvinnors avkommor: ”När orena själar, som hade sitt tillhåll i vildmarken, hade sett kvinnorna, omfamnade de dem och hade samlag med dem. Så avlade de detta vilda folk, som först levde i morasen och som var småvuxet, motbjudande och klent och knappt mänskligt. De var inte kända för att använda något annat tungomål än ett som liknar mänskligt tal.” Han tillägger:

> De som hunnerna till äventyrs inte kunde besegra med strid, flydde skrämda av deras hemskhet och skräckinjagande utseende. De injagade nämligen fruktan genom sin svarta gestalt och sitt ansikte som, om man så får säga, liknade en oformlig klump med ögon som mest liknade små prickar. Deras bistra anblick avslöjar deras sinnes karaktär, ty de visar grymhet även mot sina barn samma dag som de föds. På barnen av

> hankön sönderskär de kinderna, så att de innan de börjar dia modersmjölken tvingas lära sig att utstå smärtan av sår. På grund härav åldras de skägglösa och är i sina ynglingaår utan skönhet, eftersom deras ansikten är sårade av svärd och ärrigheten tar bort det behag som den för denna ålder normala skäggväxten annars ger. De är små till växten, men rör sig ledigt med snabba rörelser och är duktiga ryttare. De är bredaxlade och skickliga att hantera pil och båge, de har kraftig hals och är alltid raka av högmod. De lever som grymma vilddjur i mänsklig gestalt.[8]

Två generationer efter det att de visat sig för första gången fick den lätthet med vilken de kunde utkräva skatt från sina grannar i området dem att stanna i länderna kring Donau. Den terror och skräck de injagat hos romarna verkade dock fortfarande. Deras samhällssystem började nu förändras snabbt. År 430 eller däromkring var de inte längre en konturlös massa av familjegrupperingar utan snarare ett förbund under en härskare, Rua – Aëtius vän och beskyddare – som var tillräckligt mäktig för att framtvinga ett avtal med Östrom, som sade att Teodosius II (408–450) gick med på att betala en årlig skatt på 350 pund guld till honom. När Rua dog år 433 efterträddes han av sina två brorsöner Attila och Bleda. Om den senare är inte mycket annat känt än att han år 445 mördades av sin bror, om vilken Jordanes och Priscus har lämnat följande målande beskrivning: Han var kortväxt, hans ögon var små och stickande, hans näsa trubbig och hans hy svartmuskig. Huvudet var stort, skägget glest och håret redan gråsprängt. Han var lysten, fåfäng, vidskeplig, slug, ytterst arrogant och grym. Men i sitt sätt att uppträda var han påtagligt enkel. Priscus berättar: medan ”gästerna drack ur bägare av silver och guld drack Attila ur en trämugg. Hans kläder ... kunde endast särskiljas från de övriga barbarernas genom att de var enfärgade och saknade prydnader. Hans svärd, skoband och remtyg till hästen var inte som de andra skyternas prydda med guldplattor eller dyrbara stenar”.[9]

Attila styrde med järnhand det förbund som han ärvt, och även om han mottogs med applåder och rop då han visade sig bland sitt folk var deras respekt och tillgivenhet endast grundad på fruktan. ”Han förstod bättre än någon av sina företrädare”, skriver Thomson, ”att om alla stammar skulle kunna förenas under en icke ifrågasatt och absolut ledare skulle hunnerna vara bästa tänkbara instrument för att utnyttja Centraleuropas folk ... I stället för att förlita sig på sina oroliga och splittrade stamhövdingar baserade han sin makt på vasaller ... som var knutna till honom personligen genom ett obrytbart förbund och utan att belastas med det handikapp som förpliktelser till den egna stammen innebar."[10]

När Teodosius sände sin omtalade beskickning till Attila år 499 hade hunnerna upphört att vara ett nomadiserande folk och hade nu i stället blivit "ett parasiterande samhälle av marodörer ... I stället för att driva boskapshjordar hade de lärt sig den lönsammare verksamheten att driva människor. Bland dem uppstod nu stora skillnader i välstånd och rikedom men knappast några klasskillnader. Deras samhälle kunde bara bestå så länge Attila kunde tillfredsställa massans behov av livsnödvändigheter och kanske några lyxartiklar."[11] Denna förändring kan man läsa om i Priscus berättelse då han skriver att Attila inte längre bodde i ett tält eller i en vagn utan i ett timmerhus av ansenlig storlek omgivet av ett bålverk. I detta timmerhus mottog han den romerske ambassadören Maximin och när han välkomnade honom kallade han honom "ett skamlöst odjur". Därpå följde en fest som är noga redovisad. Priscus berättar vidare att Attila gifte sig med sin dotter Esca – "skyternas lag tillåter detta" – och att när delegationen kom till ett visst samhälle "hade en av Bledas hustrur ordnat så att de fick både mat och vackra kvinnor. Bland skyterna betraktas detta som en hedersbetygelse". I själva verket var hunnernas seder inte så avlägsna från dem som fortfarande tillämpas inom vissa centralasiatiska regioner.

Som soldat kan Attila bara betraktas som en plundrare. Hodgkin säger om honom: "Han förde krig mot civilisationen och den mänskliga naturen, inte mot religionen. Han förstod nämligen inte tillräckligt av den för att kunna hata den."[12] Priscus säger att trots att Attila själv trodde att han skulle bli världens härskare fanns det knappast något konstruktivt hos honom. Utsträckningen av hans herravälde är mycket dunkel. Dess centrala betesmarker tycks ha täckt dagens Ungern och Transsylvanien och sträckt sig från Gallien mot öster in i det okända.

Trots att nomadernas levnadsförhållanden var ytterst primitiva innebar de dock, som Ellis H. Minns framhåller, vissa militära fördelar jämfört med stads- eller bybons. Nomaden var bättre lämpad för krig. "Hans liv är mödosamt och farligt", skriver Minns.

> Det kräver skicklighet, mod och uthållighet men han slipper å andra sidan att under ständigt slit krökas ner med sina redskap mot moder jord.

> Han får uppleva nya naturscenerier, vida vyer och en känsla av frihet. Hans ledare är vana att gripa sig an problem kring transporter och hur man styr stora människomassor. Hela folket är en färdig armé, lätt att ställa i ordning, underhåller sig själv, har förmåga att utdela snabba slag och göra långa räder. På stäppen är nomaden alltid stridsberedd. Han är alltid beredd att utsträcka sina egna betesmarker in på någon annans område eller att försvara sitt eget betesområde ... Men oavsett om det gäller anfall eller försvar måste stammen stå under god ledning, och ledaren måste ha absolut auktoritet.[13]

Hunnernas erövringar berodde inte på att de var antalsmässigt överlägsna utan på stor rörlighet hos små grupper av beridna bågskyttar som snabbt kunde koncentreras till en given plats, snabbt spridas ut därifrån och på nytt koncentreras till en ny plats. Vid deras första stridskontakter utgjorde deras små hästar inget problem för romarna på sina stora och kraftiga hästar, men hunnerna skaffade sig snabbt samma hästar och då led de inte längre av denna nackdel.

När de befann sig på krigsfot var de stora ryttarskarorna som uppträdde på bred front åtföljda av sina familjer och sina vagnar som vandrande fästningar vilka snabbt kunde dras samman till en defensiv vagnborg. Även om ryttarskarorna var ytterst mobila rörde sig vagnarna i långsamt tempo och ibland måste de stanna upp helt. Det gällde särskilt i de bergiga och skogsklädda länderna i västra Europa. Det måste därför ofta ha hänt att de stridande ryttarskarorna skildes från sina basläger. När detta hände måste ryttarskaran hålla sig i rörelse för att kunna överleva, och eftersom förmågan till rörelse var beroende av furage måste grupperna inte bara splittras upp i mindre enheter utan härjningståg under vintermånaderna var knappast möjliga. Det var av den anledningen som kejsar Leo den vise bestämde att skyter och hunner skulle anfallas under februari och mars när deras hästar var försvagade av vinterförhållandena.

För att klara sin mathållning levde hunnerna på sina hästar, liksom också mongolerna gjorde på 1100- och 1200-talen. Marco Polo berättar för oss att i Djingis khans armé var varje mongol tvingad att ta med sig arton hingstar och märrar så att han kunde ha märrens mjölk och hingstens blod som föda och dryck.[14] Deras springare var inte bara ridhästar och remonter utan konserverad mat som försörjde sig själv.[15] Detta kan jämföras med en anmärkning som gjordes av T.E. Lawrence under hans operationer i

Arabien: ”Våra trumfkort voro snabbhet och obegränsad tid, icke slagkraft. Uppfinningen av köttkonserver hade gagnat oss mera än uppfinningen av krutet men gav oss strategisk snarare än taktisk styrka.”[16]

Utifrån denna självförsörjande bas utvecklades en sorts blixtkrigsstrategi. Operationerna genomfördes blixtsnabbt med framryckningar och reträtter. Hela områden ödelades och hela befolkningar tillintetgjordes, och detta skedde inte bara för att skapa en terror som skulle omöjliggöra all opposition utan också för att få den egna ryggen fri från fientlig verksamhet och för att underlätta tillbakadraganden. Den taktik som tillämpades kan kallas ”kontrollerad grymhet”. Raseri, överraskning, undanglidande, list och rörlighet i stället för planering, metod, drill och disciplin var dess element. ”Försök två gånger, vänd tillbaka en tredje gång” är lika mycket ett hunniskt som turkmenskt ordspråk. Och som Amédée Thierry framhåller: ”Till skillnad från oss betraktar inte nomaderna flykt som vanära. Eftersom bytet är viktigare för dem än äran är de endast beredda att strida då de vet att de kommer att vinna. När de möter en överlägsen fiende väjer de undan för att återkomma vid ett lämpligare tillfälle.” Deras viktigaste vapen var pilbågen som oftast var tillverkad av horn eftersom stäppen var trädlös. Pilarna var försedda med spetsar av ben och pilarnas ljudlöshet var dess viktigaste egenskap i strid. I närstrid förlitade de sig dock främst på svärdet. ”Utan fruktan för sina egna liv och medan fienden söker skydda sig mot sabelhugg kastar de linor tillverkade av hopflätat tyg i form av snaror [lasson] över sina motståndare och snärjer in dem och fjättrar deras armar och ben och hindrar dem från att rida eller gå.”[17]

Svagheten med deras taktik var att de aldrig kunde stanna på en och samma plats under en längre tid eftersom fodret till deras hästar då snabbt tog slut. Detta och deras oförmåga att storma fästningar och stadsmurar innebar att ockupationen aldrig varade länge när de ockuperade ett givet område. Vid Asemus (Osma), trettio kilometer söder om Sistova, slogs Attila lätt tillbaka år 443 och när han började förhärja och plundra det närliggande landet gjordes upprepade utfall mot honom från fästningen. Sammanfattningsvis kan sägas att hunnernas stridsmetod var synnerligen lämpad för Asiens stäpper men den misslyckades när den tillämpades i det mer civiliserade och topografiskt otillgängligare Europa.

Hunnernas första stora inbrytning kom år 395. De tog sig över Donaus is och deras horder förhärjade sedan Dalmatien och Thrakien. Deras största insats gjordes dock längre bort i öster. De tog sig genom de trånga passen i Kaukasus, spred sig ut över Armenien, förhärjade Kappadokien och delar av Syrien och Kilikien och belägrade Antiochia samt många andra städer utefter Halys, Cyndus, Orontes och Eufrat. Den terror som förorsakades genom denna omfattande räd har beskrivits målande av den helige Hieronymus. "Si", skriver han,

> plötsligt löpte budbärare fram och tillbaka och hela Östern darrade, för svärmar av hunner hade brutit sig loss från den avlägsna Maeotis (Azovska sjön) mellan den isbelagda Tanais (Don) och de missbildade massageterna där Alexanders portar stänger in de vilda nationerna bakom Kaukasus bergsmassiv. De fyllde hela världen med död och panik när de spred sig åt alla håll på sina snabba hästar ... De dök upp överallt innan någon fått någon varning, genom sin snabbhet förflyttade de sig fortare än ryktet och de visade ingen barmhärtighet mot vare sig religion, rang, ålder eller gråtande barn.[18]

Nästa inbrytning av större omfattning kom år 441 omedelbart efter Gaiseriks förhandlingar med Attila. Återigen tog sig hunnerna över Donau och förstörde Viminacium (Kostolacz)[19], Margus vid Moravas mynning, Singidunum (Belgrad), Sirmium (Mitrovitz) och många andra mindre platser. Det var detta blixtanfall som tvingade Teodosius att återkalla sin flotta från Sicilien och överge sitt planerade anfall på Gaiserik.

År 442 kom man överens om vapenstillestånd, men då Teodosius vägrade att lämna över de flyktingar som Attila krävde återupptogs striderna. Genom att inta Ratiaria (Anzar Palanka) som var huvudstad i provinsen Dacia Ripensis och bas för den romerska flottan på Donau fick Attila ryggen fri och kunde rycka fram uppför Margusflodens dalgång (Morava) och förstöra Naissus. Därefter fortsatte han uppför floden Nischava och jämnade Sardica (Sofia) och Filippopolis med marken. Han gick förbi Adrianopel och Herakleia eftersom de var för starka för att han skulle kunna storma dem. I en serie av slag i närheten av Konstantinopel besegrade han Teodosius armé som stod under befäl av Aspar, som var alan, och tillintetgjorde den slutligen på Dardanellernas stränder. Dessa nederlag tvingade Teodosius att söka fred, vilket Attila accepterade. De viktigaste fredsvillkoren blev att alla flyktingar skulle överlämnas till honom, att kvarstående skatteskulder, som beräknades till 6 000 pund guld, skulle betalas till honom och att den årliga skatten skulle fastställas till 2 100 pund guld. Freden slöts i augusti 443.

År 447 invaderade Attila av okänd anledning åter det östra imperiet. När han skulle avancera drabbades många grekiska städer av en fruktansvärd jordbävning som gjorde så stor skada på Konstantinopels befästningar att det först tycktes som om staden var dömd till undergång. För att skydda Konstantinopel ryckte Teodosius armé fram till floden Utus (Vid), och även om han drabbades av flera nederlag tycks han ha åsamkat hunnerna sådana förluster att Attila, sedan han härjat och plundrat landet ända ner mot Thermopyle, fann för gott att dra sig tillbaka.

Genom dessa företag hade han säkrat sin rygg och Italien och Gallien låg nu öppna för honom. Men eftersom Gaiserik betraktade det förstnämnda landet som sitt privata område försökte han under våren 450 visa Attila hur lönande det i stället skulle vara för honom att dra mot västgoternas rike. Detta förslag tycks ha avgjort saken. Attila hade nämligen under någon tid funderat över hur han skulle kunna anfalla Gallien. Han fann Gaiseriks förslag gott och eftersom han visste att västgoterna var oförsonliga fiender till romarna beslöt han sig för att dra mot dem under sken av att vara allierad med Valentinianus. Han hoppades därigenom kunna neutralisera romarnas motstånd. Theoderik och Gaiserik var vidare i luven på varandra därför att Gaiseriks son, Hunnerik, nyligen hade förskjutit sin hustru, som var Theoderiks dotter, och återlämnat henne till fadern minus näsa och öron. Med romarna neutraliserade och Gaiserik fientligt inställd skulle därför Theoderik nu vara fullständigt isolerad.

Medan planeringen pågick som bäst blev Theodosius den 26 juli 450 kastad av sin häst och två dagar senare dog han av sina skador. Han efterträddes av Marcianus (450–457) som var gift med Theodosius syster Pulcheria. En av den nye kejsarens första åtgärder blev att sluta betala skatt till hunnerna. Uppretad över detta skickade Attila iväg två delegationer, en till Konstantinopel med krav på fortsatt skattebetalning, ett krav som avslogs blankt, och en till Ravenna med en begäran som var en följd av en incident som inträffat 16 år tidigare.

År 434 blev nämligen Honoria, Valentinianus syster som då var 17 år, förförd av en av sina kammarherrar. Hennes mor, Placidia, sände henne då i onåd till Konstantinopel. Detta blev en mycket bitter upplevelse som Honoria inte var beredd att acceptera. I trots sände hon en ring till Attila och bad honom acceptera henne som sin hustru. Nu, då hon hade återvänt till Ravenna, blev den andra delegationens uppgift inte bara att begära henne som Attilas brud utan även att kräva halva västra imperiet som hemgift. Detta krav hann knappt avslås förrän en ny händelse inträffade som ytterligare vidgade klyftan mellan Attila och Valentinianus. De ripuariska frankernas kung dog och ett gräl om successionen uppstod mellan hans två söner. Den äldre vände sig till Attila för att få hjälp och den yngre till Aëtius. Då den yngre blev väl mottagen och adopterades av Aëtius måste det ha stått klart för Attila att han inte längre kunde förlita sig på Aëtius vänskap och att Rom skulle komma att förhålla sig neutralt under hans planerade anfall på Gallien. Innan han kunde ta sig an Marcianus måste han därför göra upp med det västra imperiet där han hade många vänner bland bagauderna – som åter befann sig i uppror – och där västgoterna fortfarande var fientligt inställda till romarna och vandalerna och där de ripuariska frankerna var mitt uppe i ett inbördeskrig. Attila ansåg att Ravenna var kraftlöst men som så ofta händer, det oväntade lurade bakom kröken. Återigen var det en ensam mans öde att ändra det till synes oundvikligas förlopp. Denne man var Aëtius, som kallats ”den siste av romarna”.

Renatus Frigeridus har lämnat följande korta beskrivning av honom:

> Han var av medellängd, hade ett manligt utseende och var välbyggd, varken för smal eller för tung, var snabbtänkt och snabbrörlig, en skicklig ryttare och bågskytt. Han var otroligt skicklig i att hantera ett spjut, född till krigare men hade rykte som fredsmäklare. Snålhet eller snikenhet kände han ej och var föga styrd av lusta. Han var utrustad med ett gott intellekt och avvek aldrig från sitt mål oavsett vilka påtryckningar han utsattes för, var tålmodig med dem som gjorde fel och älskade själv sitt arbete. Han hyste ingen fruktan inför faror, ingen kunde uthärda hunger, törst och sömnlöshet bättre än han. Från sin tidiga ungdom verkade han ha haft en förkänning av den stora makt som ödet skulle komma att tilldela honom.[20]

I början av år 451, då det stod klart att ett krig mellan Attila och Aëtius var oundvikligt, hade den senare att ta ställning till om Galliens kungadömen och stammar skulle lämna sina interna bråk därhän och förena sig mot inkräktaren. Viktigast var om Theoderik, den mäktigaste av alla kungarna, skulle förena sig med honom – han som hade varit hans äldsta och bittraste fiende. Attilas mål var uppenbarligen att förhindra detta, och eftersom han var ”en raffinerad man” och brukade ”strida med list innan han inlät sig i krig”[21], sände han en delegation till Valentinianus och en till Theoderik. Till den förre framhöll han att hans invasion inte var något annat än en fortsättning på romarnas och hunnernas tidigare fälttåg mot västgoterna och till den senare framhöll han faran av en allians med Rom. Valentinianus gissade vad Attila hade i tankarna och sände delegationer till Theoderik för att varna honom för Attila. Delegationerna framförde bland annat: ”Ni som är mäktiga genom vapen, beakta er egen fara och låt oss gemensamt ta till vapen. Bistå det romerska riket vilket ni är en del av. Hur kärt och uppskattat vårt förbund med er är för oss, kan ni förstå av fiendens planer.”[22]

Medan Theoderik tvekade slog Attila till. Tidigt år 451 bröt han upp från sitt läger bortom Rhen och marscherade mot väster. Hans armé påstås ha bestått av 500 000 man, en siffra som uppenbarligen har överdrivits av en motståndare i panik. Styrkan var förutom av hunner, östgoter och gepider som bildade dess kärna sammansatt av skirer från Riga, rugier från Pommern, franker från Neckar, thüringar från Bayern och burgunder från området öster om Rhen. Attilas första mål var troligtvis de ripuariska frankernas land och därefter Orléans vid den stora kröken på floden Loire. Med den staden i sin hand kunde han svepa vidare in i Akvitanien.[23]

Hans armé avancerade genom det belgiska Gallien i tre kolonner av stridande förband som ryckte fram på bred front. Dess högra flygel gick mot Nemetacum (Arras), dess vänstra marscherade upp utefter Mosel mot Mettis (Metz) och centern mot Lutetia Parisiorum (Paris) och Aureliani (Orléans). Förödelsen där de gick fram var fruktansvärd. Eld, rök, mord och plundring svepte genom länderna. Reims, Metz, Cambrai, Trèves, Arras, Tongres, Tournai, Thérouanne, Köln, Amiens, Beauvais, Worms, Mainz och Strasbourg blev alla plundrade och brända. Det berättas att Paris, som då inte var något mer än en liten stad byggd på en ö i Seine, räddades av en ung flicka – Genoveva – från en by i grannskapet. Hon är för eftervärlden bättre känd som Sankta Genoveva. När stadens invånare stod i begrepp att fly i panik uppmanade hon dem att förlita sig på Gud, och hon höll dem kvar vid stadsmurarna genom sina enkla böner.

Under tiden hade Valentinianus delegation misslyckats med att övertala Theoderik och den stora fråga som kvarstod var om det var möjligt för de många stammarna att smälta samman. Som vanligt fanns det ingen armé i reserv i Italien. Landet hade nämligen året innan drabbats av en fruktansvärd hungersnöd. Under 25 års tid hade Aëtius kunnat förlita sig på att hunnerna skulle fylla leden i hans armé. Nu var de hans fiender och inget annat än tomma luckor i leden mötte hans oroliga blickar. Han begav sig skyndsamt till Gallien där han samlade de *foederati* som stod att finna där. Han lyckades tydligen också hindra alanerna i Valence från att öppna den stadens portar för Attila, något som de annars haft för avsikt att göra. Han fortsatte sedan till Arverni (Clermont i Auvergne) och sände därifrån en romersk senator vid namn Avitus (blivande västromersk kejsare, 454–456) till goternas hov i Tolosa (Toulouse) där han lyckades vinna Theoderiks stöd.

Under tiden strömmade hunnernas horder vidare mot Orléans. Alanernas kung, Sangiban, som hade utnämnts av Aëtius år 442 och uppehöll sig i stadens närhet, hade lovat att överlämna Orléans till Attila. När en uppgift om detta nådde Aëtius och Theoderik satte de iväg i sporrsträck för att ockupera staden innan Attila kunde inta den. Hunnerna kom dock först och inledde genast en belägring av Orléans. Enligt Gregorius av Tours räddades staden genom den välsignade biskopen Anianus (Sankt Aignan) förböner.[24] Enligt *Vita Aniani* hände följande, vilket redovisas av Amédée Thierry: Anianus uppsökte Aëtius och förklarade för honom att Orléans inte kunde hålla ut längre än till den 14 juni. I början av maj kom Attila och under fem veckor av belägring stötte han mot stadens murar och portar med murbräckor och lät skurar av pilar oupphörligt regna över staden. När murarna var nära att brista lyckades den vördade biskopen återställa dem genom att föra omkring vissa heliga reliker runt försvarsställningarna. I mitten av juni föreföll allt vara förlorat, när en morgon en soldat som klättrat upp i det högsta vakttornet kunde se ett svagt dammoln långt borta vid horisonten – det dolde Aëtius och Theoderik. Efterhand som dammolnet kom närmare glänste legionernas örnar och goternas broderade baner i morgonsolen. Till sist möttes de båda arméerna i ett våldsamt slag i förorterna. ”Hunnerna drevs från gata till gata, slogs ner av stenar som invånarna kastat mot dem från hustaken och de visste inte längre vad som skulle ske med dem när Attila valde att blåsa till reträtt. Patriciern Aëtius hade hållit sitt ord. Det var den 14 juni. Detta var den berömda dag då väst räddade civilisationen från total förstörelse.”[25]

Vad som än hände förefaller det som om Attila led ett fruktansvärt nederlag. I stället för att fortsätta striden försvann han och hans hord under natten. De passerade Sens och drog sig mot Seines och Aubes dalgångar där landet var öppet och kallades ”Campania” – Champagne. Vid förstnämnda flod, troligtvis i närheten av eller i Méry-sur-Seine, placerade han sin eftertrupp, en hord gepider, och fortsatte med sin huvudstyrka längre mot öster ut på ”Katalauniska fälten, som också kallas Mauriaciska”.[26] Aëtius satte in ett nattligt anfall mot eftertruppen som tydligen slogs ut helt eftersom den, enligt Jordanes[27], förlorade 15 000 man i döda och sårade, vilket även om det är en omöjlig siffra ändå visar på en våldsam strid.

Troligtvis dagen därpå, den 20 juni[28] inleddes slaget.

Utifrån vad Jordanes skriver verkar det som om Attila på intet sätt var säker på att segra, och för att förkorta striden så att han kunde fortsätta sin reträtt i skydd av mörkret lämnade han inte sin vagnborg förrän tidigt på eftermiddagen. Han grupperade sin hord på följande sätt: han tog själv befäl över centern med sina tappraste trupper, hade Valamir och östgoterna på vänstra flygeln och Ardarik och gepiderna med flera på den högra. Hans tanke var uppenbarligen att anfalla fiendens center, driva den tillbaka i oordning och sedan dra sig tillbaka till sitt läger och invänta mörkret. Aëtius å sin sida insåg sannolikt vad hans fiende avsåg att göra och bestämde sig därför för två flankanfall, vars mål var att skära av hunnerna från vagnborgarna. Sina pålitligaste trupper, alanerna under Sangiban, grupperade han i centern, Theoderik och hans västgoter placerade han på sin högra flygel för att möta östgoterna och han tog själv befälet över vänstra flygeln med sina romare.

När arméerna var uppställda uppstod en skärmytsling inom ett mindre markområde under vilken Theoderik son, Torismud, lyckades driva tillbaka hunnernas förtrupp i oreda. Attila, som var missnöjd med denna förlust, vände sig enligt Jordanes till sina trupper och sade medan han pekade mot alanerna: ”Genom något som verkligen är krig skall vi vinna en snar seger. Men när senorna slitits av slappnar lemmarna och den kropp ur vilken man tagit bort benen kan ej stå upprätt … De som är bestämda att överleva träffar inga vapen, de som är bestämda att dö förgör ödet även om de lever i fred … Upptända av dessa ord rusade alla ut i strid.”[29]

Därefter skriver Jordanes: ”Den ena truppen drabbade samman med den andra. Striden blev ursinnig, vild, hemsk och varade länge. Dess like har forna tider aldrig berättat om, och där utfördes sådana bedrifter att den som gick miste om denna sällsamma tilldragelse aldrig skulle få se något liknande under sitt liv.” En våldsam strid utkämpades utefter en bäck:

> När kung Teodorid [Theoderik] red förbi denna plats för att uppmuntra sin här, föll han av hästen och trampades ihjäl av sina egna soldater och slutade sina dagar vid hög ålder ... Vid det laget skilde västgoterna sig från alanerna och anföll hunnernas trupp, och de hade så när dödat Attila om han inte dessförinnan, förutseende som han var, hade flytt och genast med sina soldater barrikaderat sig inom sitt inhägnade läger, som han hade låtit förskansa med trossvagnar.[30]

Mörkret föll nu och med det följde total förvirring. Det berättas att Torismud gick vilse under natten och trodde att han förenade sig med sina egna män när han kom fram till fiendens vagnar.

> Även Aëtius blev på liknande sätt skild från sin trupp i nattens dunkel och irrade omkring mitt bland fienden, ty han fruktade att en olycka hade inträffat och sökte efter goterna. Till slut kom han fram till sina förbundsbröders läger och tillbringade resten av natten bakom skyddande sköldar. Nästa dag fick de i gryningen se fältet översållat av lik och de trodde inte att hunnerna skulle våga anfalla på nytt. De menade att de själva avgått med segern, men de visste att Attila flydde från strid endast om han lidit stort nederlag. Men denne visade likväl ingen nedslagenhet fast han var besegrad, utan lät skramla med vapnen, basunerna ljuda och hotade anfalla. Han var som ett lejon, stunget av jägarens jaktspjut, som går runt ingången till sin håla och inte vågar anfalla. Likväl upphör det inte att skrämma omgivningen med sitt rytande. På samma sätt förskräckte denne stridslystne kung sina besegrare, fast han kringränts. Därför samlades goterna och romarna och överlade om vad de skulle göra med den besegrade Attila. De beslutade att trötta ut honom genom belägring. Han hade nämligen inte något förråd av proviant och hindrades från att komma ut på grund av ideliga pilregn från bågskyttarna som placerats inne i det romerska lägret.[31]

Trots rytandet var Attilas situation desperat. Han var också medveten om det, för i Jordanes till hälften legendartade skildring kan vi läsa att han bedömde sin situation som så kritisk att han lät bygga upp en begravningseld av hästsadlar i vars lågor han avsåg att kasta sig om fienden skulle bryta igenom. Det kan tyckas egendomligt men Aëtius situation var nästan lika oroväckande. Strax efter soluppgången återfanns nämligen Theoderiks döda kropp och Torismud utropades till goternas kung.[32]

Det var tydligen först då som Aëtius bestämde sig för att det var klokare att låta Attila slippa undan trots att han nu hade honom infångad. Tydligtvis litade han inte på Torismud och fruktade att västgoterna genast skulle ersätta hunnerna som Roms fiende om Attila och hans hord utplånades. Detta är vad Jordanes tror, för han säger:

”Men Aëtius fruktade att om hunnerna fullständigt tillintetgjordes, skulle det romerska riket komma att ansättas av goterna. Därför gav han följande råd och förslag: Torismud skulle återvända till sitt eget land och överta makten, som fadern lämnat. Annars skulle hans bröder, om de tillvällade sig de fäderneärvda tillgångarna, kunna ta makten över västgoterna.”[33] Vidare var förhållandena i Ravenna sådana att Aëtius bara kunde känna sig säker så länge han uppfattades som oumbärlig och för att han skulle förbli det var det nödvändigt att Attila inte krossades fullständigt.[34]

När Attila såg Torismuds tomma läger, sedan denne marscherat iväg med sin armé, lät han spänna för sina vagnar och drog sig tillbaka bortom Rhen. Hur stora hans förluster var är inte känt. Jordanes uppger att 165 000 man dödades på båda sidor. I den siffran är inte de 15 000 som dödades och sårades natten före slaget inkluderade. Idatius anger antalet dödade till 300 000. Alla dessa siffror är orimliga.

Attila hade knappt hunnit komma tillbaka till sitt timmerpalats innan han på nytt ställde krav på att få Honoria som sin brud och våren år 452 begav han sig iväg för att invadera Italien. Han marscherade över de juliska alperna – varifrån garnisonerna hade dragits tillbaka – fortsatte ner till Aquileia och efter en lång och förtvivlad belägring stormade han staden och förstörde den så totalt att några spår av staden knappt kunde skönjas ett århundrade senare. Därefter marscherade han vidare in i Venetien och förstörde Concordia, det luxuösa Altinum och Patavium (Padua). När han drog fram öppnade Vicenza, Verona, Brescia, Bergamo, Milano och Pavia sina portar för honom. De hade alla blivit förskräckta av terrorn vid Aquileia. Och även om deras byggnader inte förstördes blev invånarna antingen massakrerade eller fördes bort som fångar. Slutligen gjorde Attila halt vid Mincio.

Aëtius som blev helt överraskad av detta djärva fälttåg greps av den rådande paniken och tänkte först ta Valentinianus med sig och överge Italien. Men sedan han lugnat sig beslöt han att i stället vända sig till Attila och försöka utverka fred. När detta beslut väl var fattat sändes en delegation, bestående av påven Leo, Trygetius, en före detta prefekt, och Gennadius Avienus, konsul år 450, till Mincio och enligt kyrklig legend blev den fruktade kungarnas kung kuvad av ”Sankt Petrus obeväpnade efterträdare ... Respekten för Rom ... tvingade honom att ständigt ta ställning till frågan: ’Om jag gör erövringar som Alarik, kommer jag då också att dö som han?’ ”[35] Men som Bury framhåller: ”Det är inte troligt att denna hednakung skulle ha brytt sig så mycket om kyrkans hot och övertalning.”[36]

De verkliga skälen är sannolikt de som Thompson anger.[37] Italien led fortfarande av föregående års hungersnöd och av pesten, dess oskiljaktiga följeslagare. Och när Attila drog in i Italien tog Marcianus tillfället i akt och sände en armé under en general som också hette Aëtius över Donau. Detta företag blev framgångsrikt och han besegrade de hunner som Attila lämnat kvar där för att försvara sin bakre bas. Det var detta djärva motanfall, tillsammans med brist på föda och fruktan för pest, som med all sannolikhet fick Attila att gå med på att förhandla. Hans förluster vid Châlons hade varit så stora att han knappast vågade riskera att förlora ytterligare män.

Året därpå tog han sig en annan brud, en flicka vid namn Ildico (Hilda). Han drack våldsamt under bröllopsfesten och drog sig sedan tillbaka till bröllopsbädden. Under natten drabbades han av ymnigt näsblod och låg på rygg när blodet rann ner i strupen och kvävde honom.

När Attila var död splittrades hans välde. Så snart han i hemlighet begravts delade hans söner upp riket mellan sig, grälade sedan över uppdelningen och bekämpade varandra. Medan detta pågick revolterade östgoterna som av Attila hade förts in i Theiss (Tisza) dalgång. Därefter följde ett allmänt uppror bland de germanska stammarna. När de år 454 fann en gemensam ledare i Ardarik, gepidernas kung, lyckades de besegra hunnerna vid den okända floden Nedao i Pannonien så fullständigt att dessa inom två eller tre generationer hade försvunnit så gott som fullständigt.

Det som följde på dessa händelser – Attilas död och hans väldes sammanbrott – är märkligt på många sätt. Valentinianus och hans kejsarinna Eudoxia, dotter till Theodosius II, hade två döttrar men ingen son. Aëtius, som var angelägen om att säkra tronföljden för sin egen familj, försökte år 454 få en av döttrarna för sin sons räkning. I häftig vrede högg då Valentinianus Aëtius till döds och året därpå blev han själv mördad och efterträddes av Petronius Maximus. Denne tvingade Eudoxia att gifta sig med honom och det sägs att hon som hämnd vädjade till Gaiserik att hjälpa henne. I juni år 455 kom han seglande upp för Tibern och möttes av Eudoxia som han dock rövade på hennes juveler och vackra kläder. Sedan plundrade han Rom under fjorton dagar men invånarnas liv skonades genom att påven Leo gick emellan. Innan plundringen inleddes mördades Maximus och när Gaiserik drog sig tillbaka gick makten över till Ricimer, som var arméchef och barbar samt sonson till västgoten Valia. I snabb takt följde sedan kejsare på kejsare fram till år 475, då Oretes, en romare som varit sekreterare åt Attila, med stöd av barbariska legosoldater fick sin son Romulus med efternamnet Augustulus utropad som kejsare i Ravenna, varefter han marscherade mot Rom. Han hade knappt hunnit ge sig iväg förrän hans trupper krävde en tredjedel av Italien som belöning. Då detta orimliga krav avslogs höjde de den 23 augusti 476 sin ledare Odovacar – som verkar ha varit son till en av Attilas ställföreträdare, hunnern Edeco[38] – på en sköld och utropade honom till kung i Italien. Från den dagen och fram till juldagen år 800 då påven Leo III krönte Karl den store i Peterskyrkan fanns det ingen kejsare i väst. Romulus inledde Roms stora period det sagoomspunna året 753 f.Kr. och tolvhundratjugonio år senare avslutade hans svage namne den. Sägnernas skymning kom åter till väst och dröjde kvar under långa, kommande århundraden.

Av dessa händelser att döma räddade Aëtius seger vid Châlons på intet sätt det västliga kejsardömet från att gå under. Det verkar också som om Attilas välde skulle ha brutit samman vid hans död även om Aëtius hade förlorat slaget – det fanns ingen sund politisk grund för Attilas välde. Det var helt uppbyggt på terror och innehöll ingen skapande kraft. Men när vi ser tillbaka på bakgrunden till snarare än segern i slaget vid Châlons, framstår väldets betydelse mycket klart.

Segern var inte romersk eller germansk utan en för dessa folkslag gemensam seger över asiaterna, på samma sätt som Salamis hade varit en seger för både athenarna och spartanerna över perserna. Återigen väst och öst – Europa och Asien – mot varandra och återigen lade europeerna sina interna stridigheter åt sidan för att möta den gemensamme fienden.

Viktigare var dock att den kyrkliga organisationen i de frankiska territorierna förblev obruten, vilket fick till följd att kyrkan blev den viktigaste internationella auktoriteten under medeltiden och den enda auktoritet som hade fungerat oavbrutet sedan den romerska tiden. Frankernas land var därför mer gynnat än England där saxarna totalt hade förstört den kyrkliga organisationen. Engelsmännen måste kristnas än en gång av missionärer från Irland och Rom. Om samma sak hade skett i det som idag är Frankrike hade medeltidens hela historia förändrats.

Vidare förstärktes påvedömets makt högst väsentligt. När påven Leo mötte Attila vid Mincio kom han som en ödmjuk supplikant. Den våldsamme hunnerns plötsliga död kort efter detta möte uppfattades därför i denna vidskepliga tidsålder som ett verk av Guds hand. Djävulen hade betvingats av Guds ställföreträdare. Legenden som föddes ur denna rättfärdighetens seger över det onda stärkte påvedömets makt, vilken sågs som mirakulös, och som Thomas Hodgkin skriver: ”därför är det ingen paradox att säga att hunnernas kung indirekt bidrog mer än någon annan historisk personlighet till att skapa denna mäktiga politiska faktor i det medeltida Italien – Roms påvekungadöme”.[39] Gaiserik fortsatte det som Attila påbörjat. ”Från och med nu”, skriver Dean Milman, ”upphörde Rom helt att vara en hednisk stad.”[40] Och i takt med att den romerska adeln förlorade sin makt ökade påvens. Likväl levde skräcken efter dessa invasioner kvar och Attilas drag förvandlades till Satans anlete – den svarte trollkarlen. Till och med idag kallar vi våra fiender hunner när vi vill förolämpa dem.[41]

Med förändringen av den religiösa åskådningen förändrades även synen på krig, som så ofta är ett fysiskt uttryck för mystisk tro. Skräcken var så total, oförmågan så djupt rotad och fruktan så allmän att människan endast kunde sätta sin lit till mirakel. Om generalerna skapade ett helvete på jorden kunde prästerna åtminstone utlova en himmel i den kommande världen. Var det inte en flicka som räddat Paris genom sina böner? Hade inte 11 000 jungfrur lidit martyrdöden i Köln och hade inte askan från deras ben åstadkommit mirakel? Var det inte en biskop som hade räddat Orléans? Hade inte Herakleia i Makedonien försvarats av ett helgon? Skulle därför inte alla dessa oräkneliga städer som förstörts av hunnerna ha kunnat räddas om de hade haft fler helgon och varit mindre syndiga, även om de haft färre soldater? Av denna anledning kom heliga reliker att bli andlig ammunition och det blev påvens auktoritet som utlöste deras kraft.

På samma sätt som Alexanders storhet bedöms efter legenden från hans tid, kommer de fasor som Attila förorsakade att härledas från hans. Han var *Flagellum Dei* (Guds gissel), Nimrods sonson, Skrifternas Antikrist och Etzel i Nibelungensången. Det var han som gifte sig med Kriemhild (Ildico). Niflungarna uppsökte honom i hunnernas land och "skördade där den samlade hämnden". Kriemhild mördar honom för sin kärlek till Siegfried som var hennes make när hon var en ung flicka. Detta stora epos sprider sig ut över ett bloddränkt Europa och skapar där ett gemensamt kulturarv. Det återfinns i Byzantion, i Tyskland, Frankrike, Italien, Skandinavien och Island. Det är en av västvärldens stora sagoberättelser. Sammantagna visar dessa förhållanden att slaget på de kataulaniska fälten utgjorde ett av de avgörande momenten i västerlandets historia.

Redaktörens sammanfattning

Det romerska imperiets varaktighet, både som institution och som begrepp i människors sinnen, understryks av att det fortfor att finnas kejsare i väst under mer än sextio år sedan Rom plundrats och under hela tiden för hunnernas härjningar. Men även om det västliga imperiet sålunda fortfarande formellt existerade var den verkliga romerska makten nu förlagd i öst. Italien blev under 400-talet ett gotiskt kungarike och under Teoderiks regering (474–526) fanns det en tydlig möjlighet, som Fuller säger, "att återskapa västs storhet genom en sammansmältning av barbarernas kraft med det som fanns kvar av romarnas civilisation". Detta tillfälle försattes dock och försvann på drömmarnas sophög när de östliga och västliga imperierna kom i konflikt med varandra.

Det var religionen – den östliga kejsaren Justinus I:s fördömande av arianismen – som var orsaken till denna konflikt. Detta var första gången som kristendomen uppträdde som en militant (och därigenom militär) kraft. Då goterna var arianer kom Justinus agerande att sätta punkt för möjligheterna till ett fruktbart samarbete mellan de två delarna av den romerska världen, och därigenom inleddes i stället en bitter strid dem emellan. Som alla religionskrig blev detta mycket förödande. Fuller jämför dess resultat med det trettioåriga kriget i Tyskland på 1600-talet.

Det var Justinus efterträdare Justinianus "den store" (527–565) som förde kampen. Den började år 533 och det var den som mer än något annat gjorde att Europas mörka tid blev så lång och dyster. Justinianus drog inte i fält själv. Han agerade genom sina generaler, Belisarius och Narses. Belisarius betraktas fortfarande som ett militärt geni – vad han lyckades åstadkomma med mycket små resurser under flera fälttåg är verkligen något att förundra sig över, särskilt om man betänker det otillfredsställande utgångsläget för hans arméer. Men det var den skarpsinnige Narses som kunde skörda frukterna av Belisarius bedrifter genom sin egen seger vid Taginae år 552. För omvärlden var Justinianus framgång imponerande:

> Genom att tillintetgöra vandalerna i Afrika och östgoterna i Italien utplånade han arianismen inom större delen av det som tidigare var det västra imperiet och tog därigenom kontroll över hela Nordafrika, Dalmatien, Italien, södra Spanien, Sicilien, Sardinien, Korsika och Baleariska öarna. Med undantag för västgoterna i Spanien och Septimanien (området mellan Pyrenéerna och Rhône) och frankerna i Provence var Medelhavet nu åter ett romerskt innanhav.

Detta uträttades av Justinianus, men Fuller ställer frågan: ”Vad kostade det och vilka återverkningar fick det på historien?”

Liksom Afrika reste sig nu Italien efter tjugo år av krig då landet förstörts genom långa belägringar, svältkatastrofer, massakrer, förödelser, plundringar och pestens härjningar. ”De största städerna som Neapel, Milano och alldeles särskilt Rom”, skriver professor Charles Diehl, ”var så gott som tömda på invånare. I det avfolkade landet förekom knappast längre någon odling och de stora italienska jordägarna fick betala dyrt för sin pliktrogenhet gentemot Byzantion och sin fiendskap gentemot Totila genom att bli totalt ruinerade.”

Gibbon är ännu skarpare. Han skriver: ”Men krigen, erövringarna och Justinianus triumfer utgör den gamla tidens svaga och fördärvliga försök som suger ut den sista kraften och påskyndar nedbrytningen av livskraften. Han jublade över att ha lyckats återföra Afrika och Italien till republiken, men de olyckor som följde ... avslöjade erövrarens kraftlöshet och resulterade i dessa olyckliga länders fördärv.” Han fortsätter: ”Det tredubbla gisslet av krig, pest och hungersnöd drabbade Justinianus undersåtar och hans regeringstid förmörkas av en påtaglig tillbakagång för människan, något som aldrig har återställts i något av jordens finaste länder.”

Och vad blev resultatet av Justinianus segrar? Krig, förtryck under skatter[1] och religionsförföljelser hela vägen från Eufrat till Herakles stoder förberedde ”östs bleka, utsugna och eländiga provinser för de kommande muslimska erövrarna”, som inom ett århundrade efter Justinianus död ”skulle erövra de bästa av dem och skulle komma att behålla dem ända in i våra dagar". Afrika återgick under numiderna, vilka hade hållits under kontroll av vandalerna, till sin primitiva barbarism och saknade följaktligen förmåga att stå emot saracenerna under det kommande århundradet. När sedan goterna hade drivits ut ur Italien och *logothetes* under Narses under tolv år hade sugit ut allt som fanns kvar av välstånd i landet efter kriget, invaderades det år 568 av de grymma langobarderna under Alboin. Det var det sista av de germanska folken som slog sig ner inom det tidigare västliga imperiets gränser. De ockuperade snabbt området norr om Po – det kallas fortfarande Lombardiet – och utsträckte sedan sitt välde successivt mot söder samtidigt som de plundrade och dödade. Till slut behärskade de, med undantag för Rom och Ravenna, två tredjedelar av halvön. År 589 stormade de och förstörde under Zotto benediktinklostret Monte Cassino och år 774 besegrades de av Karl den store. Deras land ingick därefter i hans kejsardöme.

Om Italien aldrig hade invaderats, om slaget vid Taginae aldrig utkämpats och om östgoterna fortsatt att regera i Italien hade den medeltida historien blivit annorlunda. I stället för att reduceras till en andra rangens stad utan politisk betydelse skulle Rom ha förblivit ett aktivt centrum för västerländsk kultur och civilisation. En blandning av gotisk livskraft och latinsk kultur skulle ha gjort mycket för att skingra det dunkel och den dystra stämning som sedan slaget vid Adrianopel långsamt lagt sig över väst. Även om Taginae var Justinianus största seger var det slaget en oändlig katastrof för den kristna världen på hans tid och under många följande år.

KRÖNIKA

Islams uppgång och expansion

Justinianus var den siste av de stora romerska kejsarna. Under hans efterträdare, Justinus II (565–578), upphörde det östra kejsardömet att vara romerskt även i teorin och blev helt och hållet bysantinskt. Från den tiden uppgavs alla tankar på att återerövra väst. Kejsardömets politik blev nu helt och hållet defensiv. Det hotades vid Donaus nedre lopp av avarer och slaver och vid övre Eufrat av perserna. Justinus ställdes inför det omöjliga strategiska problemet att hålla två vitt åtskilda fronter med defensiva styrkor som inte var tillräckliga för att säkert försvara en. Resultatet blev en ständig förflyttning av arméer från den ena fronten till den andra, ett förhållande som hans fiender förstod att utnyttja.

Den första förflyttningen genomfördes 572, då det åter bröt ut krig mot Persien, och år 591, när Mauricius (582–602) var kejsare, hade garnisonerna i Europa blivit så uttunnade att han tvingades sluta fred med Chosröes II (590–628) för att kunna slå tillbaka avarer och slaver. De förra var ett tartarfolk som hade tryckts västerut av turkarna[1], och de senare en icke-germansk grupp av de indoeuropeiska folken som år 577 hade börjat lägga grunden för de blivande slaviska kungarikena på Balkan. År 591 drog sig avarerna mot söder under plundring och förstörelse, tills de år 604 köptes till fred av kejsar Fokas (602–610) för att han ostört skulle kunna möta Chosröes som hade brutit freden.

År 610 höggs Fokas – ”en fruktansvärd mardröm som hängde över ett utröttat rike” – i bitar av Herakleios (610–642) som därefter efterträdde honom. Kriget fortsatte och år 613 invaderade perserna Syrien och intog Damaskus och Jerusalem. Med sistnämnda stad förlorades Kristi kors eller ”Träet” som det också kallades. Det hade återfunnits av Helena, Konstantin den stores mor. Förlusten tycktes förebåda kejsardömets fall. Därefter, när slaverna härjade fritt över de europeiska provinserna år 617 och avarerna drog sig upp mot Gyllene hornet, förlorades Chalkedon (Kadiköy) vid Propontis (Marmarasjön), och två år senare invaderades Egypten och tillgången till dess spannmålsförråd skars av. Samtidigt intogs Armenien och kejsardömet berövades därigenom sitt bästa rekryteringsområde. Dessa katastrofer drabbade Herakleios så hårt att han beslöt sig för att flytta sin huvudstad till Karthago. Han hindrades endast av patriarken, som avkrävde honom en ed att han aldrig skulle lämna Konstantinopel. Den lättnad som detta resulterade i var så stor att folket greps av en plötslig religiös entusiasm som resulterade i ett korståg för att befria den Heliga staden och Kristi kors.

Av denna anledning kom Herakleios att dra i fält sex gånger, och under det femte fälttåget år 626 inledde horder av avarer, slaver, bulgarer och gepider i samförstånd med de persiska styrkorna vid Chalkedon en belägring av Konstantinopel. Eftersom det bysantinska riket fortfarande hade kontroll över havsvägarna kunde staden räddas. Året därefter invaderade Herakleios Persien via Azerbajdzjan, drog vidare mot söder och den 1 december nådde han Stora Zab. Elva dagar senare vann han en klar seger över perserna i närheten av Nineve. Han marscherade sedan mot Ktesifon, men tvingades till reträtt innan han nått den persiska huvudstaden. Det blev inte nödvändigt med ett nytt fälttåg eftersom Chosröes mördades på våren år 628 varpå fred följde. Fredsvillkoren är okända förutom att Kristi kors skulle återlämnas och att de persiska arméerna skulle dras tillbaka från kejsardömets territorium.

Vid samma tid som en ny angripare mobiliserade i söder låg östs två stora kejsardömen utmattade, deras territorier var förhärjade, deras befolkningsbas uttömd och välståndet borta. De utgjorde ett vakuum som låg klart att fyllas av profetens efterföljare.

Några månader efter det att Kristi kors den 21 mars 630 hade återlämnats till den Heliga staden utbröt en kamp som i stort sett utan avbrott kom att pågå i tusen år. Muhammed hade efter det viktiga slaget vid Bahr år 624 fått makten över araberna. På hösten detta år sände han en mindre styrka mot norr. Vid Muta, öster om Döda havet, drabbade den samman med en bysantinsk gränspostering och blev besegrad. Den 7 juni tre år senare dog han och då han inte efterlämnade någon son erkände en minoritet av hans efterföljare Abu Bakr (632–634) som kalif ("efterföljare"). Eftersom många araber vägrade att betala skatt till Medina, som sedan året för *hegira* (622) hade blivit centrum för den islamska religionen, följde ett uppror som brukar kallas *Ridda*, vilket dock slutligen kämpades ner av Khalid ibn al-Walid genom hans seger vid Akraba över de Meckatrogna. För att hålla sina trupper sysselsatta efter denna seger sände Abu Bakr Khalid med 500 man för att göra en räd in i Irak. Han sände samtidigt tre mindre styrkor till gränsområdet mot Syrien för att hjälpa de kristna araberna där. De hade sökt hans hjälp eftersom det årliga understöd som det bysantinska riket hade betalat dem nu hade dragits in.

Herakleios befann sig i Emesa (Homs) vid tiden för dessa räder och då han litade på att öknens kristna araber skulle ha tillräcklig styrka att stå emot en muslimsk framryckning vidtog han inga särskilda åtgärder för att hjälpa dem. Då han fick höra att södra Palestina hade utsatts för en räd lät han dock samla en ansenlig armé söder om Damaskus under befäl av sin bror Theodoros och uppdrog åt honom att slå tillbaka invasionen. När Khalid blev underrättad om detta tog han sig med blixtens hastighet från Hirah vid Eufrat genom Palmyra och uppenbarade sig plötsligt utanför Damaskus portar. Därifrån förenade han sig med stor svårighet med de tre rädkolonnerna och mötte Theodoros vid Ajnadain, mellan Jerusalem och Gaza, där han vann en stor seger den 30 juli 634.

Snart därefter avled Abu Bakr och efterträddes av Omar (634–644). Han beslöt sig för att inte begränsa sig till räder utan avsåg att erövra Syrien. En ström av muslimska stammar under Khalid drog sig då mot norr. Damaskus förråddes och blev hans och mot slutet av 635 hade han intagit Emesa.

Våren 636 sände Herakleios en ny armé, omkring 50 000 man stark, under Theodoros Trithurios för att möta Khalid. Den senare drog sig genast tillbaka, övergav Damaskus och koncentrerade sina styrkor, totalt 25 000 man, sydöst om Jarmukdalen där han efter mycket manövrerande och flera sammandrabbningar lyckades bryta Trithurios förbindelser bakåt och nedgöra hans armé den 20 augusti 636. Slaget var avgörande eftersom det bysantinska styret var så hatat att muslimerna mottogs som befriare i Syrien. Hela landet övergick till dem och i norr kom Amanusbergskedjan att i hundratals år utgöra den nordliga gränsen för kalifens styre.

Persien bröt samman lika snabbt och lika fullständigt som Syrien. Det huvudsakliga skälet var detsamma i båda fallen. Liksom syrierna hälsade de arameiska bönderna sina erövrare som befriare. Med hjälp av trupper från Medina besegrade en lokal hövding, Mutanna, en persisk armé vid Buwaib (söder om Kufa) hösten 635 och i juni 637 blev Rustam, som då hade befäl över en numerärt överlägsen persisk armé, besegrad och dödad av Sad ibn Wakkas vid Khadisiya (väster om Buwaib). Persiens kung flydde sedan med sitt hov framför Sads framryckande trupper uppför Tigris mot de iranska bergen. Därefter öppnade Ktesifon sina portar och slutligen övergick hela Irak i arabernas händer. Från denna tid upphörde islam att vara beroende av Medina och representerade nu i stället araberna som en gemensam stormakt. Som följd av detta upphörde de tidigare planlösa räderna och ersattes av systematiska erövringar i vilka som regel hela stammar deltog. Syrien och Irak förenades genom erövringen av Mesopotamien, Ekbatana föll år 641, Persiska viken kom under arabisk dominans och år 652 var hela Khorasan erövrat.

Det kan förefalla egendomligt men Egypten erövrades under samma tidsperiod, och också det kan endast förklaras genom den starka reaktionen mot det bysantinska styre som hade påtvingat egyptierna orimliga skatter och förbjudit den koptiska tron.

Amr ibn al-As var Egyptens betvingare. I januari 640 intog han Pelusium och i juli besegrade han bysantinerna vid Heliopolis. Babylon, nära dagens Kairo, intogs i april 641 och Alexandria kapitulerade på vissa villkor den 17 september 642. För att säkra sin västra flank intog Amr därefter Cyrenaika.

Denna sista framryckning följdes av decennier med plundringar i form av mindre räder. Även om muslimerna tog sig ända fram till Kairouan i dagens Tunisien och mer än en gång intog staden, var det inte förrän de övergick till en ockupationspolitik i stället för plundringsräder och fick herravälde till sjöss på Medelhavet som de kunde inta och hålla de bysantinska kuststäder som utgjorde nyckeln till de bakomliggande landområdena. När detta vid slutet av århundradet var genomfört intog Hassan ibn an Numan, med bas i Kairouan, år 695 Karthago och på anmärkningsvärt kort tid var den latinska civilisationen utplånad i Nordafrika.

Under hela denna expansionsperiod förblev Konstantinopel det slutgiltiga målet för muslimerna. Det första försöket att nå detta mål gjorde kalifen Uthman (644–656) så tidigt som 655. Det året försökte han genomföra det med hjälp av en sjöexpedition. Även om den bysantinska flottan besegrades kom mordet på Uthman året därpå och det krig om successionen som följde mellan Muawiya (660–680) och Ali, profetens svärson, att resultera i att erövringsförsöket avbröts. Muawiya, som var upptagen av sin strid med Ali, slöt år 659 fred med det bysantinska riket. Han blev stamfader till kalifatets umayyaddynasti och gjorde Damaskus till sin huvudstad.

När Muawiya konsoliderat sin ställning återgick han 668 till det tidigare projektet. Detta år sände han en expedition till Mindre Asien som av bysantinerna kallades "Romania". Expeditionen ockuperade Chalkedon, varifrån den våren 669 fortsatte in i Thrakien och anföll Konstantinopel, dock utan att inleda någon allvarlig belägring. År 672 följde Muawiya upp denna expedition genom att sända en sjöstyrka för att ta kontroll över Bosporen. Från detta år och fram till 677 utsattes Konstantinopel för upprepade attacker och varje attack slogs tillbaka av kejsar Konstantin IV:s (668–685) flotta. Muslimernas stora förluster av skepp och män tvingade dem att dra sig tillbaka. Under denna reträtt gick huvuddelen av deras flotta under i en storm och det som blev kvar förstördes av bysantinerna. Denna katastrof tvingade Muawiya att sluta fred en andra gång.

Efter Muawiyas död år 680 upptogs större delen av kalifen Abd-al-Maliks stormiga regeringstid av strider om successionen, och under hans efterträdare, Walid (705–715), nådde det arabiska väldet sin största utbredning. I väst nådde det Atlantens kust 710 och Spanien erövrades året därpå. I öst trängde araberna in i Punjab och i Centralasien nådde de fram till Kinas gräns. Under sina sista år återupptog Walid projektet att inta Konstantinopel och vid hans död år 715 gick det i arv till hans efterträdare, kalifen Suleiman.

Belägringen av Konstantinopel 717–718 och slaget vid Tours 732

När kejsar Justinianus II, som hade efterträtt Konstantin IV år 685, dog 711, sjönk kejsardömets kraft till sin dittills lägsta nivå. Imperiet var förvirrat, avfolkat, plundrades av bulgarer och slaver i Europa, härjades av saracener i Mindre Asien och armén och flottan plågades av ständiga myterier. Det föreföll som om dess sista dagar var räknade då plötsligt, efter tjugo år av anarki, en man år 717 trädde fram och skapade ett nytt kejsardöme som skulle komma att bli Europas bålverk mot Asien under 700 år. Han var en enkel soldat som historien känner som Leo Isauriern.

Om hans ursprung vet vi i det närmaste ingenting. Han var troligtvis syrier och inte isaurier[1] eftersom han föddes omkring 687 i Germanicea (Marash) i provinsen Commagene – Syriens nordöstligaste distrikt. Hans verkliga namn var Conon och vi får först höra talas om honom och hans familj i Thrakien 705 då hans far skänkte 500 får till Justinianus, vilken som tack gjorde hans son Leo till *spatharius* eller adjutant. Senare sände kejsaren Leo på ett uppdrag, uppenbarligen för att bli av med honom, till alanerna som bebodde ett land norr om Kaukasus. Efter hans återkomst gav kejsar Anastasius (713–716), som sökte efter bra soldater, honom befälet över den anatoliska stammen. När Anastasius avsattes 716 riktades allas blickar mot Leo som ansågs vara bäst lämpad att efterträda honom.

Under tiden hade kalifen Suleiman (715–717) som ett första steg för att fullfölja Walids planerade expedition mot Konstantinopel sänt två arméer från Taurus in i Romania. Den ena stod under befäl av hans bror Maslama och den andra under en general vid namn Suleiman. Den senare ryckte fram genom Anatolien och närmade sig Amorium som låg norr om Aksehirsjön. Trots att staden inte hade någon garnison var Suleiman tvungen att belägra den. Eftersom han trodde att Leo skulle bli näste kejsare försökte han sig på en list för att fånga in honom. Han lyckades inte och när belägringen av Amorium hävdes förlade Leo, sedan han evakuerat alla kvinnor och barn, en garnison om 800 soldater till staden. Maslama, som ryckte fram genom Kappadokien, gillrade därefter en fälla för Leo, men han överlistades liksom Suleiman av den skicklige isauriern.

Medan denna egendomliga överlistningskamp pågick gav Theodosius III (716–717) kunglig värdighet åt sin son och placerade honom på den asiatiska sidan av Marmarasjön. Sedan Leo försäkrat sig om att Maslama verkligen hade lämnat Romania ryckte han fram mot Nicomedia (Ismid) och gjorde sig av med den unge fursten, vars namn är okänt. Därefter övervintrade han troligen i Nicaea eller Nicomedia för att tidigt år 717 gå över till Konstantinopel. Detta fick Theodosius att överge tronen och gå i kloster och den 25 mars kröntes Leo av patriarken i Hagia Sofia till Leo III (717–740).

Leo hade inte ett ögonblick att förlora. Spannmålsmagasinen och vapenarsenalerna fylldes, stadsmurarna förbättrades och mängder av vapen och krigsmaskiner placerades på dem. Strategiskt var staden mycket stark och i stort sett ointaglig så länge sjöförbindelserna hölls öppna. Den var byggd på ett näs som flankerades av Gyllene hornet och i söder av Marmarasjön. På den västra sidan som vette mot land fanns en inre och en yttre mur, den förra byggd av Konstantin den store och den senare av Theodosius II och mer än sex kilometer lång. Vid denna tid var invånarantalet normalt omkring en halv miljon men det måste nu ha ökat kraftigt genom tillflöde av flyktingar. Om staden var välförsvarad var den inte möjlig att inta genom stormning före krutets tillkomst. Den enda säkra metoden var därför blockad. Det innebar att stänga igen såväl Bosporen som Dardanellerna. Att täppa till den förra var svårt eftersom staden flankerade en anmarsch från söder. Leo var därför helt beroende av sin flotta som numerärt sett var långt underlägsen fiendens.

Maslamas plan hade två delar: han avsåg att omringa staden både landvägen och sjövägen. Armén som bestod av omkring 80 000 man behöll han under eget befäl medan flottan stod under general Suleimans befäl. Det sägs att denna bestod av 1 800 skepp och medförde 80 000 infanterister.

Dessutom förbereddes andra enheter: 800 skepp, sannolikt främst för underhållstransporter, hölls i beredskap i hamnar i Egypten och Nordafrika och i Tarsos organiserades en hjälparmé under kalifen.[2]

Först ryckte Maslama fram mot Pergamon och så snart staden var intagen fortsatte han mot Hellesponten som han troligen i juli tog sig över vid Abydos. Den 15 augusti 717 stod han framför den yttre muren som vette mot land. Där befäste han först sin armés ställningar och sände sedan en avdelning för att bevaka Adrianopel och bulgarernas kung Tervel, som Leo stod i kontakt med.

De försökte sig genast på ett anfall från landsidan. Det slogs dock tillbaka genom de bysantinska ingenjörernas krigsmaskiner och skicklighet. Maslama lät då omgärda sitt läger med en djup vallgrav och beslöt sig för att försvaga staden genom en blockad. För att kunna göra detta gav han general Suleiman i uppdrag att dela upp sin flotta i två avdelningar. Den ena skulle grupperas vid Eutropius (Mundi Burnou) och Anthemius på den asiatiska kusten för att skära av tillflödet av underhåll från Egeiska havet. Den andra skulle gå genom Bosporen till ett läge ovanför Galata och därifrån skära av stadens förbindelser med Svarta havet eller mer specifikt med städerna Cherson (intill Sevastopol) och Trebizond.

Den andra avdelningen anlände den 1 september och två dagar senare fortsatte den norr om Gyllene hornet där Leo låg med sin flotta. Inloppet till hamnen spärrades med hjälp av en stor kätting spänd mellan två torn och som kunde höjas och sänkas.

När blockadflottan närmade sig möttes den av den starka ström som sveper runt Seraglioudden och de främsta skeppen bringades i oordning. Leo gav då genast order om att kättingen skulle sänkas och styrde ut med sina galärer. Innan fienden hann formera en stridslinje besprutade han deras skepp med grekisk eld[3], förstörde tjugo fientliga skepp och tog andra till fånga. Omedelbart därefter, då han såg Suleimans flotta närma sig, vände han tillbaka till Gyllene hornets skyddade inre vatten.

Denna snabba och väl genomförda attack blev så framgångsrik och förskräckte fienden till den grad att Suleiman, trots att Leo hade kättingen sänkt under resten av dagen och den följande natten i ett försök att locka in fienden, inte gjorde något ytterligare försök att forcera sundet. En seger hade vunnits praktiskt taget utan några egna förluster. Den var så fullständig att Leo kunde förse Konstantinopel med underhåll genom sunden och förhindra att staden knäcktes genom svält. Maslamas svårigheter ökade ytterligare då hans bror kalifen, som var på väg med förstärkningar, plötsligt dog av matsmältningsbesvär.[4] Han efterträddes av Omar II (717–730), som var religiöst trångsynt och långt ifrån någon soldat.

Belägringen fortsatte nu i begränsad omfattning. Den försvårades dessutom av en ovanligt sträng vinter detta år. Under hundra dagar låg det snö på marken och muslimerna som var ovana vid den stränga europeiska vintern dog i tusental. En av dessa var general Suleiman. På våren följande år anlände en egyptisk flotta om 400 skepp från Alexandria. Den stod under befäl av Sofiam och passerade Konstantinopel i skydd av mörker. Flottan förlades till Kalos Argos (Buyuk-Deré) där den spärrade Bosporen. Kort därefter anlände en afrikansk flottstyrka om 360 skepp under befäl av Yezid. Den ankrade utanför Bithyniens kust. Slutligen anlände reservarmén, som nu stod under Merdasan. Den skulle förstärka garnisonerna i vallgravarna. Dessa var nu så utmattade och reducerade genom svält att många tvingades äta människokött.

Spärren av Bosporen skulle så småningom ha framtvingat en kapitulation, men tursamt nog för Leo bestod många av de egyptiska besättningarna av tvångskommenderade kristna. Många av dem tog tillfället i akt och deserterade och lämnade sedan exakta informationer om muslimerna till Leo. Denne sänkte kättingen, gick åter till sjöss och anföll fienden som var helt oförberedd. Det resulterade i ett fullständigt sammanbrott snarare än ett sjöslag eftersom de kristna besättningarna deserterade i tusental och deras obemannade skepp rammades och brändes med grekisk eld. Denna seger till sjöss fick, hur förvånansvärt det än kan tyckas, en fortsättning på land. Omedelbart efter det att Leo förstört den afrikanska flottstyrkan skeppade han en ansenlig truppstyrka över till den asiatiska stranden där den lyckades överfalla Merdasans armé, högg många av hans soldater i stycken och jagade de kvarstående på flykten.

Under tiden hade Leo genom skicklig diplomati övertalat Tervel och hans bulgarer att marschera mot Maslama, och de vann över honom i ett slag någonstans söder om Adrianopel i vilket 20 000 muslimer sägs ha stupat. För att ytterligare öka den skräck muslimerna kände ”spreds en rapport skickligt ut som sade att frankerna, den latinska världens okända folkslag, beväpnade sig till sjöss och på land till försvar för den kristna saken, och man väntade på deras utomordentliga stöd”.[5]

Denna senaste katastrof fick kalifen att kalla tillbaka Maslama och den 15 augusti hävde han belägringen som då hade varat i exakt tolv månader. Han lät återstoden av sin armé embarkera och landsatte den sedan vid Kyzicos (Bal-Kis) på Marmarasjöns asiatiska kust. Hans flotta seglade därefter mot Hellesponten där den gick under i en storm. Det har sagts att endast fem galärer av de 2 560 skepp som deltog vid belägringen återvände till Syrien och Alexandria. Av styrkorna till lands som enligt arabiska beräkningar måste ha bestått av mer än 200 000 man kom inte mer än 20 000 tillbaka till Tarsos.

Leos seger var alltså avgjord. Dess betydelse kom att förstärkas ytterligare genom hans seger år 739 över araberna vid Acroinon (Afyon Karahisar) i Frygien. Därigenom tvingades de dra sig tillbaka från västra Mindre Asien. Det var genom sin krigskonst han vann sina segrar och alla historiker som studerat denna tid har fäst sig vid dess betydelse. Vasiliev skriver: "Det har med rätta sagts att Leo genom sitt framgångsrika motstånd räddade inte bara det bysantinska kejsardömet och den kristna världen i öster utan även hela den västeuropeiska civilisationen."[6] Bury kallar år 718 för "ett världsavgörande årtal".[7] Foord anser att det var "den största framgången i Roms historia".[8] Finlay "att det var en av de briljantaste bedrifterna i en tid fylld av krig"[9], och Gibbon kallar det muslimska nederlaget en "nästan otrolig katastrof".[10] Detta inte på grund av alla de skepp som gick förlorade och de män som stupade – både skepp och män kunde ersättas – utan på grund av att Konstantinopels fall skulle ha förändrat östs hela historia, vilket det också kom att göra sju århundraden senare. Utan tvivel var muslimernas tillbakaträngande en av de avgörande händelserna i Västerlandets historia. Det räddade nämligen Europa från en invasion vid en tidpunkt då en ny makt inom dess ännu ej fastlagda gränser kämpade för att få fotfäste. Denna makt var det frankiska kungadömet som nu stod i begrepp att ta sitt första steg mot att skapa ett nytt allomfattande kejsardöme.

År 710 – eller möjligen några år tidigare – hade som nämns i krönika 5 den arabiska invasionen av Afrika nått Atlantkusten. Det hade blivit möjligt därför att berberna eller morerna – numiderna på Hannibals tid – kunde ställa ett erforderligt antal män till förfogande. De var rövare och plundrare och därför måste guvernören över Nordafrika, Musa ibn Nusair, så snart de nått det västliga havet och inte kunde komma längre låta dem vända blickarna mot Spanien för att därigenom hålla dem sysselsatta och mätta. Det verkar dock som om hans avsikt inte var att erövra landet utan bara att göra en räd. Eftersom han inte disponerade några skepp vände han sig till en viss Julianus[11], den bysantinske guvernören i Ceuta. Denne man var beredd att hjälpa honom. Han hyste nämligen agg mot den västgotiske kungen i Toledo, Roderik, som hade vanärat hans dotter. Sedan Julianus lovat honom fyra skepp sökte Musa tillstånd hos kalifen, som nu residerade i Damaskus, att få invadera Spanien. Kalifen gick motvilligt med på det och svarade: Utsätt inte vid denna tidpunkt en större armé för de faror en expedition bortom havet för med sig. Detta svar gav till resultat att Abu Zora Tarif sommaren 710 gick över sundet med 400 man och plundrade i Algeciras omgivningar och därefter återvände med sitt byte.

Musa blev uppmuntrad av denna spaningsräd och var informerad om att Roderik var upptagen av ett krig med frankerna och baskerna i norra Spanien, så han beslutade att genomföra ett större företag under Tarik ibn Ziyad med 7 000 man i ett inledande skede. Eftersom han inte hade tillgång till fler skepp än Julianus fyra lät han skeppa över sina män i omgångar om 400 man. Tarik landsteg i Gibraltar, inväntade inte Musa och huvudstyrkan utan fortsatte mot väster utefter kusten, drabbade samman med Roderik i Wadi Bekka-dalen (Salado), mellan Jandasjön och staden Medina Sidonia, och lyckades tack vare ett förräderi i Roderiks armé besegra honom där den 19 juli. Tarik vann ytterligare en seger vid Écija och intog Toledo som var västgoternas huvudstad. Året därpå fick Musa det högsta befälet i Spanien och genom att visa mildhet mot dem som gav sig och hårdhet mot alla som vände sig mot honom[12] lyckades han erövra nästan hela Spanien före årets slut. Därefter återkallades han av kalifen.

Knappt var Spanien intaget förrän de moriska och muslimska horderna tog sig över Pyrenéerna och in i Akvitanien som då styrdes av hertig Eudo. Denna invasion inleddes enligt Mercier år 712.[13] År 717–718 genomförde Musas efterträdare, Hurr, en stor plundringsexpedition som dock mer och mer, när belägringen av Konstantinopel drog ut på tiden, tycks ha övergått till en invasion i syfte att erövra, för att slutligen misslyckas helt. Det har sagts att den muslimska avsikten var att stöta vidare genom Frankrike och återvända till Damaskus via Tyskland och att ta Konstantinopel på vägen. På detta sätt skulle de göra Medelhavet till ett muslimsk innanhav.[14] År 719 ockuperades Narbonne och två år senare, när Samh belägrade Toulouse, besegrades han av Eudo och tvingades att ta till flykten. Trots denna förlust återvände muslimerna. År 725 intogs Carcassonne och Nîmes och året därpå fortsatte Anbaca upp utefter Rhônedalen, plundrade i Burgund och trängde sig så långt norrut som till Vogeserna.[15]

När detta angrepp genomfördes befann sig den som skulle komma att besegra morerna på krigsfot vid Donau. Han hette Karl och var son till Pippin II och svuren fiende till Eudo av Akvitanien.

För att riktigt förstå relationerna mellan dessa två män, som snart skulle komma att agera tillsammans, är det nödvändigt att gå något tillbaka i historien. Vid slaget på de katalauniska fälten, berättar legenden, stod de saliska frankiska *foederati* som anslöt till Aëtius under befäl av en hövding vid namn Merovech (Merovaeus), grundare av den merovingiska dynastin vars makt nådde sin höjdpunkt under Klodvig, hans sonson. Denne drev genom sin seger vid Vouillé 507 slutligen västgoterna ut ur Frankrike och in i Spanien. Men sedan 639 hade denna dynasti förfallit och producerat en rad odågor till kungar.[16] Under dessa kraftlösa kungar hade all makt gått över till rikshovmästaren[17], den gamle härmästaren, av vilka de duktigaste kom från Austrasien, ett område som låg ungefärligen mellan Meuse och Main. Bland dessa inrättade sig Pippin II som rikshovmästare 687 och gjorde sig själv till herre över Austrasien, Neustrien (mellan Loire och Meuse) och Akvitanien (mellan Garonne och Loire). När han dog år 714 satt hans oäkta son Karl i fängelse, anklagad för att ha mördat Pippins legitime son Grimoald. Rikshovmästarämbetet övergick därför till dennes minderårige son. Under dessa omständigheter var det närmast oundvikligt att Gallien drabbades av anarki. I den röran lyckades Karl rymma från fängelset och Eudo förklarade Akvitanien som en oberoende nation. Karl samlade ett antal anhängare och etablerade sig först i Austrasien och därefter drog han 719 i fält mot Eudo, besegrade honom vid Soissons och underkuvade Neustrien. När Eudo tvingats acceptera de förelagda villkoren fortsatte Karl mot germanerna, saxarna och sveberna i syfte att säkra sin nordöstgräns innan han gav sig på Akvitanien. År 725 befann han sig i krig vid Donau då han fick höra om Anbacas framryckning uppför Rhône.

Eudo, som inte visste något om Karls avsikt att ta makten i hela Gallien, förstod dock hur ömtålig hans egen situation var. Han vägde därför mellan frankerna i Neustrien och muslimerna i Spanien. För att säkra den södra gränsen tog han kontakt med en berberpotentat vid namn Othman ben abi

Neza, vars rike låg på Pyrenéernas nordsluttning. Han säkrade en allians med honom genom att gifta sig med hans dotter Lampagie som var en synnerligen vacker flicka. Abd-ar-Rahman, som var guvernör i Spanien, förstod att Eudo inte samtidigt kunde försvara både sin sydliga och sin nordliga gräns och drog därför i fält för att bestraffa den rebelliska Othman. År 731 jagade han Othman upp i bergen där denne för att undvika att bli gripen störtade sig utför ett stup. Lampagie sändes på grund av sin skönhet till Damaskus för att förgylla kalifens harem.

När Eudos muslimske allierade nu var borta beslöt Abd-ar-Rahman att invadera Akvitanien. Hans avsikt var säkerligen begränsad till plundring och inte till att betvinga Frankrike. Likväl verkar det som om det någonstans i hans huvud fanns en tanke på att försöka ”förena Italien, Tyskland och grekernas välde med de redan mycket omfattande landområden som kontrollerades av Koranens försvarare”.[18] Han samlade sin armé kring Ebros övre lopp, tog vägen mot Pamplona, gick över Bidassoa vid Irun och ryckte fram in i Gascogne. Hans armé kan inte ha varit stor eftersom vi läst att den marscherade i en kolonn. Medan den rörde sig mot norr sändes en oberoende styrka för att slå mot Arles för att på det sättet förvilla fienden och sprida terror i Akvitanien.

Eudo drog sig mot Bordeaux där han mötte Abd-ar-Rahman och besegrades i grunden. Staden stormades, plundrades och brändes. Med Garonnedalen bakom sig fortsatte Abd-ar-Rahman mot norr och gick över Dordogne och plundrade och massakrerade på sin väg. För att få bättre utbyte av sina plundringar delade han upp sin armé i flera kolonner och gick mot Tours. Han hade nämligen hört att dess kloster ägde väldiga rikedomar. Vid Poitiers, omkring hundra kilometer söder om Tours, fann han vid ankomsten stadsportarna stängda. Han inneslöt då staden och fortsatte framryckningen.

Sedan Karl hade avslutat sina saxiska erövringar och dem i Donauländerna anlände han till Neustrien, varifrån han år 731 gick över Loire och ödelade Berri. Då Eudo nu var belägen mellan två fronter hade han knappast något annat val än att vända sig till Karl. Han skyndade sig därför till Paris för att utverka stöd, vilket han också fick på villkor att han underställde sig frankisk överhöghet. I spetsen för en hord av kämpar tog Karl sig över Loire, troligen vid Orléans. Abd-ar-Rahman, vars armé nu var överlastad med byte, drog sig tillbaka till Poitiers.

14. Hunnernas och muslimernas invasioner av Frankrike, år 451 och 732

Vi vet inte så mycket om Abd-ar-Rahmans militära organisation, förutom att huvuddelen av hans soldater var morer och att de flesta var beridna. Pilbåge använde de inte i någon större utsträckning utan deras vapen har varit lans och svärd, och något kroppsskydd bar de sällan. Det är känt att många mulor följde med de stridande soldaterna. Det är dock troligt att dessa djurs huvudsakliga uppgift var att bära bytet från plundringarna och inte att föra fram underhåll till soldaterna. Armén levde på landet där den drog fram och åtföljdes av en pöbelhop av banditer. I arméns taktik betraktades soldaterna som en förbrukningsvara eftersom de endast utnyttjades i rasande anfall rakt fram.

Om den frankiska armén har vi bättre information. Till skillnad från goterna förlitade sig frankerna helt på infanteriet. Det var uppdelat på två typer av män, dels generalens egen härskara, som ständigt måste hållas igång då plundring var den enda ersättning soldaterna fick, dels lokala uppbåd, en sorts milis som bestod av illa utrustade och illa beväpnade män. Generalens härskara hade fått utbildning under många krig men uppbåden var inte mycket mer än furagerare. Hela organisationen var ytterst primitiv och kunde bara hållas samman så länge det fanns föda. Då sådan saknades upplöstes armén.[19] Den saknade så gott som helt disciplin. Saker och ting förhöll sig i huvudsak på samma sätt som under Gregorius av Tours tid då denne skrev: ”Vad skulle vi kunna göra? Ingen fruktar kungen, ingen fruktar hans hertig, ingen respekterar hans greve, och om någon av oss händelsevis försöker förbättra sin ställning och auktoritet, då sprider sig genast upprorsandan inom armén och myteriet är över oss.”[20]

Det verkar som om den frankiska armén sällan använde sig av hästar. Endast adelsmännen gjorde det och då endast under förflyttning. Kroppsskydd var på väg tillbaka, vilket visas av att biskop Sagettarius år 574 anklagades för att gå i strid ”beväpnad inte med det himmelska korset utan med en världslig harnesk och hjälm”, och år 585 räddades Gundovald Ballomer från ett spjutkast genom sin ringbrynja.[21] Skölden var allmänt förekommande och de vapen som användes var svärd, dolkar, spjut och två slags yxor, en för att hugga med och och den andra för att kasta – en *francisca*.

Även om taktiken var mycket enkel förstod Karl, som var en bra general, vad som var fiendens svaghet. Enligt Gibbon skrev han till Eudo:

> Om ni följer mitt råd ska ni inte avbryta deras marsch eller påskynda ert anfall. De är som en strid fors som är farlig att stämma i sitt lopp. Deras hunger efter rikedomar och medvetenhet om sina framgångar fördubblar deras tapperhet, och tapperhet är till större nytta än vapen och stort antal. Invänta därför lugnt tills de har överlastat sig själva med välståndets bördor. Allt som de har stulit och fört med sig kommer att splittra dem vid deras rådslag och därigenom bana vägen för er seger.[22]

Att Karl plötsligt uppenbarade sig på platsen var förvirrande för muslimerna. Nu var de nämligen så överlastade med byte att de hade förlorat sin rörlighet. De var så nedtyngda att Abd-ar-Rahman övervägde att göra sig av med allt det de plundrat vilket de dock inte gjorde, kanske för att hans män skulle ha vägrat att lyda honom och kanske också för att Karl inte pressade honom. Det berättas nämligen att de två arméerna stod mitt emot varandra under sju dagar. Vad som hände under detta stillestånd är uppenbart: Abd-ar-Rahman förde sitt byte från plundringarna mot söder och Karl avvaktade ankomsten av sitt uppbåd.

Om själva slaget finns endast få detaljer. Vi vet inte ens var det utkämpades, men den tidpunkt som anges är oktober 732. Arméerna mötte troligen varandra i närheten av Tours där de utkämpade mindre strider under en kortare period. Därefter drog sig Abd-ar-Rahman tillbaka mot Poitiers[23], och då han konstaterade att hans byte inte hade kommit längre söderut beslöt han sig för att strida för att täcka förflyttningen.

Eftersom muslimerna var en renodlat offensiv styrka som saknade defensiv förmåga var Abd-ar-Rahman tvungen att anfalla vilka förutsättningarna än var. Karl var väl medveten om detta och hade grupperat sin armé i en kompakt fylking vars kärna bestod av de frankiska soldaterna. Isidore de Béja kallar den för en armé av européer (*Europenses*) därför att den var sammansatt av män som talade många olika språk.

Som alltid öppnade muslimerna striden med ett våldsamt kavallerianfall som upprepades gång på gång, men den frankiska fylkingen stod emot väl. En krönikör berättar: ”Männen från norr stod orörliga som en sammanfrusen isvall och de slog ner araberna med sina svärd. Kämparna från Austrasien kom i stort antal och högg friskt in i striden och fann och dödade saracenernas kung.”[24] Det verkar som om Eudo och hans aquitaner mot kvällningen lyckades ta sig runt en av muslimernas flanker och sätta in ett anfall mot Abd-ar-Rahmans läger där fortfarande huvuddelen av hans byte fanns lagrat. Muslimerna drog sig tillbaka och först då upptäcktes att Abd-ar-Rahman hade dödats. Det blev natt och slaget slutade.

Följande morgon ställde Karl åter upp sin armé för att möta ett andra anfall. Hans spanare rapporterade då att muslimernas läger var övergivet. Tydligen hade muslimerna och morerna gripits av panik när de fann att deras ledare var död och sedan flytt mot söder och lämnat kvar huvuddelen av sitt byte.

Karl tog inte upp förföljandet och skälen till detta är uppenbara. Han kunde för det första inte förfölja en beriden styrka, för det andra hindrade allt det byte de nu övertagit dem från att göra det och för det tredje var det inte Karls avsikt att helt befria Eudo från trycket från muslimerna. Det var trycket mot honom från söder som gjorde det möjligt för frankerna att bibehålla greppet om Akvitanien. Följaktligen samlade han ihop bytet och drog tillbaka över Loire. För eftervärlden blev han känd som Karl Martell – ”Hammaren”.[25]

Beträffande förlusterna har det lämnats fantastiska uppgifter. Upp till 360 000 muslimer skulle ha dödats och Karls förluster har uppgivits till 1 500. De styrkor som stred var troligtvis inte särskilt omfattande. Den bedömningen kan göras eftersom ingen av de båda sidorna disponerade någon underhållsorganisation och utan en sådan skulle det ha varit omöjligt för hundratusentals mannar att stå mot varandra i sju dagar utan att svälta. Om resultatet av detta berömda slag skriver Gibbon:

> Ett segerrikt fälttåg hade fört saracenerna ända till Loires stränder, mer än 1 600 kilometer från Gibraltarklippan. En upprepning av detta skulle ha fört dem till Polens gräns och Skottlands högländer. Rhen är inte svårare att ta sig över än Nilen eller Eufrat och den arabiska flottan kunde utan att ha mött något större motstånd ha seglat ända till Themsens mynning. Kanske hade man vid Oxfords skolor nu lärt ut Korantolkning, och eleverna där hade fått påvisa heligheten och sanningen i Muhammeds uppenbarelser för ett omskuret folk.[26]

Detta undergångsscenario har redan avfärdats flera gånger. Som så ofta sker har dock den kritiska pendeln svängt alltför långt åt det andra hållet. Även om Karls seger inte kan jämföras med Leos var den ett av de avgörande fältslagen i Europas historia även om det endast kom att utgöra epilogen till Leos mästerverk. Om Konstantinopel hade fallit år 717 hade det muslimska trycket i öster utan tvekan stimulerat till fortsatta muslimska erövringar i väst. Om denna tanke accepteras följer att det var Leo, i lika stor utsträckning som Karl Martell, som räddade Frankrike. Men det var ett berberuppror i Marocko som avbröt den fortsatta muslimska expansionen i väster. Orsaken till detta uppror var i korthet följande:

Ungefärligen vid tiden för slaget vid Tours utbröt det missnöje inom det arabiska väldet. Även om araberna var förenade genom islam bibehöll de sina släktfejder och stammar och kände starkt för stamtillhörigheten och med den följde de gamla stamstriderna. Den viktigaste var kanske den mellan mahditer och yemeniter. De förra representerar de ursprungliga nordliga stammarna och de senare de ursprungliga sydliga arabiska stammarna. Mecka tillhörde de förra och Medina de senare. När mahditerna fick övertag vägrade Afrikas berber att lyda dem. De gjorde uppror och hela det område som idag är Marocko bröts loss. Till följd av denna kamp blev huvuddelen av Spanien en oberoende morisk nation, de kristna kungadömena León, Kastilien och Navarra, hertigdömet Barcelona bildades och i Afrika skapades utan någon egentlig plan ett antal oberoende stater. Den viktigaste konsekvensen av detta uppror omedelbart efter Abd-ar-Rahmans död vid Tours var dock att de arabiska ledarna i Spanien blev avskurna från kalifen i Bagdad, och på grund av revolten i Marocko hade de inte längre möjlighet att rekrytera till sina berberarméer. Då dessutom plundring var det huvudsakliga skälet för berberna att stanna kvar i armén kom Karls seger att i hög grad bidra till den allmänna villervallan.

Den verkliga betydelsen av slaget vid Tours återfinns dock på ett annat område. Det var inte bara det att Karls seger räddade Västeuropa från arabiskt styre, och därigenom förhindrade att Koranen blev föremål för studier vid Oxford, utan den gjorde också Karl till ensam härskare i Gallien, och därigenom kunde han bli den förste i sin egen dynasti. Eller som H. Pirenne skriver: ”Utan islam hade det frankiska kejsardömet troligen aldrig kommit till och Karl den store är knappast tänkbar utan Muhammed.”[27]

Eudo dog 735 i en ålder av 66 år. Karl tågade in i Akvitanien och tvingade hans två söner att underkasta sig. Under fyra år bedrev Karl därefter flera fälttåg mot muslimerna i Rhônedalen och underminerade därmed deras position så totalt att de några år senare för gott drog sig tillbaka söder om Pyrenéerna.

Under alla dessa krig var Karls största problem ständigt hur han skulle kunna avlöna sin armé. Det rådde brist på pengar, och då det romerska skatteindrivningssystemet hade upphört att fungera i det allmänna kaos som uppstått återstod två alternativ: plundring eller konfiskering av land och lantegendomar. Eftersom många av de senare ägdes av kyrkan hände det ofta att Karl fick lägga beslag även på dem för att belöna sina oroliga vasaller. Detta innebar att han kom i konflikt med påvedömet. Hur våldsam den konflikten var kan bedömas utifrån alla de historier som finns kring hans namn. Gibbon skriver: ”Hans förtjänster glömdes snabbt bort” och endast ”hans helgerån fanns kvar i minnet” efter hans död år 741.[28] Redan efter några år kom därför kyrkliga skribenter att hänföra många av hans framgångar till hans sonson, Karl den store – Charlemagne.

Sex år före slaget vid Poitiers och under många år därefter försiggick en ännu häftigare tvist mellan påvedömet och Leo III. Tvisten föranledde påven Gregorius III att år 739 vädja till Karl och erbjuda honom den betydelsefulla men likväl oklara titeln romersk konsul. Denna tvist var den första frukten av Konstantinopels belägring.

Belägringen hade i hög grad ökat Leos prestige och han utnyttjade den genast för en rad reformer utifrån vilka ett nytt östligt kejsardöme bildades. Han var inte bara sin tids skickligaste general utan även dess största statsman. Han visste inte endast hur man vinner ett krig utan även hur man vinner den efterföljande freden. De reformer han införde faller inom tre huvudkategorier: den militära, den civila och den religiösa, och de var alla långtgående. Armén omorganiserades i grunden och en polisstyrka skapades, rättsväsendet reformerades totalt och lag och ordning blev rådande. Hela det finansiella systemet fick en ny organisation och industri, jordbruk och handel uppmuntrades. Leo förstod att det inte var möjligt att genomföra dessa reformer i de italienska provinserna och beslöt därför att Italien fick sköta sig självt. Detta fick en trefaldig effekt. Det öppnade Rom för langobarderna, det underlättade för Leo att genomföra sina religiösa reformer och detta tillsammans lade påvedömets förbannelser på hans axlar och vidgade gapet mellan den östliga (ortodoxa) kyrkan och den västliga (katolska).[29]

Det kan tyckas egendomligt, men det var Leos kontakt med islam som påskyndade och formade hans religiösa reformer. Han var en sökande man som inte drog sig för att hämta lärdomar från sina fiender. Han konstaterade att muslimernas framgångar hade sin grund i hög moral, sträng disciplin och framför allt i en fanatisk tro på Guds enhet, en Gud som inte hade några rivaler. Då han sedan tittade på sitt eget folk, vad fick han då se? Iorga säger att "det som saknades i ett samhälle som så länge hade varit vant vid att styras på ett autokratiskt sätt var autokraten".[30] Denna brist avsåg han att lösa genom att reducera kyrkans enorma makt och privilegier. Den metod han tänkte använda sig av var att förbjuda dyrkan av bilder, ikoner och reliker och därigenom befria folket från prästernas och munkarnas förtryck. Denna bilddyrkan var deras bästa redskap för att hålla massorna under kontroll och plocka dem på pengar.

Detta blev inledningen till en stor och omstörtande kyrklig kontrovers. Det var ett ytterst komplicerat problem eftersom det hade lika stora politiska som kyrkliga konsekvenser. Det måste förstås mot bakgrund av att klostren med sina väldiga jordegendomar var befriade från skatt, att utbildningsväsendet låg i deras händer och att antalet munkar har bedömts till 100 000.[31] Då alla dessa improduktiva människor undanhölls industrin, hantverket och jordbruket skadades dessa näringar och armén undanhölls tusentals nya rekryter. Kejsardömets asiatiska provinser var vidare starkt ikonoklastiska och till följd av detta uppstod religiösa konflikter med de europeiska delarna.

Det första ediktet mot bilddyrkan utfärdades inte förrän år 726, och även om det inte fick avsedd effekt var det ett välgörande slag mot de svartkonster som höll på att ersätta religionen. Ediktet möttes genast av starkt motstånd från påvedömet, vilket vid tiden för Leos död den 18 juni 740 resulterade i att han i den ortodoxa historieskrivningen knappast skildrades positivare än en saracen. Denna strid fick ändå djuptgående inflytande på både krig och fred. Det bysantinska kejsardömet fick nytt liv och denna livskraft kunde det bibehålla under mer än tre hundra år. Under denna tid blev det en plats där kulturen kunde övervintra för att senare överföras till Västeuropa.

Leo och Karl kom därför att stå som faddrar till viktiga historiska förändringar som aldrig skulle ha inträffat om den ene förlorat Konstantinopel och den andre blivit besegrad vid Tours. De åtskildes av 2 500 kilometer av barbarisk okunnighet men de påverkade gemensamt historien liksom deras liv sammanföll. Båda trädde fram ur kaos och båda vann stora segrar över en gemensam fiende. Den ene räddade öst och den andre lade grunden för ett nytt kejsardöme i väst.

KRÖNIKA

Kejsardömets pånyttfödelse i Västeuropa

År 751 avsatte Pippin den lille, som tio år tidigare hade efterträtt sin far Karl Martell som rikshovmästare, den orkeslöse Kilderik III med påven Zacharias välsignelse och kröntes av S:t Bonifatius ”Gratia Dei Rex Francorum”. Inte långt därefter kröntes han på nytt av påven Stefan II och tilldelades samtidigt titeln ”Romarnas patricier”. På detta sätt kom merovingernas dynasti att efterföljas av karolingerna. Av tacksamhet för den stora makt som tilldelats honom drog Pippin i fält mot langobarderna, tog ifrån dem det östromerska ståthållarskapet, vilket han överlämnade till påven, och skapade därigenom den påvestat som varade till 1870.

Pippin dog den 24 september 768 och efterträddes av sina två söner, Karl och Karloman. Vid den senares död år 771 blev den förre ensam härskare i frankernas land och skulle bli känd i historien som Charlemagne eller Karl den store.

Han var stor både till kropp och själ och uppfylld av tanken att förena alla folk i väst till ett stort kristet kejsardöme. Vid slutet av sin regeringstid styrde han från Östersjön till Tibern och från Elbe och Böhmerwald till Atlanten och Pyrenéerna.

För att kunna behålla makten över alla dessa olika folk i detta väldiga rike utnyttjade sig Karl av ett system med befästa posteringar. Varje distrikt var så att säga inringat med bålverksförsedda ”borgar” som kunde utnyttjas som stödpunkter för rörliga styrkor. Han betonade kvalitet före kvantitet och då hans styrkor huvudsakligen bestod av kavalleri blev de lägre samhällsklasserna befriade från krigets bördor. De fotsoldater som han utnyttjade bestod inte som tidigare av en hop beväpnad med klubbor och jordbruksredskap utan utgjorde en välutrustad styrka beväpnad med svärd, spjut och båge.

Vidare var varje greve tvungen att förse sina ryttare med sköld, lans, svärd, båge och dolk. Karl insåg att ingen armé var verkligt rörlig så länge den var beroende av furagering och inte hade förmåga att storma stadsmurar. Han organiserade därför två särskilda trängavdelningar, en för belägring och den andra för underhåll.

I dessa förändringar ser vi de första tecknen på en ny militär ordning – den feodala – som erbjöd den säkerhet som var nödvändig för att kristendomen skulle kunna få fäste och börja växa. Men eftersom kyrkan svarade för det eviga och den feodala staten endast representerade det timliga, följde att total religiös dominans endast var möjlig när kriget, liksom freden, fördes enligt kyrkans regler. Ur denna kamp om dominans framväxte den medeltida uppfattningen om kriget som en tvekamp i vilken kyrkan fungerade som Guds domare. Krig var inte förbjudet, inga försök gjordes heller att förbjuda det. Krig uppfattades som en del av det mänskliga beteendet, som en konsekvens av arvsynden vilken utgjorde ett stöd för kyrkans makt. Därför kunde krig endast begränsas och lindras genom att krigaren kristnades och förädlades och genom gränser för dess varaktighet.

Kriget är en skola i heroism eftersom kriget lär män att dö som tappra krigare. Detta var det hedniska idealet. Eftersom döden föregår det eviga livet måste kriget också vara en skola i rättfärdighet, annars kan döden bara leda till evig fördömelse – sådan är den kristna synen. Därigenom förvandlas den klassiske soldaten till en idealiserad kristen riddare som ”förenar”, som Lecky skriver, ”krigarens kraft och eld med något av ett kristet helgons ömhet och ödmjukhet ... och även om detta ideal, liksom alla andra, var en fantasiskapelse som sällan förverkligades i det verkliga livet förblev det dock den modell för uppträdande i krig som många generationer strävade efter”.

När kämpen nu hade förädlats blev nästa uppgift att begränsa hans aktiviteter genom sanktioner och regler. Det första steget i detta syfte blev att instifta ”Guds fred” (*Pax Dei*), ett begrepp som för första gången hördes år 990. Dess syfte var att skydda kyrkliga byggnader, präster, pilgrimer, kvinnor och bönder från krigets härjningar. Den kom även att gälla för boskap och jordbruksredskap. De medel som fanns för att framtvinga denna fred bestod i religiösa sanktioner – bannlysning och interdikt – och även om resultatet blev magert fick dessa sanktioner till följd att angriparen i kristendomens ögon stämplades som den skyldige.

Krigets förädlande förde med sig ytterligare två begränsningar. Den första var att kriget blev en verksamhet främst för aristokrater eftersom endast förmögna män i hög ställning hade råd att skaffa sig kroppsskydd. Och eftersom bärandet av kroppsskydd framtvingade strid på nära håll blev bruket av kastvapen begränsat och som följd av det minskade förlusterna. Många av fältslagen under denna period var egentligen inget annat än snabba skärmytslingar mellan mindre grupperingar av bepansrade riddare som sökte kamp man mot man för att visa sitt värde som kämpar, snarare än sin förmåga att nedgöra fienden. Målet var att kasta motståndaren av hästen snarare än att döda honom, och att sedan utkräva en lösensumma. Kort sagt var slagen knappast något annat än tornerspel med blanka vapen där vinsten var en lösensumma.

Den andra var ett försök från kyrkan att begränsa användandet av avståndsvapen som var ägnade att proletarisera kriget. Exempel på ett sådant vapen var armborstet. Ursprunget till detta vapen är okänt men det förefaller ha kommit i bruk i början av 1000-talet. Det var det dödligaste avståndsvapnet före introduktionen av långbågen. Dess användning förbjöds år 1139 av den andra lateransynoden – dock ej mot otrogna. Straffet för användning av ”detta vapen som hatades av Gud och var olämpligt för kristna att använda” var bannlysning. Trots detta kom det, med undantag för England, i ganska allmänt bruk.

Det är viktigt att ha dessa begränsningar i åtanke när man betraktar krigen under denna period. Även om, som sir Charles Oman framhåller, Karl den stores makttillträde markerar början av en ny epok inom krigskonsten var denna epok huvudsakligen romantisk. ”Hjälten i Europas föreställningsvärld var”, som Lecky framhåller, ”inte längre en enstöring utan en kung, en krigare, en riddare”. Asketernas och martyrernas tidsperiod vittrade snabbt ner och ersattes av ridderskapets period.

Denna romantiska föreställningsvärld uppmuntrades genom Karls stora erövringar som hade höjt honom över de nationella kungarnas begränsade horisonter. Hans självpåtagna mission att omvandla hela den germanska världen till ett kristet kejsardöme förutsatte att hans auktoritet antog en teokratisk och universell form. ”Om den kristna läran”, framhåller professor G.L. Burr, ”skulle erövra världen måste den politiska makten följa efter.” Därför krävdes två krafter – en andlig och en världslig. Den ena fanns redan, den andra måste skapas, och som så ofta sker när det krävs en radikal förändring kom den att genomföras genom en olyckshändelse.

I april 799 flydde påven Leo III, som anklagades för äktenskapsbrott och mened, till Karls hov i Paderborn varifrån Karl sände honom tillbaka till Rom där han återinstallerades i sitt ämbete. Då detta förargade det antipåvliga partiet reste Karl hösten 800 till Italien för att lösa denna tvist. Iklädd en patriciers röda kappa inträdde han på juldagen i Peterskyrkan och knäböjde framför altaret, varvid Leo tog en krona från altaret och placerade den på hans huvud. Folket började då ropa: ”Var hälsad Karl, vår Augustus, krönt av Gud, romarnas stora och fredsbringande kejsare.” Efter detta uttryck för tillgivenhet gav Leo honom de hedersbetygelser som tillkom de bysantinska kejsarna och utropade honom till kejsare och Augustus. Därigenom blev Kristi födelsedag även födelsedagen för det nya västliga romerska imperiet.[1]

Denna plötsliga kröning kom som en total överraskning för Karl och även om de frankiska annalerna inte ger något skäl kan det antas att det var Leos tack för de tjänster Karl hade gjort honom. Det må vara hur det vill med det men det innebar att Karl upphöjdes från ställningen som frankisk kung till kristenhetens vigde herre. Sedan långa tider hade makten över den tro som representerades genom påven varit odelad. Från denna dag låg också den världsliga makten över denna tros område odelad hos kejsaren. Denna kröning kom att få mycket stora konsekvenser. Den var, som Bryce säger, ”medeltidens centrala händelse”.

Karls kejsardöme överlevde inte hans död, och dess upplösning och till sist återuppståndelse kom att starkt påverkas av två etniska omvälvningar: vikingarna[2] på 800-talet och magyarerna på 900-talet. De senare var ett Ural-altajiskt folk som år 895 intog området kring Tiszas övre lopp. Därigenom åtskiljdes de nordliga slaverna från de sydliga och de västliga från de östliga, vilket förändrade den europeiska historiens förlopp. Mellan 907 och 955 utgjorde de ett gissel och en terror för det centrala Europa.

Den anarki som följde på dessa etniska förflyttningar tillsammans med vikingarnas och slavernas härjningar resulterade i att västra Frankland återgick till sin stamuppdelning i Sachsen, Bayern, Franken, Schwaben och Thüringen, var och en under sin egen hertig. Även om dessa hertigdömen tenderade att bli självständiga kungadömen kunde de inte helt frigöra sig från en central regering. Det oaktat fortsatte anarkin till år 918 då Konrad I

(911–918) – som då till namnet var kung i Tyskland – erbjöd kronan till Henrik I (919–936), son till Otto den lysande som var hertig av Sachsen och den ende som kunde gripa sig an den stora oordningen.

Henrik var en skicklig soldat och en utmärkt statsman. Han underkuvade Schwaben och Bayern, annekterade Lorraine, drev tillbaka slaverna och magyarerna och förenade slutligen hela Tyskland. Vid sin död år 936 efterträddes han av sin son Otto I (936–973) som är känd som den store och var svåger till kung Athelstan i England. År 955 trängde Otto tillbaka magyarerna vid Lechfeld intill Augsburg och därefter tvingade han invånarna i Böhmen, slavernas starkaste stat, att betala skatt till honom. År 961 kallades han till Rom av påven Johannes XII som behövde hans hjälp. Den 2 februari 962 kröntes Otto i Rom av Johannes och sedan de vanliga artigheterna och löftena hade utväxlats mellan dem förklarade Johannes sig som hans undersåte. Roms medborgare svor därefter att i framtiden skulle ingen påve väljas utan kejsarens samtycke. Genom att makten över Tyskland och Italien på detta sätt överläts till en tysk furste skapades det Tysk-romerska riket, det namn under vilket det blev känt under kommande århundraden. Det blev en fortsättning på Karls kejsardöme, eller som Bryce säger: ”inte endast en fortsättning efter ett interregnum utan snarare ett andra och ett nytt grundande av den kejserliga tronen i väst”.

Innan dessa förändringar genomförts hade vikingarna – havets vagnfolk – trängt uppför Västeuropas floder. Även om deras första räder kom i början av Karl den stores regeringstid var det inte förrän efter hans död som de blev mer och mer respektingivande. År 850 drog Skandinaviens hela manliga befolkning till sjöss och det halva århundrade som följde var ett av de mörkaste i Europas historia.

Dessa vikingatåg, som förde dem så långt som till Novgorod, Sicilien, Island, Grönland och Amerika, stimulerade i hög grad den militära organisation som grundats av Karl. Eftersom illa beväpnade uppbåd var oanvändbara mot dem blev yrkessoldater nödvändiga, och eftersom endast beridna soldater kunde hålla jämna steg med vikingarna gick den militära makten mer och mer över i adelns händer. Ur denna bekymmersamma tid kom därför ett fullständigt feodalt samhälle som grundades på den beridna riddaren att växa fram. Bara England valde att gå en annan väg. Kung Alfred (871–900) satte inte upp ett eget kavalleri utan byggde, vid sidan av de fortifikationer som han också förlitade sig på, en flotta och slog vikingarna i deras eget element. Detta ledde till att engelsmännen i fortsättningen kom att lita till infanteriet, medan kavalleriet blev det dominerande vapenslaget på kontinenten.

Av alla dessa vikingaräder fick de mot England och norra Frankrike de största framtida konsekvenserna. De började i båda fallen som plundringsräder men övergick successivt i bosättningar för att slutligen övergå till erövringar. De mot England, som inleddes i slutet av 800-talet, slutade med att England knöts till Danmark under kung Knut (995–1035) som en del av hans skandinaviska välde. De mot Frankrike inleddes år 896 när en vikingahövding vid namn Rollo eller Rolf kom till detta land. För en tid kämpade han mot Karl den enfaldige (893–929). Karl, som inte lyckades besegra honom, slöt i stället ett fördrag år 911 i Saint Clair-sur-Epte i vilket han gick med på att till Rollo och hans efterkommande avstå ett område vid Seines nedre lopp på villkor att de lät döpa sig och Karl svor själv en trohetsed till Rollo. På detta sätt skapades hertigdömet Normandie som senare, år 933, utsträcktes till Bretagnes gräns. Scenen var nu iordningställd för den kommande striden mellan Normandie och England.

De händelser som ledde till detta klimax kan sammanfattas på följande sätt:

Flera historiker antar att Ethelred II den rådlöse (utan råd) år 1013 gifte sig med Emma, som var syster till Rollos sonsonson Rickard II av Normandie, i syfte att säkra hamnarna i Normandie från danskt inflytande. Under den danske kungen Sven Tveskäggs invasion i England år 1013 flydde Ethelred, hans hustru och två söner, Alfred och Edvard, till Normandie där de blev vänligt mottagna av Rickard. Några veckor senare dog Sven, och då Ethelred återvände till England fann Knut, den yngre av Svens båda söner, att han inte var redo att möta honom utan återvände med sin flotta till Danmark för att förstärka sina styrkor. År 1015 kom Knut tillbaka och inom fyra månader efter sin landstigning var han fast etablerad i Wessex. När Ethelred dog året därpå fortsattes kriget mot danskarna av Edmund Järnsida som var son till Ethelred och dennes första hustru Aelfgifu. Efter sex slag besegrades Edmund slutligen 1016 vid Ashingdon (Assandun) och träffade en överenskommelse med Knut. Enligt den fick Edmund behålla Wessex medan hela England norr om Themsen skulle gå till Knut. Detta avtal var kortlivat eftersom Edmund dog den 30 november. För att undvika ett återupptagande av kriget accepterade västsaxarna Knut som kung över hela England. Edmunds två unga söner, Edmund och Edvard, landsförvisades då av Knut och för att undgå att bli mördade flydde de till Ungern. Året därpå träffade Knut ett avtal med Rickard av Normandie för att hindra honom från att vidta åtgärder för sina systersöner – Ethelreds och Emmas två söner – och Knut gifte sig därefter med Emma.

Knuts välde omfattade kungarikena England, Danmark och Norge och vid hans död år 1035 delades hans rike, liksom Karl den stores, mellan hans tre söner. Sven fick Norge, Hardeknut Danmark och Harald Harfot England. Förstnämnda och sistnämnda var Knuts söner med frillan Aelfgifu från Northampton och den andre hans legitime son med Emma. Därför hade vad successionen anbelangar Hardeknut större rätt än Harald till Englands tron. Men det fanns andra som ansåg sig ha lika stor eller större rätt till tronen, nämligen sönerna till Edmund Järnsida samt Ethelreds och Emmas söner. De förra befann sig långt borta i Ungern och de senare åtnjöt inte längre den vänlige Robert I:s beskydd. Han hade efterträtt Rickard II år 1028 och dött år 1035, samt hade överlåtit sitt hertigdöme till sin son Vilhelm som senare skulle bli känd som Erövraren. Eftersom denne ännu inte var åtta år gammal och hans hertigdöme var splittrat hade han knappast någon möjlighet att ingripa till förmån för Alfred och hans bror.

För att slutgiltigt lösa frågan om tronföljden samlades en herredag i Oxford. Efter många stridigheter under herredagen valdes Harald men kröntes inte. För att dra nytta av denna oenighet landsteg Alfred, med stöd av Baldwin V från Flandern, i England. På sin väg mot London möttes han av Godwin, greve av Wessex, som hade varit en av Knuts närmaste män Godwin hälsade först Alfred på ett vänligt sätt men under natten tog han honom och hans följe till fånga och sände dem till London där Harald lät blända Alfred på ett så brutalt sätt att han strax därefter dog. Harald blev därefter åter vald och erkändes som kung och Emma utvisades och fick skydd hos Baldwin i Flandern.

Harald dog 1040 och herredagen valde då enhälligt Hardeknut till kung. Tidigare hade han inte ställt några krav på att bli kung eftersom Danmark hotades av Magnus den gode i Norge, som hade efterträtt Sven år 1036. Det var inte förrän en överenskommelse träffats mellan dessa två som Hardeknut var fri att vända sin uppmärksamhet mot England. Överenskommelsen stadgade att om någon av de två dog utan arvinge skulle hans kungarike övergå till den överlevande. Hardeknut landsteg vid Sandwich omkring den 17 juni 1040 och blev väl mottagen och hyllad som kung.

Eftersom Hardeknut var ogift och barnlös inbjöd han år 1041 sin halvbror Edvard, som fortfarande befann sig i Normandie, att återvända till England, vilket uppfattades som ett underförstått erkännande av Edvard som tilltänkt tronarvinge. Ett år senare, den 8 juni, dog Hardeknut och *Anglo-Saxon Chronicle* berättar: "innan han var begravd valde allt folk Edvard till kung i London". Det var dock inte förrän på påskdagen, den 3 april 1043, som ärkebiskop Eadsige i Winchester vigde honom som kung.

Edvard, som senare fick tillnamnet Bekännaren, var inte bara till hälften av normandiskt blod utan normand i hela sin uppfostran eftersom han levt i hertigdömet sedan 1013. Hans följe var normandiskt och han omgavs av normandiska präster och övrigt kyrkofolk. Resultatet blev att England snart var uppdelat i två grupper, en proengelsk under ledning av Godwin från Essex och en pronormandisk som stöddes av Leofric från Mercia och Siward från Northumberland. För att stärka sin position gifte Godwin bort sin tredje son, Toste, med Judith som var syster till Baldwin V i Flandern. År 1051 blev det kris och Godwin och hans söner, Sven, Harald, Toste, Leofwine och Gyrth, avsattes och flydde över havet.

Den normandiska gruppens dominans hade knappt hunnit etableras förrän en händelse inträffade som skulle komma att förändra den brittiska historien. Hertig Vilhelm av Normandie, Edvards kusin och endast omkring tjugo år gammal, kom till England. Allt vi vet om detta besök är att han anlände tillsammans med en stor styrka fransmän och att Edvard mottog honom, överöste honom med presenter och sedan skickade honom tillbaka. Men med tanke på situationen i England vid denna tid och att Edvard var barnlös och hade avlagt kyskhetslöfte är det knappast troligt att det endast var fråga om en artighetsvisit. Det är mycket sannolikt att tronföljdsfrågan blev föremål för diskussion och att Vilhelm återvände hem med något slags löfte om den engelska kronan på fickan.

Hur det än förhöll sig förändrades situationen totalt under det följande året. Godwin återvände, fick stöd av folket och Edvard tvingades återge honom hans grevevärdighet. Vidare sägs det att "alla de fransmän som begått orättvisor, utdömt felaktiga domar och lämnat dåliga råd i landet" förklarades fredlösa. Den engelska gruppens seger var fullständig och än en gång restes frågan om tronföljden. Ödet ville att Godwin inte kunde bli det naturliga svaret eftersom han dog år 1053 och grevskapet Wessex övergick till hans son Harald, liksom Northumberland gått till Toste två år tidigare.

Det fanns bara en tronpretendent som passade den engelska gruppens politik och aspirationer: Edmund Järnsidas son Edvard. Hans äldre bror hade dött. År 1054 beslutade man sig för att återkalla honom till England och biskop Ealdred i Winchester sändes till kejsar Henrik III för att verkställa detta. Det hela fördröjdes emellertid och det dröjde ända till 1057 innan han kunde landstiga i England tillsammans med sin hustru och sin minderårige son Edgar. Tronföljdsfrågan verkade nu ha fått sin slutgiltiga lösning, men ödet ville annorlunda. Redan några dagar efter det att Edvard hade stigit iland i England, och innan han hunnit möta kungen, dog han, ”till detta stackars rikes stora olycka”, som krönikan säger.

Slaget vid Hastings 1066

Vilhelm, kallad Bastarden och senare Erövraren och den Store, var oäkta son till Robert I av Normandie och Arlette[1], dotter till en garvare i Falaise. Han föddes troligen i september 1027. När han var sju år gammal begav hans far sig iväg på en pilgrimsresa till det Heliga landet och på sin väg tillbaka dog han i Nicaea i juli 1035. Från denna dag var Vilhelm ständigt omgiven av faror, men när han nådde vuxen ålder visade han snabbt sitt värde. Vid tjugo års ålder besegrade han i närheten av Caen med hjälp av kung Henrik I av Frankrike de upproriska baronerna i Val-ès-Dunes. Han förstörde sedan deras slott och var fram till 1064 ständigt i krig med antingen Anjou, bretagnarna, sina vasaller eller med Frankrikes kung.

Vilhelm kunde hävda sin auktoritet beroende på sin starka och dominerande karaktär, okuvliga vilja och fasta målsättning. Han var stenhård, han kunde vara brutal eller överseende beroende på vad som var gynnsamt för honom själv men var aldrig skonsam om det inte var gynnsamt. Han tolererade inte någon opposition, hans vilja var lag och han accepterade inte att bli motarbetad vare sig av länsherrar, vasaller eller av påven. Han var en skicklig administratör och utmärkt soldat som baserade sin strategi på att slå mot fiendens städer och slott och att ta dem i besittning hellre genom att hota dem än genom anfall. För honom var ödeläggandet och förgörandet en avgörande stridsmetod och han utnyttjade sig av den med förintande effekt. Han visade heller ingen medkänsla med den allmoge som han drabbade. I *Anglo-Saxon Chronicle* berättas:

> Han var mild mot de goda som älskade Gud, och fruktansvärt hård mot dem som motsatte sig hans vilja … Han var också en mycket hård och våldsam man, varför ingen vågade säga emot honom. Han drev biskopar

> från deras biskopssäten, abbotar från deras kloster och satte kungliga vasaller i fängelse och sparade till slut inte sin egen bror [Odo] ... Den säkerhet han skapade inom detta land ska dock inte förglömmas – idag kan varje hederlig man resa i hans kungarike med väskan full av guld utan att lida skada och ingen vågar utöva våld mot en annan oavsett hur mycket ont han gjort honom.[2]

En annan samtida redogörelse lyder:

> Denne kung överglänste i visdom alla andra furstar i hans generation och bland dem alla hade han den största och varmaste själen. Han lät sig aldrig avskräckas från att göra något på grund av det arbete som krävdes och han lät sig aldrig skrämmas av yttre faror. Han kunde så skickligt bedöma den verkliga betydelsen och innebörden av varje händelse att han kunde hantera motgångar, och under goda tider kunde han på bästa sätt hantera falska löften om kommande välgång.[3]

För att stärka sin ställning beslöt han sig för att alliera sig med Baldwin V i Flandern och anhöll därför år 1048 om dennes dotter Matildas hand. Trots att giftermålet rönte motstånd från påven Leo IX på grund av släktskap – vilket förefaller tveksamt – gifte Vilhelm sig år 1053 med henne. Sex år senare fick äktenskapet ett formellt erkännande av påven Nikolaus II, dock mot att Vilhelm och Matilda skulle bygga två kloster i Caen, vilket de samtyckte till att göra.

Året efter det att Vilhelms äktenskap erkänts stärktes hans ställning avsevärt genom Henrik I:s död. Henrik efterträddes av sin minderårige son Filip I, som stod under Baldwins från Flandern förmyndarskap. Denna synnerligen gynnsamma händelse gjorde Vilhelm till potentiell härskare i Frankrike och landets kung var dessutom i händerna på hans svärfar.

Strax efter det att Vilhelm hade förhärjat Maine och 1064 anslutit detta grevskap till Normandie inträffade en oväntad händelse som skulle ge honom stark anledning att kräva Englands krona. Harald, greve av Wessex och nu Edvard Bekännarens närmaste man, avlade ett besök i Frankrike. Det finns i huvudsak två versioner av denna egendomliga episod. Den ena lämnades av William av Poitiers och den andra av William av Malmesbury. Den första lyder:

Edvard ”som älskade Vilhelm som en bror eller son” kände ”att hans sista stund nalkades” och i syfte att göra Vilhelms rätt ”som hans arvtagare ännu starkare ... sände han Harald till Vilhelm för att där bekräfta hans löfte [från 1051?] med en ed". Under sin färd över Engelska kanalen råkade Harald ut för en storm som tvingade honom att landstiga på kusten vid Ponthieu där han greps av greve Guy som satte honom i fängelse. När Vilhelm fick höra om Edvards olycka ordnade han så att Harald blev frisläppt och i Bonneville "svor Harald hertigen tro och huldhet och använde då den heliga ritual som erkänns bland kristna män". Han svor

> först att han skulle vara hertig Vilhelms representant (*Vicarius*) vid sin herres, kung Edvard, hov så länge som kungen levde, för det andra att han skulle utnyttja allt sitt inflytande och sin förmögenhet för att säkerställa att kungariket England efter kung Edvards død skulle övergå i hertigens händer, för det tredje att han skulle förlägga en garnison av hertigens riddare i slottet i Dover och behålla dem där på egen bekostnad, och för det fjärde att han skulle förlägga garnisoner i andra slott i England enligt hertigens önskemål och bekosta deras uppehåll.[4]

William av Malmesburys version lyder: Från Bosham, som då var en betydande hamn i Wessex, for Harald ut på en fisketur, mötte en storm och drev iland på kusten vid Ponthieu. Där blev han genast gripen "och bunden till händer och fötter". För att bli frisläppt övertalade han "en person, som han hade lockat med mycket fina löften", att gå till Vilhelm och informera denne om hans situation och "att han hade sänts till Normandie av kungen för att i egen person bekräfta det meddelande som tidigare överlämnats av personer med lägre ställning". Vilhelm tvingade genast Guy, som var hans vasall, att släppa Harald och Vilhelm tog honom med på en expedition mot Bretagne. Därefter läser vi: "Där vann Harald, som visade både skicklighet och mod, normandens hjärta. För att ställa sig in ännu mer överlämnade han till honom slottet i Dover, som löd under honom, och kungariket England efter Edvards död, vilket allt bekräftades med en ed. Av denna anledning fick han äran att trolova sig med hans dotter, som fortfarande var ett barn, samt fick en bekräftelse på sitt stora fädernesarv."[5]

Båda redogörelserna är tveksamma. Beträffande den förra kan ifrågasättas om det verkligen är troligt att Harald, som vid denna tid faktiskt var en sorts ställföreträdande kung i England, skulle ha gått med på att utföra ett sådant uppdrag. Även om han hade gått med på det hade säkert en så viktig delegation, som sir James Ramsey framhåller, beretts sådant skydd att Guy aldrig hade vågat arrestera honom.[6] Och vad den senare anbelangar förefaller det mycket sannolikare att Vilhelm när han fått reda på Haralds olycka då betraktat det som Guds vilja, och så snart han senare fått Harald under sin kontroll vägrat att släppa honom om han inte svurit en trohetsed samt svurit att han vid återkomsten till England skulle erkänna Vilhelms anspråk på den engelska tronen.

Oavsett hur det förhöll sig råder ingen tvekan om att eden verkligen svors. Det är inte bara så att episoden framställs mycket tydligt på Bayeuxtapeten. Det framgår också, som vi ska se, av att Harald inte gjorde något för att bestrida Vilhelms anspråk när han framförde dem till påven, kejsaren och till hela världen i övrigt. Det troligaste skälet till att han inte gjorde det är att han inte kunde eftersom bevisen mot honom var överväldigande.

Strax efter sin återkomst till England ställdes Harald inför en nationell kris som skulle visa sig vara lika skadlig för honom som hans ed. Att hans bror Toste hade tilldelats grevskapet Northumberland hade aldrig varit populärt. När Toste tillsammans med kungen var i Brentford i början av oktober 1065 hade Yorkshires kungliga vasaller rest sig mot honom, avsatt honom och erbjudit hans greveskap till Morcar, Leofriks barnbarn och bror till Edwin som var greve i Mercia. Morcar accepterade erbjudandet och marscherade mot Northampton där Edwin mötte honom. Harald sammanträffade med rebellerna i Oxford och när Edvard inte lyckades åstadkomma en överenskommelse mellan dem och Toste tvingades han, mot sin vilja, landsförvisa Toste och acceptera Morcar. Toste och hans maka sökte skydd hos hennes bror, Baldwin i Flandern.

Detta var ett svårt bakslag för Harald. Det splittrade Godwins släkt och stärkte ställningen för rivalen Leofriks släkt. Det drev också Toste i armarna på Vilhelms svärfar och allierade.

De ansträngningar Edvard utsattes för under detta uppror tycks ha påskyndat hans slut. I december höll han sitt vanliga julhov i London men den 28:e var han alltför sjuk för att kunna delta vid invigningen av Westminster Abbey. Den 5 januari 1066, alldeles innan han dog, räckte han sin hand till Harald och anbefallde sin maka, sina utländska trotjänare och hela sitt kungarike under hans beskydd. Dagen därpå begravdes han hastigt i sin klosterkyrka och omedelbart därefter sammanträdde de medlemmar av herredagen (*witenagemot*)[7] som fanns i London för att diskutera tronföljden. Inget är känt om överläggningarna men mötets beslut blev att välja Harald.[8] Kungariket stod inför många faror och tiden krävde därför en kraftfull kung. Hot kom från Normandie under Vilhelm, från Norge som nu styrdes av Harald Hårdråde som hade efterträtt Sven, från Toste i Flandern och från Malcolm Canmore i Skottland, hans edsvurne broder. Om herredagen över huvud taget övervägde Edgar, som var barnbarn till Järnsida, måste dess medlemmar genast ha avfört honom eftersom han fortfarande bara var ett barn och Harald var en man i mogen ålder som i det senaste kriget mot walesarna hade visat att han var en bra general. När till detta även fogades Edvards rekommendation fanns det knappast något annat val än Harald.[9]

Nyheten om Edvards död och valet av Harald nådde snabbt Vilhelm i Rouen. Genast, informerar William av Poitiers oss, "beslöt han att med vapenmakt hämnas denna oförrätt och kräva sin arvsrätt med hjälp av krig".[10] Men innan han gjorde det ville han för att inför världens ögon rättfärdiggöra sin krigsförklaring sända en delegation till Harald och formellt kräva att denne stod fast vid sin ed.[11] Här bör vi fastställa de strategiska positionerna för de båda parterna.

Vilhelms ställning var av naturliga skäl stark. Ända sedan hans seger vid Val-ès-Dunes hade hans politik varit att förstärka grevskapets ställning inåt och att säkra det utåt och han hade, som vi har sett, varit mycket framgångsrik. Han hade också i en del fall haft tur. Varje hamn från Schelde till Loire stod antingen under hans kontroll eller kontrollerades av någon av hans allierade.

I öster var han säker genom sin allians med Flandern, i väster genom underkuvandet av Bretagne och i söder genom ockupationen av Maine och genom en annan lycklig omständighet fanns det en till honom vänskapligt inställd regering i Paris. År 1066 – det år då Henrik I dog – dog också Vilhelms värste fiende, Geoffrey Martel av Anjou, och sedan dennes död hade grevskapet plågats av ett inbördeskrig mellan hans två brorsöner. Det innebar att Vilhelm inte hade något att frukta från Anjou under sin planerade erövring av England. Hans internationella ställning hade till sist förstärkts avsevärt genom Haralds tronbestigning eftersom man på kontinenten allmänt betraktade Harald som en troninkräktare och Vilhelm som den förfördelade parten.

Jämfört med Vilhelm kunde Harald knappast vara i en sämre situation än han var. England var splittrat och Harald, som inte hade kungligt blod, kunde inte ens frammana tillräckligt stöd på hemmafronten. De två viktiga grevarna i norr, Edwin och Morcar, hade knappast välkomnat hans tronbestigning. I själva verket vägrade den senare att erkänna den och medan Vilhelm mobiliserade sina styrkor var Harald tvungen att bege sig till York för att få Morcar att acceptera honom som kung. Det gjorde han till namnet genom att gifta sig med hans syster Ealdgyth. Vid sin återkomst till London vid påsk den 16 april erkändes Harald som kung över hela England.

En jämförelse mellan de engelska och normandiska militära systemen visar att Haralds ställning taktiskt sett var nästan lika dålig. Det engelska systemet bestod av två styrkor, hirden eller den nationella milisen och huskarlar. Tydligen rekryterades den förra genom att en soldat per fem mantal ställdes upp – ett mantal (*hide*) var 50 hektar – "varje mantal ger soldaten fyra shilling om dagen och mat för två månader, eller tjugo shilling totalt".[12] Den senare, som ursprungligen var kungens och andra prominenta personers livvakt, hade utvecklats till en mindre styrka eller styrkor av betalda legosoldater vars främsta uppgift i krig var att förstärka hirden. Även om omfattningen av de två styrkorna var tillräcklig för att möta vanliga hot var det svårt att på kort tid koncentrera dem eftersom hirden var utspridd över hela England. Så snart två månaders betalning och proviant var slut fanns ingen annan metod än förnyad betalning (danagäld) och det var synnerligen impopulärt. Även om huskarlarna och huvuddelen av hirden var beriden skedde striden till fots. Det enda exemplet på strid till häst, på det normandiska sättet, slutade år 1055 i katastrof och upprepades därför inte. Den striden har skildrats av greve Ralph av Hereford.[13] De vapen som utnyttjades var spjut, kastspjut, tvåeggade svärd och ohanterliga långskaftade danska yxor – ursprungligen ett vapen som utnyttjades på skepp vid bordning. Bågskytte kom knappast till användning i krig även om det förekom som sport. Sköldar kunde vara runda eller drakformade och hjälm och brynja bars av alla som hade råd.

En annan svårighet som Harald stod inför var att Edvard hade gjort sig av med den lilla flotta han ärvt. Därför hade han ingen att hota med och år 1066 hade han inte heller medel för att bygga upp en ny. Det enda han kunde göra var att rekvirera farkoster och fiskebåtar och tvångskommendera deras besättningar. Som professor Stenton framhåller var mobiliseringen av en sådan flotta en mycket långsam process, "och den tid den kunde vara till sjöss begränsades av att det inte fanns någon som helst organisation för dess fortsatta underhåll".[14] Å andra sidan tycks inte heller Vilhelm vid början av år 1066 ha haft tillgång till några skepp som kunde transportera hästar och han var därför tvungen att börja bygga sådana. Den enda verkligt stora svårighet som han såg framför sig – och det var verkligen en stor svårighet – var att ta sig över Engelska kanalen.

Normandernas militära system var ett helt annat. Varje baron eller biskop hade fått sitt landområde sig tilldelat av hertigen på villkor att hålla och för omedelbar tjänst utrusta ett antal ryttare. Antalet bestämdes av hertigen. På detta kavalleri vilade den normandiska militära makten. Under Vilhelms många krig hade kavalleriet också blivit mycket välfungerande och disciplinerat. Dess viktigaste vapen var lans, svärd och spikklubba och dess skydd var, enligt Bayeuxtapeten, detsamma som engelsmännens. Om normanderna i allmänhet säger William av Malmesbury att "de är av en ras som är van vid krig och som knappast kan leva utan krig. De är våldsamma då de rusar mot fienden och när de inte når framgång direkt genom sin styrka är de beredda att ta till någon krigslist eller även mutor ... de är trogna sina herrar men en mindre förolämpning kan göra dem trolösa".[15]

Det normandiska infanteriet bestod av beväpnade fotsoldater och bågskyttar. De senare var antingen utrustade med den korta normandiska bågen eller med armborst. Vilhelm var själv en mycket skicklig härförare som var väl förtrogen med det kontinentala krigets olika former och visste inte bara hur han skulle upprätthålla disciplinen i sin armé utan även hur underhållet i fält skulle planeras och skötas.

Engelsmännen använde knappast sina borgar[16] som försvarsanläggningar i interna stridigheter. Vilhelm kontrollerade däremot sitt hertigdöme och sina underkuvade områden med hjälp av sådana. Det gjorde att han kunde kontrollera stora landområden med ett minimum av soldater och i stället kunde koncentrera stora styrkor i fält. Det bör dock sägas att på den tiden ansågs två- till tretusen man vara en betydande armé.

Så snart Vilhelm bestämt sig för att utmana Harald förstod han att detta företag knappast kunde betraktas som en feodal fejd mellan herreman och vasall utan att det var att betrakta som ett internationellt företag och därför måste hanteras som ett sådant. På Vilhelms tid var påven och kejsaren de två stora internationella auktoriteterna. Därför var det nödvändigt för honom att få deras godkännande, och om möjligt deras stöd. Hans första steg blev därför att inleda förhandlingar med dem samt att sända delegationer till de stora hoven i Europa för att där få stöd för sina anspråk på den engelska kronan. Genom den stora diplomatiska skicklighet som hans rådgivare och förtrogne, den lärde Lanfranc, prior i Bec, visade vann han stöd från ärkediakonen Hildebrand (senare påven Gregorius VII) som i sin tur övertalade påven Alexander II att välsigna det normandiska företaget och sända Vilhelm ett helgat baner. Från kejsar Henrik IV fick Vilhelm löfte om tysk hjälp om han skulle behöva den och Sven Estridsson, danernas kung, lovade honom också sitt stöd, men det löftet höll han aldrig.[17] Även om Harald måste ha underrättats om alla dessa förhandlingar försummade han att göra några invändningar då Vilhelms framställning var under behandling hos påven.

Vilhelm insåg att den armé som han skulle behöva var alltför stor för att kunna rekryteras enbart i Normandie. Enligt de feodala lagarna hade han inte heller rätt att sända sina vasaller i krigstjänst bortom havsgränsen. Vilhelm kallade därför sina baroner till ett stort rådslag i Lillebonne för att försäkra sig om deras stöd åt hans företag och ”för att förbereda överskeppning i proportion till deras egendomar”.[18] Senare utnämnde han Matilda till regent under sin frånvaro och som stöd åt henne satte han upp ett råd som stod under Roger av Beaumont.

Sedan påven givit sin välsignelse drog Vilhelms företag till sig många som ville vara med, eftersom krig i och erövring av ett så stort och välmående land som England erbjöd goda tillfällen till obegränsad plundring för lycksökare och markhungriga yngre söner till adelsmän. Från alla delar av Frankrike och från platser utanför dess gränser strömmade nu frivilliga till Vilhelms baner: från Bretagne, Maine, Flandern, centrala Frankrike, Poitou, Burgund, Akvitanien och södra Italien. Bland de mer betydande av hans män fanns hans två halvbröder, Odo, biskop i Bayeux, och Robert, greve av Mortain. Övriga som kan nämnas var Geoffrey, biskop i Coutances, Ivo, son till Guy av Ponthieu, William, son till Rickard, greve av Evreux, Geoffrey, son till Robert, greve av Mortagne, Robert av Meulan, son till Robert av Beaumont, Roger av Poitou, son till Roger av Montgomery, William Osbern, Walter Giffard, Ralph av Tosny, Hugh av Grantmesnil, William av Warenne, Hugh av Montfort, William Malet och Humphrey av Tilleul. Och bland dem som kom från områden utanför hans kontroll var de mest kända Eustace av Boulogne, Alan av Bretagne, Gilbert av

Gent, Walter av Flandern, Gerbod, son till Matilda i hennes första äktenskap, Amaury, vicomte av Thouars och Geoffrey av Chaumont. En sådan samling adelsmän hade aldrig skådats tidigare och den förebådade de följande korstågen.

Toste, som inte hade något att vinna på att Harald blivit vald, lämnade Flandern för att resa till Normandie vid ungefär samma tid som de normandiska baronerna samlades i Lillebonne. Och enligt Ordericus Vitalis fick han Vilhelms tillstånd att "återvända till England".[19] Innebörden av detta är inte helt klar eftersom hertigens förberedelser fortfarande var i ett inledande skede och inte förrän de kommit längre skulle Toste ha kunnat göra något av betydelse. Det förefaller mer sannolikt att Toste inte disponerade de resurser som krävdes för att betala sitt följe, och eftersom han ägde egendomar på Isle of Wight beslöt han sig för att själv fara dit för att kräva ut så mycket pengar som möjligt. I maj seglade han från kontinenten med sextio skepp och landsteg på Isle of Wight, fick pengar och proviant[20] och seglade sedan iväg för att plundra kusterna i Sussex och Kent. I Sandwich tvångsvärvade han ett antal män, men när han fick höra att Harald var på väg från London mot honom i spetsen för en styrka embarkerade han snabbt sina skepp och seglade till Humber. Där debarkerade han med sin styrka och överraskades tydligen av den nordliga hirden under Edwin när han var i färd med att plundra. Han besegrades så fullständigt att han efteråt endast hade tolv mindre skepp kvar. Med dem lyckades han fly till Skottland, där han sökte skydd hos Malcolm Canmore.[21]

Detta fiasko var oväntat för både Vilhelm och Harald och tycks ha fått stor betydelse för det kommande Hastingsfälttåget. Det verkar nämligen som om det fick Harald att tro att Vilhelms invasion var omedelbart förestående. Resultatet blev att Harald beordrade en alltför tidig mobilisering av sina land- och sjöstridskrafter. Det har berättats att han när han hörde att Toste var i Sandwich "samlade en sjöstyrka och en styrka på land som var större än någon som tidigare hade samlats".[22] Han beordrade med andra ord en allmän och inte en partiell mobilisering[23] och när den var genomförd, vilket måste ha tagit avsevärd tid, grupperade han hirden utefter Sussex och Kents kuster och samlade flottan vid Isle of Wight. Sådant var läget fram till omkring den 8 september, då den legala tjänstgöringsperioden upphörde och provianten och pengarna tog slut. Han tvingades upplösa hirden och ge order om att flottan skulle segla till London för att skingras.[24] Engelska kanalen var därför, som vi kommer att se, helt öppen för Vilhelm i samma ögonblick som han var klar att embarkera. Det finns därför anledning att fråga sig om Harald verkligen hade beordrat en allmän mobilisering vid den tid han gjorde det om inte Tostes räd hade gett honom anledning till det. Det finns också anledning att fråga sig vad som hänt om han hade dröjt en månad med mobiliseringen. Hade England i så fall erövrats? Vilhelm var återigen gynnad av turen.

Hemförlovningen av hirden hade bara hunnit inledas då Harald mottog den överraskande nyheten att Norges kung Harald Hårdråde (1015–1066)[25] hade genomfört en invasion uppe i norr tillsammans med Toste. Vad som hänt var tydligen att Toste, sedan han sökt skydd i Skottland, hade begivit sig till Norge och där uppmanat Hårdråde att invadera England och

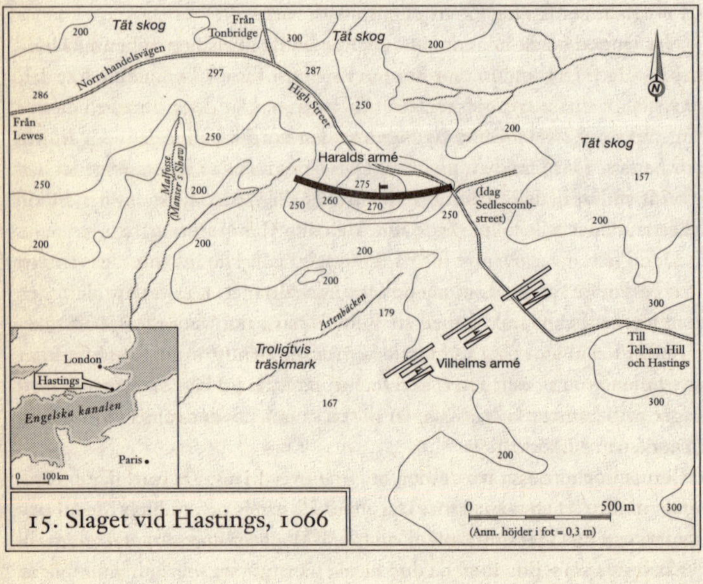

15. Slaget vid Hastings, 1066

kräva dess krona med stöd av avtalet mellan Hardeknut och Magnus.[26] Det förefaller dock mer sannolikt att Vilhelms hot mot England i sig var ett tillräckligt skäl för Hårdråde att bege sig på en plundringsexpedition medan förhållandena var gynnsamma.

Hårdråde seglade med 300 skepp från Sognefjorden[27], nära Bergen, till Shetlandsöarna och Orkneyöarna och vände därefter mot söder och hämtade upp Toste och hans följe utanför Tyne. Han plundrade och brände Scarborough, rundade Spurn Head, löpte in i Humber och rodde därifrån uppför Ouse till Riccall, sexton kilometer söder om York. Där debarkerade hans armé som började marschen mot York. Vid Gate Fulford, tre kilometer från staden, mötte de Yorkshirehirden under Edwin och Morcar. Den 20 september utkämpades ett våldsamt slag som skildras poetiskt i sagan.[28] Det resulterade i att de två nordliga grevarna fick ta till flykten. Krönikan anger ”stora förluster och många i den engelska skaran dödades och drunknade”[29], och sagan berättar: ”Där låg de slagna så tätt att norrmännen kunde gå torrskodda över kärret.”[30]

När Harald hörde talas om Harald Hårdrådes invasion tog han sina huskarlar och de i hirden som inte hunnit hemförlovas – säkerligen en beriden styrka[31] – och ”drog nordvart såväl dag som natt”.[32] Den 24:e red de in i Tadcaster och följande dag, då Hårdråde förhandlade med de två grevarna om gisslan, överraskade Harald invasionsstyrkan och tog sig själv med sin styrka över Derwent. Efter en lång och förtvivlad strid vid Stamford Bridge lyckades han nästan helt förinta fienden. Både Hårdråde och Toste stupade i striden och det berättas att när kampen var över fanns inte fler fiender än som rymdes på de tjugo skepp som fanns kvar. Harald tillät Olaf, som var Hårdrådes son, att ta med sig dem tillbaka till Norge.[33] Att Haralds förluster också var stora framgår av krönikan, och Ordericus Vitalis, som skrev mellan 1123 och 1141, berättar att på hans tid låg fortfarande stora högar av benrester kvar på slagfältet ”till minne av det väldiga antal som stupade på båda sidor”.[34]

Betydelsen av dessa två strider kan inte överdrivas. De inträffade nämligen mindre än en månad före slaget vid Hastings och reducerade allvarligt styrkan hos Haralds armé. Enligt professor Stentons uppfattning var de förluster som Edwin och Morcar led så stora att de ”berövades varje möjlighet till effektiv strid under de kritiska veckorna i början av oktober”. Han skriver vidare om de två grevarna: ”De har ofta betraktats som opatriotiska eftersom de ej deltog i slaget vid Hastings. Man kan till deras försvar åtminstone säga att de nyligen hade svarat för rikets försvar mot den tidens värste nordlige kämpe och att slaget vid Hastings utkämpades långt innan någon av dem hade hunnit ersätta de män de förlorat vid Fulford."[35] Det må vara sant, men mot det kan dock invändas: Var det för att försvara riket som de ställde upp mot Harald från Norge, var det inte snarare ett försvar av deras egna grevskap? Toste var ju Harald Hårdrådes allierade och också deras bittre fiende, och hans bror Harald var för dem *persona non grata*.

Det verkar viktigare än deras eventuella lojalitet eller förräderi att Haralds huskarlar ganska säkert var beridna och att troligtvis huvuddelen av Edwins och Morcars hirdmän inte var det. När Harald fick höra att Vilhelm stigit iland med sin armé förflyttade han sig, som vi kommer att se, mot söder utefter Erminvägen, som troligtvis inte reparerats under de senaste 600 åren, i en sådan fart att det hade varit helt omöjligt för en icke beriden styrka att hålla jämn takt med honom. Även om det är ganska dunkelt bekräftas detta av William av Malmesbury som säger: "Edwin och Morcar förde sedan [dvs. efter slaget vid Stamford Bridge] på order från Harald krigsbytet till London eftersom han själv *snabbt förflyttade sig* mot slaget vid Hastings, som han felaktigt bedömde som en säker kommande seger."[36] De förluster som Haralds huskarlar – hans *élite* – led vid Stamford Bridge verkar därför vara mer betydelsefulla än Edwards och Morcars förluster vid Fulford.

Medan Toste sökte skydd i Skottland och Hårdråde förberedde sin invasion var Vilhelm sysselsatt med att bygga skepp för sin flotta och rekrytera en armé. Hans energi i detta avseende var så stor att allt redan var klart i mitten av augusti. Huvuddelen av armén inklusive vapen och utrustning var då samlad utefter stränderna och vid floden Dives mynning. Dess sammansättning är omöjlig att bestämma med någon större noggrannhet. William av Poitiers anger att armén bestod av 50 000 man, och William av Jumièges att antalet skepp uppgick till 3 000. Detta är helt orimliga siffror och sir James Ramsay föreslår att de ska divideras med tio.[37]

Den enda tillförlitliga bedömningsgrund för omfattningen som står till vårt förfogande är att det berättas att embarkeringen vid S:t Valéry och debarkeringen vid Pevensey tog en dag – vilket innebär omkring tolv timmar.[38] Av detta följer att Vilhelms armé knappast kan ha varit mycket större än 5 000 man. Det innebär dock att det totala antalet med sjömän och icke stridande personal inräknade kan ha uppgått till mellan 7 000 och 8 000. Om vi godtar Corbetts bedömning på 2 000 riddare och 3 000 fotsoldater och att 1200 av de förra kom från Normandie[39] är det ändå förvånansvärt att riddarna kunde embarkera och debarkera sina hästar från den typ av farkoster som utnyttjades, och som är avbildade på Bayeuxtapeten, såvitt inte löstagbara ramper hade utnyttjats, och ingen sådan är synlig på det enda ställe på tapeten där en häst debarkerar.[40]

Beträffande antalet farkoster som krävdes för det antal män som vi nu antagit, vet vi att den genomsnittliga besättningen på ett vikingaskepp vid denna tid uppgick till fyrtio man. På Bayeuxtapeten syns på ett ställe, om man nu kan lita på det, tio hästar i en farkost. Om vi sedan antar att varje farkost hade en besättning på fem man och godtar att trettiofem soldater och tio hästar utgjorde en båtlass blir antalet farkoster som erfordrades för de stridande 343 stycken. Om vi sedan till detta lägger ett hundratal farkoster för proviant, vin, vapen, redskap, kanske också några tält, extra hästar och icke stridande personal, kommer vi upp till ett totalt antal på närmare 450. Denna siffra är troligtvis inte så felaktig, eftersom William av Malmesbury säger oss att greven av Gloucester år 1142 embarkerade ”mer än tre hundra men mindre än fyra hundra ryttare [säg 350 riddare och hästar] ombord på femtiotvå farkoster”.[41]

Från den 12 augusti och under en månad framåt tvingades flottan ligga stilla vid Dives på grund av dåligt väder med nordliga vindar. Den 12 september svängde vinden mot väst. Vilhelm utnyttjade omedelbart vindkantringen och förflyttade snabbt sina farkoster till S:t Valéry vid Sommes mynning varifrån kanalpassagen skulle bli kortare. Men vinden vred åter mot nord vilket resulterade i ytterligare fördröjning och så mycket missnöje att Vilhelm fick svårt att upprätthålla disciplinen.[42]

Den 27 september vred vinden äntligen mot syd och Vilhelm lät embarkera sin armé. Det genomfördes med sådan beslutsamhet att allt var ombord redan vid kvällningen. Han gav order om att en lanterna skulle föras på varje farkost och på masten på sitt eget skepp *Mora*, som var en gåva från Matilda, hade han surrat fast en stor lanterna som flottan hade order att följa. Flottan avseglade omkring midnatt och klockan nio följande morgon – torsdagen den 28 september – satte hertigen sin fot på den engelska kusten vid Pevensey, romarnas Anderida. Där debarkerade armén och följande dag marscherade Vilhelm mot Hastings vid kusten där den stora nord–sydliga vägen från London hade sin slutpunkt. Vid Hastings slog han läger, byggde en timmerborg för att säkra sin bas och började plundra landsbygden och samla förråd.

När Vilhelm landsteg befann sig Harald i York där han lät sina soldater vila medan han firade sin seger. Harald mottog den ovälkomna nyheten den 1 oktober. Även om han omedelbart gav order om att samla sin hird måste han ha förstått att om inte landet söder om London uppgavs skulle enbart männen från grevskapen utefter hans marsch mot söder kunna nå honom i tid för att förena sig med honom i ett fälttåg i Sussex.

Antagligen inledde han den 320 kilometer långa marschen mot London den 2 oktober. Han drev på marschen så mycket han kunde och nådde London redan den 5 eller 6 oktober. Där stannade han till den 11:e och samlade de styrkor som anslöt. Enligt William av Poitiers gjorde han upp planer för ett överraskande nattligt anfall på fienden, och för att förhindra att de sedan undkom ”sände han iväg en flotta om sju hundra beväpnade farkoster för att spärra deras väg tillbaka”.[43] Ordericus Vitalis minskar förnuftigt nog detta antal till sjuttio.[44]

Det hade troligtvis varit bäst för Harald att stanna i London ända tills han hade samlat hela sin armé och under tiden härjat landet i söder för att svälta ut Vilhelm – och det är troligtvis vad Vilhelm hade gjort om han varit i hans kläder. Men Haralds temperament var alltför otåligt och impulsivt för att han skulle stanna upp. Dessutom kom huvuddelen av dem som stödde honom från området söder om London. Och om han nu börjat härja bland deras egendomar hade det nog knappast ökat deras lojalitet. Dessutom verkar det som om han föraktade sin fiende.

Harald samlade sin armé i London. Kärnan bestod av hans och hans bröders, Gyrth och Leofwine, huskarlar. Återstoden var sammansatt av män ur hirden – vasaller till häst eller till fots och deras följeslagare – som kunde nå London under hans fem eller sex dagars uppehåll där. Armén var därför av god kvalitet och historierna om att Haralds hirdmän vid Hastings var en skara illa beväpnade bönder är helt felaktiga. Arméns styrka är däremot okänd. W. Spatz föreslår 6 000–7 000 man[45], men om man beaktar förlusterna vid Stamford Bridge, Edwins och Morcars frånvaro samt den korta mobiliseringstiden förefaller detta vara en hög siffra. Det verkar rimligare att minska den till 5 000 eller kanske 4 000. Florence av Worcester säger att när Harald ledde sin armé ut från London ”var han mycket medveten om att några av Englands modigaste män hade stupat i de två slagen [Fulford och Stamford Bridge] och att hälften av hans trupper ännu inte hunnit samlas". Vidare var det klart att han vid Hastings skulle möta Vilhelm "innan inte mer än en tredjedel av hans armé var stridsklar"[46], vilket visar att den snabba marschen hade blivit för mycket för många av hans ej beridna soldater. William av Malmesbury säger dessutom att Harald kom till Hastings "åtföljd av mycket små styrkor"[47], medan redan 4 000 man var en stor armé på 1000-talet.

Den 11 oktober lämnade Harald London för den nittiofem kilometer långa marschen till Hastings. Natten mellan den 13 och 14 oktober anlände han till platsen för den stad som idag heter Battle, där han slog läger med sina män på eller nära en kulle utmärkt med ett "urgammalt äppelträd".[48] William av Poitiers säger att "de [engelsmännen] tog ställning på ... en höjd intill den skog [Anderid] genom vilken de kommit. Där satt de genast av sina hästar".[49] Och William av Jumièges skriver: "efter att ha ridit hela natten kom han [Harald] tidigt på morgonen fram till slagfältet".[50] Om Harald önskade åstadkomma en överraskning är det troligt att han slog läger i skogen, och intog ställningen vid det "urgamla äppelträdet" först tidigt nästa morgon.

Enligt Malmesbury och Wace tillbringade Haralds män natten mellan den 13 och 14 oktober sjungande och drickande medan Vilhelms män biktade sig och mottog kommunionen.[51] Även om engelsmännen var törstiga efter en forcerad marsch och normanderna inför ett kommande slag gärna ivrigt bad böner förefaller det nog troligare att Haralds män – särskilt då hans fotsoldater – sov tungt och att Vilhelm, som genom sina spejare var underrättad om sin fiendes frammarsch[52], lät sina män utnyttja huvuddelen av natten för att förbereda sig för striden.

Vad hade Harald för plan? Tänkte han, som redan nämnts, överraska Vilhelm eller tänkte han föra ett defensivt försvar – det vill säga blockera vägen till London och avvakta ett anfall? Att Harald utkämpade ett i huvudsak defensivt slag är sant, men det är möjligt att han tvingades till det därför att han inte hade hunnit inta sin ställning vid Battle så tidigt som han hade hoppats. Att forcera marschen ytterligare efter mörkrets inbrott under de återstående elva kilometerna till Hastings och sedan försöka sig på ett nattligt anfall utan föregående spaning i dagsljus skulle ha varit rent vansinne. Under rådande omständigheter var ett anfall i gryningen den enda möjlighet som stod till buds om han ville överraska Vilhelm. Det skulle dock ha krävt att han ryckt fram ganska snart efter midnatt. Även om Harald hade velat utnyttja denna möjlighet hade hans mäns trötthet säkerligen omöjliggjort den. Att överraskning grundad på snabba förflyttningar fanns med i hans tankevärld framgår av hans tidigare militära bedrifter. Under sitt walesiska fälttåg år 1063[53] och vid Stamford Bridge hade han förflyttat sig snabbt som blixten för att åstadkomma överraskning. Därför har troligtvis Round rätt då han antar att det var hans avsikt också under detta fälttåg.[54] Att bara hålla ställningen vid det "urgamla äppelträdet" var inte tillräckligt för att befria England från de invaderande fienderna eftersom det inte hindrade Vilhelm från att åter embarkera sin armé under skydd av bågskyttar och sedan förflytta den till någon annnan plats utefter kusten. Att bara hålla ställningen och övervaka Vilhelm skulle inte besegra honom och det skulle inte heller tvinga honom att anfalla Harald. Men som vi kommer att se var det Vilhelm som anföll och han ryckte fram så snabbt mot sin fiende att det var Harald som blev överraskad. Detta får stöd i krönikan som säger: "Vilhelm kom överraskande emot honom innan hans armé var uppställd i slagordning."[55] Det verkar med andra ord som om Harald och hans män försovit sig.

Sedan är det dags att titta på Haralds ställning.

Höjden (Wealden Hills) norr om Battle är genom en ås eller rygg – som idag delvis hyser klosterbyggnaderna – förbunden med ett näs utefter det som idag är High Street i Battle. Klostrets huvudbyggnad ligger på den högsta punkten av denna ås och därifrån sluttar marken sakta mot öster och väster. Åt söder faller den betydligt brantare – omkring 30 meter på 140 meter – ner mot Astenbäcken som numera är uppdämd och bildar en serie fiskdammar. Från Asten mot söder stiger terrängen långsamt mot Telham Hill som ligger två och en halv kilometer sydöst om klostret. Norrut från åsen är näsets sidor tillräckligt djupa för att utgöra allvarliga hinder för militära operationer och 1066 hade avdikningen från den högre upp belägna marken gjort dem till raviner täckta av buskage. På åsens norra sida, 300 meter från klostrets huvudbyggnad – mellan en liten bäck i väster och den plats där Hastings- och Sedlescombevägarna möts i öster – stupar åsen så hastigt att dess sluttning utgör ett effektivt hinder för kavalleri.

Det var med all sannolikhet på krönet av denna ås som Harald först ställde upp sina båda standar, The Dragon of Wessex och sitt personliga standar

The Fighting Man, som vid slutet av striden föll på en plats sextiofem meter öster om klostrets huvudbyggnad som senare märkts ut med högaltaret i klosterkyrkan. Harald ställde upp sina huskarlar på flankerna, vilket måste anses vara riktigt, dock under förutsättning att han höll åsens högsta del. Hans center var nämligen öppnare för kavallerianfall än flyglarna som troligtvis huvudsakligen bestod av hirdmän. Vi vet inte mycket om Haralds gruppering, men den vanliga saxiska var en sköldmur, en fylking: ”sköld intill sköld och axel intill axel” som Asser beskriver det vid Ashdown 871. Det var en bra formering mot infanteri beväpnat med svärd, spjut och yxa och en nödvändig formering för infanteri som skulle motstå en kavallerichock.

Haralds taktiska problem var att både hålla sin front obruten och hindra flankerna i sköldmuren från att bli överflyglade. Därför är det mycket troligt, som Baring föreslår, att han hade tagit ställning på de 550 meterna mellan den lilla bäcken väster om klostrets huvudbyggnad och platsen där Hastings- och Sedlescombevägarna möttes så att hans flanker skulle få stöd från de två djupa sänkorna.[56] Om Harald ställde upp sin armé i en fylking med tio leds djup och tillät en halv meters lucka i det främsta ledet – sköldmuren – och en meters lucka i de nio bakre leden, då skulle på en 550 meters front den totala styrkan bli 6 300 man, och om det var tolv led – 7 500. Dessa siffror ligger nära dem som föreslogs av Spatz – 6 000 till 7 000.[57]

Eftersom det berättas att slaget vid Hastings inleddes klockan 9 på morgonen den 14 oktober måste Vilhelm ha inlett sin marsch mot platsen för slaget mycket tidigt. Han hade närmare tio kilometer att marschera innan han nådde Telham Hill. När han kom fram grupperade han sin armé något norr om denna plats. En bedömning av tiden för uppställning, marsch och gruppering säger därför att han bör ha börjat marschen någon gång mellan 04.30 och 05.00. För striden var han grupperad i tre avdelningar – vänster, center och höger. Den vänstra bestod huvudsakligen av bretagnare under hertig Alan av Bretagne, den högra av Vilhelms fransmän och andra legoknektar under Eustace av Boulogne och centern av normander under hans eget befäl. Framför Vilhelm fördes det påvliga standaret. Varje avdelning var indelad i tre *échelons* eller linjer, den första med bågskyttar och armborstskyttar i fronten, den andra bestod av det tyngre beväpnade infanteriet och sist stod de beridna riddarna.[58] Taktiskt sett var därför stridsgrupperingen mycket lik den de tidiga romerska legionerna hade använt sig av – *triarii* – men nu med ryttare.

Slaget inleddes klockan nio till ljudet av trumpeter när normanderna långsamt avancerade uppför sluttningen mot den mur av engelska sköldar som krönte höjden. Terrängens utformning leder oss att tro att Vilhelms center måste ha ryckt fram väster om vägen mot Hastings och att den har gått rakt mot Haralds båda standar. De högra och vänstra avdelningarna rörde sig sedan utåt för att förlänga fronten. Vidare måste den vänstra avdelningen innan den gick mot sluttningen på den engelska högra flygeln ha tagit sig över Astenbäcken som strömmar ner från ravinerna på näsets västra sida.

Normandernas bågskyttar började skjuta sina pilar när Vilhelms center närmade sig Haralds. Eftersom de fick skjuta i uppförsbacke kom dock de flesta av deras pilar att antingen träffa fiendens sköldar eller passera över deras huvuden. Enligt William av Poitiers skildring av slaget[59] stod engelsmännen modigt emot anfallet och mötte det med skurar av ”kastspjut och vapen av alla slag tillsammans med yxor och stenar som var fästa vid trähandtag”. Sedan ”drunknade skriken från både normanderna och barbarerna i ljudet från vapnen och de döendes rop och under lång tid pågick en rasande kamp”.

Haralds män hade fördel av att stå högre upp och strida nedåt. William av Poitiers framhåller också att de ”drog nytta av att stanna där i tät formering” och de bibehöll därigenom en ogenomtränglig front. Han berättar vidare att de anfallande led svåra förluster därför att försvararnas vapen ”lätt trängde igenom” deras sköldar och kroppsskydd, vilket knappast talar till deras fördel. Engelsmännen, fortsätter han, ”stod tappert emot och stötte framgångsrikt tillbaka dem som de kom i närstrid med och åstadkom stora förluster bland dem som sköt mot dem på större avstånd” – det vill säga de normandiska bågskyttarna. Om detta skulle vara riktigt visar det på ett fel hos de normandiska bågskyttarna och infanteriet i deras försök att bryta sköldmuren.

Nästa skildring som vi har stöder detta påstående. Utan vidare introduktion säger nämligen William av Poitiers att ”fotsoldaterna och riddarna från Bretagne greps av panik av det våldsamma anfallet och flydde från engelsmännen”, och att ”hertigens hela armé riskerade att slå till reträtt”. Detta antyder att normandernas vänstra flygel råkade ut för svårigheter då den tog sig uppför sluttningen och att den engelska högra flygeln, eller en del av den, då plötsligt gjorde ett motanfall och drev de bretagnska bågskyttarna och infanteriet nedför sluttningen så att de i sin flykt drog med sig riddarna som stod bakom dem. Vilhelms center fann då att den vänstra flanken var oskyddad och började dra sig tillbaka, vilket också den högra avdelningen gjorde.

Nu hade Harald sin chans men han lyckades inte ta den. Han har ofta klandrats för att han inte höll fast vid sin sköldmur under hela slaget. Om han hade gjort det hade han kunnat undgå att bli besegrad, men han skulle aldrig ha kunnat vinna en seger. Om han nu hade tagit tillfället i akt och i stället gett order om en allmän framryckning nedför sluttningen på båda sidor om vägen mot Hastings, hade han med mycket stor sannolikhet kunnat nedgöra normandernas bågskyttar och infanteri. Det är visserligen sant att det normandiska kavalleriet hade funnits kvar. Utan stöd från sitt eget infanteri hade de dock knappast gjort halt förrän de nått säkerheten innanför de egna bålverken vid Hastings. Segern hade kunnat vara Haralds och den kunde mycket väl ha varit tillräckligt avgörande för att Vilhelm skulle ha tvingats att åter embarkera och avbryta fälttåget.

Så snart paniken på normandernas vänstra flygel börjat påverka moralen i centern inträffade en slumpartad händelse som var av sådan art att den mycket väl hade kunnat innebära att ett motanfall från Haralds sida hade krönts med framgång.

Under det inledande anfallet uppehöll sig Vilhelm i de bakre leden. Det verkar som om han när centerns front drevs tillbaka kastades av sin häst i det tumult som då uppstod och ett rop att han var död hördes. För honom måste detta ha varit det mest kritiska ögonblicket under hela slaget. I det antika och medeltida kriget ledde förlusten av den högste befälhavaren så gott som alltid till ett omedelbart nederlag. När den högste chefen försvann upphörde nämligen all stridsledning. Det var som om hela arméns generalstab i ett modernt krig hade gått förlorad på en gång. I det aktuella fallet var faran tillfällig men trots det allvarlig. Vilhelm satte sig snabbt upp på en annan häst, sköt tillbaka hjälmen så att alla kunde känna igen honom och lugnade därigenom paniken i centern genom att ropa: ”Titta noga på mig. Jag är fortfarande vid liv och med Guds hjälp kommer jag att segra.” Samtidigt hade det engelska motanfallet stött på svårigheter, troligtvis kring Astenbäcken. När den normandiska centern avbröt sin reträtt och vände om återsamlades den snabbt och några av de engelska förföljarna skars av och dödades. William av Poitiers anger ”flera tusen”, men strax därefter lämnar han en uppgift som motsäger detta. Han uppger att inte ens efter denna förlust ”verkade engelsmännen ha reducerats i antal”.

Så snart normanderna hade omorganiserat sina led gick de åter till anfall. Denna gång under Vilhelms personliga befäl, vilket innebar att riddarna fördes fram och infanteriet drogs tillbaka från den direkta frontlinjen. Från denna stund och under flera timmar rasade sedan striden utefter hela linjen med grupper av riddare som red fram i anfall och kastade sina spjut mot sköldmuren. Alla försök att åstadkomma ett genombrott i muren var dock fruktlösa.

Då Vilhelm inte lyckades åstadkomma ett genombrott utnyttjade han nu en krigslist som hade varit vanlig i bysantinsk och orientalisk krigföring. Han bestämde sig för att genom en falsk reträtt locka bort fienden från den ”urgamla äppelträdshöjden”.

Det lämpligaste området för en så riskabel operation – vi kan utgå från att normanderna inte hade övat något sådant – var troligen den högra flygeln, där skulle nämligen reträtten föra Vilhelms män först ner i dalen och sedan upp på en höjd där de skulle göra helt om och sedan vända sig mot sina fiender då de rörde sig uppför denna höjd. En reträtt på denna sida skulle också öppna en möjlighet för centern att anfalla förföljarna i flanken. Det står klart att ett sådant företag måste genomföras med kavalleri och därför kan vi anta att det normandiska infanteriet hölls tillbaka medan operationen pågick.

Allt detta är naturligtvis gissningar, för allt som William av Poitiers säger oss är följande:

> Då de förstod att de inte utan mycket allvarliga förluster skulle kunna besegra en armé som var så stark där den stod i slutna led genomförde normanderna och deras allierade en låtsasflykt och simulerade reträtt. De erinrade sig nämligen att deras flykt en kort tid innan hade berett väg för en framgång. Barbarerna, som trodde att de hade segern inom räckhåll, vrålade i triumf och vräkte förolämpningar över våra män och hotade att förgöra dem. Precis som gången innan tog många tusen av dem genast upp förföljandet av dem som de trodde var på flykt, men plötsligt vände normanderna sina hästar och omringade dem och högg ner sina förföljare så att inte en enda lämnades kvar levande. Två gånger utnyttjades denna krigslist med stor framgång.

Harald har kritiserats för att han föll i denna fälla, men troligtvis var disciplinen bland hans trupper sådan att de agerade på eget initiativ. Kritiken är också felaktig eftersom den taktiska situationen nu var annorlunda än den som gällde vid det ursprungliga motanfallet.[60] Då mötte de soldater till fots, men nu var de beridna och därför hade de ingen möjlighet att röra sig fortare än de.

Men William av Poitiers berättar att Haralds armé efter den andra låtsasflykten och dödandet av alla förföljarna ”fortfarande var mycket stark och svår att besegra”. Det är dock tydligt att dess vänstra flygel försvagades allvarligt, och det kan ha varit nu som Harald, för att stärka moralen, lät flytta sina båda standar från kullens topp och närmare mot vänstern. Det kan också ha varit vid denna tidpunkt som Vilhelm, som en förberedelse för det som skulle bli det sista anfallet, lät instruera bågskyttarna att skjuta i hög vinkel[61] – det vill säga skjuta sina pilar upp i luften så att de passerade över huvudena på riddarna och landade vertikalt på fienden, och därigenom lockade männen i sköldmuren att höja sina sköldar.

Det var i kvällningen som slagets sista fas inleddes och vi kan anta att engelsmännen då hade förbrukat sina pilar och kastvapen och att Haralds män var uttröttade. Redogörelsen för det som nu hände bygger huvudsakligen på gissningar. Det sannolikaste händelseförloppet tycks dock vara följande: När skymningen föll träffades Harald av en pil i ena ögat[62] och strax därefter stupade han.[63] Eftersom hans bröder Gyrth och Leofwine redan tidigare hade fallit fanns det ingen som kunde ta hans plats. Därefter började engelsmännens försvagade vänstra flygel ge vika inför Eustace av Boulogne. Hela sköldmuren sviktade och Haralds män, några till häst och andra till fots, flydde fältet mot väst och nordväst för att undkomma Eustace som tycks ha varit den som tog upp förföljandet. Trots detta och trots paniken som spreds förblev ett antal av Haralds män – troligtvis huskarlar – opåverkade och drog sig tillbaka mot näset där de visade upp en så stark front att Eustace fick ge order till sina män om att dra sig tillbaka. Strax därefter kom Vilhelm dit, gav kontraorder och tvingade sina män framåt. De sprängde fronten som bildats av huskarlar, och en grupp av dem som i skymningen förföljde de flyende genom den täta vegetationen föll rakt ner i en ravin på västra sidan av näset, en plats som senare blev känd som Malfosse – troligen dagens Manser's Shaw.[64]

Det måste ha varit nästan mörkt då Vilhelm återvände till slagets centrala del där han fann att Haralds kropp hade klätts av och blivit så sönderhackad att det knappt gick att känna igen honom. Han lät föra kroppen till sitt läger och senare begravdes den nere vid stranden.

Om Vilhelm skriver William av Poitiers: ”Han dominerade detta slag, han lugnade sina män då de var nära att ta till flykten, eggade dem och delade deras faror. Han bad dem oftare att följa honom i striden än han beordrade dem att gå före honom. Det är därför lätt att förstå att det var genom sin oräddhet och sitt mod som han ledde dem ... Tre gånger föll hans häst under honom.” Beklagligtvis finns det ingen vänligt inställd skribent som har skildrat den roll hans tappre motståndare spelade.

Två dagar efter slaget återvände Vilhelm till Hastings och fem dagar senare intog han Dover. Sedan han låtit förstärka dess borg gav han sig iväg mot Canterbury. Därefter, om vi följer Barings redogörelse[65], fortsatte han via Lenham, Seal och Westerham till Godstone där han anslöt till vägen mellan Hastings och London. Från Godstone sände han iväg en ryttarskara mot norr som brände Southwark medan huvudstyrkan fortsatte mot väster genom Guildford och Micheldever till Basing. Efter Alresford förefaller han ha mottagit förstärkningar från antingen Chichester eller Portsmouth, dit hans flotta hade förflyttats någon tid efter slaget. Därefter svepte han mot norr över Lambourne till Wallingford, där hans armé gick över Themsen, fortsatte runt Chilterns och vidare söderöver till Little Berkhampstead. Där möttes Vilhelm av Londons stormän som förklarade att staden underkastade sig och erbjöd honom landets krona.

Utifrån den förödelse vi föreställer oss genom att läsa Domesday Book drar Baring slutsatsen att Vilhelms armé knappast kan ha omfattat fler än 8 000 till 10 000 man. ”Han kan knappast heller”, skriver Baring, ”ha haft mycket tid över för att föröda landet. Det hade inte gått att marschera 560 kilometer mellan Canterbury och Little Berkhampstead under sju veckor om han hade tillåtit sina soldater att sprida ut sig och plundra ... I området utanför marschvägen tycks den omedelbara effekten på markvärdet av hans erövring i sydöst ha varit mycket liten.”[66]

När Vilhelm erbjöds kronan låtsades han först vara tveksam men accepterade sedan erbjudandet och sände därefter en grupp män i förväg till London för att börja bygga det som senare skulle bli Towern. På juldagen 1066 kröntes han av Ealdred av York i Westminster Abbey. Därigenom bekräftades hans anspråk på Englands krona slutgiltigt.

De följande tre åren fick Vilhelm använda till att slå ner olika uppror, särskilt i Northumberland, och varje gång gjorde han det med så metodisk förödelse som resultat att en tredjedel av hans kungarike år 1069 hade reducerats till rena vildmarken. Under tiden byggde han en borg i varje betydelsefullt samhälle för att därigenom kontrollera och hålla landet. År 1070 kände han sig tillräckligt säker för att våga göra sig av med sina legoknektar. Två år senare invaderade han Skottland och tvingade Malcolm Canmore att vid Abernethy svära en trohetsed. När Vilhelm dog den 9 september 1087 av en skada som han ådragit sig vid belägringen av Mantes var han den mäktigate potentaten i hela Västeuropa.

För England var Hastings inte bara det mest avgörande slag som utkämpats på engelsk mark utan även det betydelsefullaste i landets historia. Det finns i själva verket inget annat slag som är av jämförbar betydelse. I stället för att som tidigare vara ett löst sammanfogat och odisciplinerat land blev England nu ett enat och starkt kungarike under en fast och ärftlig myndighet med en kung som visste att kombinera feodalism med personligt styre. Vilhelm behöll de lokala institutionerna som de var och lade själv beslag på hela landet vars värde han bedömde i sin stora Domesday Book.

Eftersom han själv hade varit en feodal vasall som gjort uppror mot sin herre förstod han väl de inbyggda svagheterna i det frankiska feodala systemet och ville inte se några av dessa svagheter i England. Eftersom hans kungarike skulle vara odelbart skulle ingen man få stå i samma förhållande till honom som han gjort till Frankrikes kung. Även om han skänkte sina vasaller stora landområden mot löfte om militära motprestationer var de utspridda över olika delar av kungariket, dock med undantag för de stora gränsgrevskapen i Chester, Shrewsbury, Durham, Kent och Cornwall. Ingen fick svära tro och huldhet till någon annan än till honom och med detta i sinnet höll han år 1086 ett stort möte i Salisbury, "och där", kan vi läsa, "kom hans rådsherrar till honom, samt alla de som ägde land av någon betydelse i hela England, vems vasall de än månde vara och alla underkastade sig honom och lovade att vara lojala mot honom framför alla andra män".[67]

Hans utrikespolitik bedrevs lika skickligt som hans inrikespolitik. Även om han respekterade kyrkans institutioner vägrade han acceptera att påvemakten hade rätt att påtvinga världsliga herrar sin politik. Han tillbakavisade Gregorius VII:s krav på världsherravälde och förbjöd att någon påve skulle erkännas i England utan hans godkännande. När sedan Gregorius år 1080 krävde att han skulle avlägga trohetsed till honom som hans vasall, vägrade Vilhelm blankt.

Vilhelms seger vid Hastings var efter Karl den stores kröning medeltidens största händelse. Den ledde även till hans egen kröning – också på juldagen. Liksom Karl sammanförde Central- och Västeuropas folk under en gemensam världslig styrelse undandrog Vilhelm, som professor Stenton framhåller, ”England från förbindelsen med Skandinavien och förenade landet med Västeuropas rikare värld”.[68] Därför sattes punkt inte bara för vikingarnas dominans i väst, utan genom att få en ny medspelare förstärktes väst vid samma tid som Östeuropa var nära att bryta samman inför islam.

Redaktörens sammanfattning

Omkring tjugo år före slaget vid Hastings uppenbarade sig nya, uthålliga och slutligen ödesdigra fiender vid gränsen till det östliga kejsardömet. I väst kom fränder till Englands kommande erövrare att etablera sig i södra Italien. Till en början var dessa normandiska horder beredda att gå i tjänst hos vilken herre som helst som betalade dem, och då och då tog de tjänst som legosoldater hos bysantinska kejsare. Men år 1042 hade de ökat så i styrka och arrogans att de kunde överta den bysantinska provinsen Apulien och 1071 hade de kört ut grekerna från Italien.

Det året utdelade den nye fienden i öster ett dödligt slag mot kejsardömet. De seljukiska turkarna hade gått över Oxus (Amu-Darja) och år 1034 fortsatt in i Khorasan. År 1049 anföll de den bysantinska provinsen Armenien, 1055 intog de Bagdad och blev den mäktigaste makten i Asien. Professor Tout skriver[1] att "erövringen av Bagdad gjorde den turkiske soldaten till modell för den muhammedanska erövringen och detta förebådade onda tider för såväl väst som öst". Turkarna ignorerade de flesta av landvinningarna som hade åstadkommits av de arabiska civilisationer de besegrade, men övertog samtidigt deras tro. Av naturen var de grymma och destruktiva. Ryktet om dem injagade skräck i folk och där de drog fram förvandlades landet till öken. Under sultan Alp-Arslan (1063–72) fullföljde de erövringen av Armenien och anföll själva kejsardömet.

Denna egendomliga skapelse som trots tronföljdsstrider, minderåriga på tronen, kvinnor och eunucker som regenter, korruption och förfall likväl lyckades behålla något av den gamla romerska vitaliteten. Själva namnet förde med sig ett kortvarigt hopp om storhet. Kejsar Romanos Diogenes hade åtminstone inledningsvis framgångar mot de anfallande turkarna. Det var huvudsakligen tack vare armén och då särskilt, säger Fuller, genom den "kodifiering av krigskonsten som kejsarna Maurikios och Leo VI (den vise) genomförde i sina läroböcker *Strategicon* år 579 och *Tactica* år 900". Det är ingen överdrift att säga att det dröjde långt in på 1800-talet innan det i Västeuropa kunde framställas lika bra militära handböcker som dessa.

> Militär stabilitet blev en naturlig konsekvens av kejsardömets ultrakonservativa politik. Alltsedan Justinianus dagar hade den bysantinska arméns strategi och taktik i huvudsak varit defensiv. Hela riket var indelat i armékårsdistrikt, som alla försvarades genom ett antal välplacerade fästningar som var förbundna med varandra genom bra landsvägar och understödda med välorganiserade och rörliga arméförband. Det var detta system, snarare än soldaternas tapperhet eller generalernas skicklighet, som gjorde att kejsardömet under flera århundraden kunde stå emot invasioner. De invaderande arméerna eller horderna hade sällan den förmåga och utrustning som krävdes för att storma fästningarna. Då de inte hade något eget fungerande underhållssystem var de tvingade att plundra den omgivande landsbygden för att kunna överleva. När de gjorde det blev de ett lätt byte för de välorganiserade arméenheterna. Den bysantinska strategin var därför mycket lik den som tillämpades av marskalk Saxe på 1700-talet. En general sökte inte strid. Han undvek hellre strid och drog sig tillbaka till en fästning då han hotades. Där förblev han i relativ säkerhet under en fientlig belägring. När de belägrande på grund av bristande underhåll var tvungna att häva belägringen för att uppsöka ett nytt område där de "kunde livnära sig", kunde generalen anfalla och förgöra dem medan de fyllde på sina förråd. Generellt sett var de bysantinska arméerna små i jämförelse med fiendearméerna. De var fristående och baserade på fästningar (välförsvarade underhållsdepåer) och kunde därför gång på gång koncentrera överlägsna styrkor där de valde att sätta in sina anfall …
>
> Det råder ingen tvekan om att år 1071 var denna organisation nästan lika perfekt som den hade varit under Basileios II, men trots att armén fortfarande var kraftfull hade det också gått röta i den. Fyrtio års misskötsel och överdriven sparsamhet från tronens sida hade underminerat den moraliskt. Det var inte mod, organisation eller taktisk skicklighet som fattades, utan disciplin, moral och självförtroende. Armén var ett välorganiserat vakuum – ett urblåst äggskal.

Men trots det lyckades Romanos Diogenes under tre år framgångsrikt försvara sitt imperium mot inre uppvigling och myteri och mot det yttre hotet från turkarna endast med hjälp av ”ett urblåst ägg”. Sedan marscherade han år 1071 med sin armé mot Alp-Arslan och mötte honom i en drabbning vid Manzikert. Till en början tycktes bysantinerna vinna, de lyckades till och med inta turkarnas läger. Ett förräderi bland legosoldaterna kom dock senare att åter spela en roll och dagen slutade med en förödande turkisk seger:

> Romanos nederlag var lika stort som det Crassus led vid Carrhae år 53 f.Kr. men taktiskt kan det inte jämföras med det slaget. Även om det var dumdristigt av kejsaren att uppta förföljandet är det ingen tvekan om att han, trots sina stora förluster, hade kunnat återta sitt läger om det inte hade varit för Andronikos förräderi. Det var han som bar ansvaret för ett nederlag som kom att förändra historiens förlopp. Vid denna tid upplevdes det dock ej på detta sätt, varför Gibbon säger: ”De bysantinska författarna beklagar förlusten av en oersättlig pärla: de glömmer dock att nämna att Rom denna ödesdigra dag förlorade sina asiatiska provinser för evigt.”

Förlusten av Mindre Asien, en följd av slaget vid Manzikert, samma år som de drevs ut ur Italien (se ovan), påskyndade det östliga imperiets sammanbrott. År 1081 plundrades själva Konstantinopel under ett annat tronföljdskrig. Omedelbart därefter blev segraren, Alexios Komnenos, anfallen av en normandisk herreman, Robert Guiscard, hertig av Apulien, som ansåg att kejsardömet var så svagt att han vågade sig på att försöka erövra den kejserliga kronan. Försöket misslyckades men var ytterligare en demonstration av att kraften var slut i kristendomens östliga del och att den nu i stället låg i väster.

Detta är förklaringen till nästa händelsekedja. Även om den västliga fientligheten (inte minst den romerska kyrkans fientlighet) hade spelat en stor roll i samband med det östliga kejsardömets sammanbrott, betraktades turkarnas triumf som en skamfläck för alla kristna – och samtidigt utgjorde den ett hot som det inte gick att bortse från. År 1094 vädjade Alexios Komnenos om legosoldater från väst som skulle hjälpa honom att återta de förlorade provinserna. Till sin stora besvikelse fick han som svar det första korståget som påven Urban II drog igång år 1095. År 1099 intog korsfararna Jerusalem på ett mycket okristligt sätt. Intagandet kom att präglas av massakrer och plundring. Därefter bildades det latinska kungadömet Jerusalem som blev ett svagt och konstgjort exempel på europeisk feodalism som dessutom snart smittades av Levantens politiska klimat. Dess främsta stöd kom från riddarordnarna (tempelherreorden och hospitalsordnar), den oändliga strömmen av pilgrimer till det Heliga landet och de italienska handelsstäderna (Venedig, Genua, Pisa) som utnyttjade detta gyllene tillfälle till handel. Även vid sin höjdpunkt var detta latinska kungadöme inget annat än en sorts hyckleri. De kristna behöll sina stora fina slott och kontrollerade de större städerna men deras grepp om landet i övrigt var, som Tout säger, mycket svagt: ”Jaffa var deras enda hamn, och vägen från Jaffa till Jerusalem kontrollerades av saracenska stråtrövare och utmärktes av förstörda byar och obegravda lik.”[2]

Turkarnas (saracenernas) strävanden fick ny kraft genom en rad duktiga ledare: Imad ed-Din Zangi (1127–46), Nur ed-Din (1146–74) och Saladin (1174–93). Ett andra korståg år 1146 under ledning av Bernhard av Clairvaux misslyckades totalt. Det latinska kungariket kämpade förtvivlat för sin överlevnad men fick dåligt stöd från Västeuropa. År 1176 inträffade sedan en händelse som, enligt Fuller, ”var så förödande för den kristna saken att den, oavsett vad som skulle hända därefter, dömde hela korstågsrörelsen till ett slutgiltigt sammanbrott”: kejsar Manuels totala nederlag vid Myriokefalon i Anatolien. Fuller kommenterar:

> Nederlaget var en katastrof både för bysantinerna och frankerna.[3] För de förstnämnda var det ett andra Manzikert och för de sistnämnda förebådades det slutliga sammanbrottet. Utan bysantinsk hjälp hade frankerna inte tillräckligt med män för att kunna hålla Palestina. Manuels nederlag innebar islams seger.

Elva år efter slaget vid Myriokefalon bröt Jerusalems latinska kungadöme samman. Det hade då under en tid plågats av interna misshälligheter och ansatts hårt genom Saladins statsmannakonst och militära förmåga. Den kristna armén under kung Guy de Lusignan led i juli år 1187 ett fullständigt nederlag i slaget vid Hattin. Det Heliga korset återtogs av saracenerna och tre månader senare tågade Saladin in i Jerusalem där hans skonsamma behandling av befolkningen kom att stå i skarp kontrast till de segrande korsfararna år 1099. ”Slaget vid Hattin”, säger Fuller, ”var en katastrof som korsfararna aldrig hämtade sig från.”

> Då det utkämpades i skuggan av det Heliga korset – kristendomens främsta symbol – hade en seger för Guy inneburit Guds seger. Nu blev det i stället Allahs seger och det måste för många kristna ha uppfattats som det världsligas seger över det andliga. Därför kom Saladins seger att slå mot hela korstågstanken och mot själva påvedömet, som från denna tid och framåt blev alltmer sekulariserat eftersom de världsliga makterna inte var beredda att acceptera den påvliga doktrinen om att de löd under den gudomliga lagen som den uttolkades av påvarna. Resultatet blev att de världsliga makterna i stigande utsträckning utnyttjade korstågen som instrument för att öka sin egen makt och det i sin tur påverkade påvarnas prestige. De blev då tvungna att spela ut den ena världsliga makten mot den andra.

Ett tredje korståg – Fuller kallar det för ”ett fiasko för kungar med egenintressen” – inleddes år 1189 och gav inget resultat. År 1198 igångsatte påven Innocentius III ett fjärde korståg vilket i stället för att skada islam utvecklades till ett direkt anfall mot det östliga kejsardömet. År 1204 stormade ”korsriddarna” Konstantinopel som under tre dagar utsattes för en vild plundring. ”På detta sätt”, säger Fuller, ”blev det bysantinska kejsardömet efter nästan 1 000 år ett frankiskt feodalt kejsardöme (1204–61) och det venetianska kolonialväldet hade därmed skapats.” ”Men trots det”, fortsätter han,

> blev det fjärde korståget på alla sätt en katastrof för påvemakten och för hela korstågsrörelsen. Ännu värre var att i stället för att skydda Europa från Asien kom det östliga kejsardömets sammanbrott att förstöra det stora östliga bålverk som under århundraden hade hållit tillbaka Asien. Kejsardömet hämtade sig aldrig från detta ödesdigra slag och politiskt upphörde det att existera.

Men trots allt detta kom korstågen att under ett århundrade inge Västeuropa en enighet som det aldrig känt sedan dess och som det aldrig riktigt glömt. De förde samman dess många folk och stimulerade känslan av nationell enighet och fientlighet mellan dem vilket påskyndade deras samgående i nationer. Folken blev rasmedvetna. Frankrike växte fram som en stormakt vilket England redan hade gjort efter Hastings. Spanien och Portugal vann storhet genom sina strider med morerna och grunden för Preussen lades genom Tyska ordens korståg. Allt det Heliga romerska kejsardömet kunde erbjuda sina förvirrade medborgare var en svag känsla av enighet. Under korstågens tid fördunklades dock denna känsla genom det medeltida påvedömets lyskraft.

Under Innocentius III nådde påvemakten sin högsta höjd. För den västliga världen var han "kungarnas kung". Till Filip Augustus sändebud sade han:

> Furstar får världslig makt, präster får makt också över själarna. Eftersom själen är herre över kroppen, följer att den klerikala makten är starkare än kungamakten ... Ensamma herrar styr över sin egen provins och ensamma kungar över sitt kungadöme. Men Petri makt är både till sin fullständighet och sin omfattning överlägsen allt eftersom han är Guds ställföreträdare på jorden och hela vida världen och för allt skapat.[4]

Skapandet av denna andliga autokrati kom med nödvändighet att leda till en konflikt rörande den ekonomiska och fiskala kontrollen. Ur det första korståget kom därför två finansiella instrument att skapas – avlatsbrev och tionde. Urban II tillämpade det första "på hela kristenheten genom sin försäkran att 'de som dö där i full botfärdighet och ånger kommer utan tvekan att få syndernas förlåtelse och motta belöningen för sina goda gärningar'".[5] Avlatsbreven kom därför att bli en stor inkomstkälla. År 1184 kunde tjänst i korståget bytas mot betalning och år 1215 gavs löfte om full avlat till alla som bidrog till att finansiera korstågen. Kyrkans tionden var en ännu lönsammare inkomstkälla. År 1146 krävde Ludvig VII i Frankrike tionde av alla prästmän inom sitt område och omedelbart efter slaget vid Hattin instiftade Rickard I och Filip Augustus "Saladintiondet". Bonifatius VIII tillkännagav att "Det Apostoliska stiftet" hade "absolut makt" över all kyrklig egendom. "Det kan utkräva vad det anser lämpligt – en hundradel, en tiondedel eller någon annan del av denna egendom."[6]

På detta sätt såddes fröet till den andra stora revolutionen efter Roms fall. Ur den kom sedan vår tids ekonomiska och finansiella civilisation att växa fram. Behovet av pengar som betalningsmedel resulterade i att banker växte fram, vilka ofta stod under ledning av judiska och italienska köpmän samt av de militära riddarordnarna. Pengarna hölls i omlopp, de friare andarna drog sig österut och lämnade borgarklassen hemma i fred. Därigenom stimulerades välståndet så långt att många tidigare lyxartiklar kom att bli nödvändighetsvaror. Tyrierna lärde sicilianarna att raffinera socker och väva silke. Stål från Damaskus kom att efterfrågas i ökande utsträckning och krukmakare från Damaskus blev läromästare för Frankrikes krukmakare. Väderkvarnar introducerades, liksom majs, citroner, aprikoser, meloner, bomull, muslin, damask, brokad, parfym, mattor – och varma bad.

Välstånd skapade fritid och med den väcktes på nytt intellektuell verksamhet. Många krönikeskrivare började verka. Aristoteles kom till Västerlandet genom Spanien och senare även via Konstantinopel. Kunskapen om medicin och matematik växte snabbt och astrolabiet, gnomonen, sextanten och skeppskompassen togs i bruk.

Ökad kunskap förde med sig ökat tvivel. Därför öppnade korstågen för vissa hedniska läror som den valdensiska, pauliciska och albigensiska. Vid Hattin hade detta tvivel exploderat. Om inte det Heliga korset kunde bringa seger, vad skulle då kunna göra det?

Snabbt började de sociala förändringar som antingen skapats eller stimulerats av korstågen att ersätta religiös övertygelse och förde därigenom kyrkan in i en konflikt med den världsliga makten; ”försöket att befria kyrkans män från världslig kontroll slutade i en subtil sekularisering av dess centrum – själva påvemakten”.[7] Under 1200-talet skedde en fortlöpande nedgång som påskyndades då korstågen användes mot kristna kättare och inte för att utrota de otrogna. När påven Alexander IV år 1255 utlyste ett korståg mot Manfred, som var son till kejsaren, skrev Matteus Paris: ”När sanna kristna fick höra detta blev de förvånade över att de nu skulle få samma [belöning] för att gjuta kristet blod som de tidigare fått för de otrognas blod. Prästernas ombytlighet resulterade i skratt och hån.”[8]

Ytterligare en påverkan bör nämnas, kanske den mest betydelsefulla av alla. Den äventyrslust som frigjordes genom korstågen gav upphov till resor och nya upptäckter. Eftersom svärdet misslyckades i Det heliga landet fick man sätta större tillit till ordet. År 1252 sände Ludvig den helige franciskanmunken William av Rubruquis till storkhanen i Centralasien i förhoppning om att det mongoliska väldet sedan det väl omvänts till kristendomen skulle falla turkarna i ryggen och hjälpa de kristna i Palestina. Hur fantastisk denna idé än kan förefalla[9] stimulerade den ändå till franciskanernas och dominikanernas missionsfärder vilka i sin tur resulterade i handelsresor, till exempel den som förde venetianen Marco Polo ända till den kinesiska muren. Genom att upptäcka Asien tände dessa män den gnista som slutligen ledde till upptäckten av Nya världen.

Noter

Förord

1 John Keegan, *The Face of Battle*, London (1976, 1988).
2 John Prebble, *Culloden. De skotska klanernas stora nederlag*, Stockholm (1990).
3 Peter Englund, *Poltava. Berättelsen om en armés undergång*, Stockholm (1988).
4 Gunnar Åselius, Varför en bok om svenska slag?, i Lars Ericson/Martin Hårdstedt/Per Iko/Ingvar Sjöblom/Gunnar Åselius, *Svenska slagfält*, Stockholm (2003) s. 13–19.
5 Lars Ericson, von Döbeln och Karl Johan – två svenska fältherrar, i Knut Peter Lyche Arstad, red., *Hærføreren. Kritisk lys på feltherrerollen 1800–2000. Rapport fra Clio- og Mars-seminariet på Forsvarsmuseet 13.–14. november 2001*, Oslo (2002) s. 10–51.
6 Det följande avsnittet bygger, när inget annat sägs, på A. J. Trythall, Fuller, J.F.C. (1878–1966), i Franklin D. Margiotta, ed., *Brassey's Encyclopedia of Military History and Biography*, Washington, DC/London (1994) s. 352–357 och Dens., *'Boney' Fuller. The Intellectual General 1878–1966*, London 1977 samt B. Holden Reid, *J.F.C. Fuller, Military Thinker*, London (1987).
7 Brian Bond, *Liddell Hart. A Study of his Military Thought*, New Brunswick, NJ (1977); Alex Danchev, *Alchemist of War. The Life of Basil Liddell Hart*, London (1998).
8 Azar Gat, *The Origins of Military Thought. From the Enlightenment to Clausewitz*, Oxford (1991) s. 67.
9 Christopher Chant, *World Encyclopedia of the Tank. An international history of the armoured fighting machine*, London (1995) s. 21–23;
10 Kenneth Macksey/William Woodhouse, *The Penguin Encyclopedia of Modern Warfare, 1850 to the Present Day*, London (1991) s. 130; (1918).
11 Bruce Gudmundsson, *Stormtroop tactics. Innovation in the German Army 1914–1918*, Westport, CT (1989).
12 Michael Dockrill, *British Defence since 1945*, New York (1989) s. 16–18.

13 Brian Bond, *Liddell Hart. A Study of his Military Thought*, New Brunswick, NJ 1977 och Alex Danchev, *Alchemist of War. The Life of Basil Liddell Hart*, London (1998).

14 Stephen Brooks, Liddell Hart and his papers, i Brian Bond/Ian Roy, eds., *War and Society. A Yearbook of Military History. Volume* 2, London (1977) s. 129–140 spec. s. 132.

15 En förteckning över Fullers skrifter ges i *Trythall* (1977) 301–303.

16 Om Fullers förhållande till andra framträdande militärteoretiker se Nils Marius Rekkedal, *Modern krigskonst. Militärmakt under omdaning*, Stockholm (2002) passim och John Keegan, The Inter-War Years, i Rogin Higham, ed., *A Guide to the Sources of British Military History*, Berkeley/Los Angeles (1971) spec. s. 458 f. För graderingen av Fullers inflytande i en internationell jämförelse se Trythall (1994) s. 352.

17 Lars Ericson, "... att finna de svaga punkterna och dit förlägga huvudkraften i anfallet" – Den svenska debatten om manövertänkande och uppdragstaktik 1917–1927, i Anders Cedergren & Peter A. Mattssson, red., *Uppdragstaktik. En ledningsfilosofi i förändring*. Försvarshögskolan, Stockholm (2003) s. 103–156.

18 Lennart Samuelsson, *Koloss på larvfötter*, Stockholm (1999).

19 John Weiss, *Den fascistiska traditionen. Högerextremism i det moderna Europa*, Stockholm (1972) s. 109 f; Zeev Sternhell, Fascist ideology, i Walter Laqueur, ed., *Fascism. A Reader's Guide. Analyses, Interpretations and Biography*, Aldershot (1988) s. 315–378 spec. s. 350 f.

20 Ernst Nolte, *De fascistiska rörelserna*, Stockholm (1968) s. 279.

21 A.J.P. Taylor, *English History 1914–1945*, Harmondsworth (1973) s. 359 f, 368, 406, 462, 486, 599; Angus Calder, *The People's War. Britain 1939–45*, London (1969) s. 551.

22 Anthony John Trythall, J.F.C. Fuller (1878–1966), i Franklin D. Margiotta, ed., *Brassey's Encyclopedia of Military History and Biography*, Washington, DC/ London (1994) s. 352–357 spec. s. 355.

23 Anthony John Trythall, *'Boney Fuller'. The Intellectual General 1878–1966*, London (1977) s. 205 f.

24 När inget annat sägs bygger detta avsnitt på Trythall (1977) passim.

25 Pasi Kesseli, *In Pursuit of Mobility. The Birth and Development of Israeli Operational Art. From Theory to Practice*. Helsingfors (2001).

26 Trythall 1977.

27 Brian Bond, What is military history?, i Juliet Gardiner, ed., *What is History Today ...?*, London (1990) s. 6–8 cit. s. 6.

28 John Higham, *History. Professional Scholarship in America*, Baltimore (1986) s. 49.

29 Om luftmaktsteori, se Nils Marius Rekkedal, *Modern krigskonst. Militärmakt i förändring*. Försvarshögskolan, Stockholm (2002) kapitel 6.1.

Inledning: Imperialismens uppkomst

1 Originalet skrevs för ca 50 år sedan och vid denna tid var de två supermakterna USA och Sovjetunionen.

2 Enligt originalet 2900 f.Kr., men monumentet (den s.k. gamstelen) dateras numera till omkring 2450 f.Kr. Några årtal har ändrats i föreliggande text då de klart avviker från dem som idag är vedertagna. Faktagranskaren HG:s anmärkning.

3 Jfr Hobbes påpekande: "Och när hela världen är överlastad av invånare, då är kriget det sista botemedlet; det försörjer alla män, genom Seger eller Död" (*Leviathan*, del II, kap. 30).

4 *Staten*, övers. Claes Lindskog (2001), s. 77–78.

5 För årtal i den egyptiska (faraonska) regentlängden använder sig författaren av en något föråldrad s.k. högkronologi. Denna har idag ersatts med lägre dateringar, som lägger sig 20–40 år efter de här föreslagna årtalen. Faktagranskaren HG:s anmärkning.

6 Hatschepsut var dotter till Thutmosis I, gemål till sin halvbror Thutmosis II samt svärmor och styvmor till Thutmosis III, för vilken hon en tid agerade som ställföreträdande regent. Faktagranskaren HG:s anmärkning.

7 Han daterade sin regeringstid från den dag då han gifte sig och inte från sin gemåls dödsdag.

8 *A History of Egypt*, W.M. Flinders Petrie (1896), vol. II, s. 107–109.

9 "Ett utmärkt kroppsskydd i brons" och ett "bronskroppsskydd för Maketahövdingen [Meggidohövdingen]" är också omnämnda (ibid., vol. II, s. 110). Dessa kroppsskydd var tillverkade av tunna metallskivor. Något senare kom modellen att övertas av de egyptiska kungarna och adelsmännen (ibid., s. 146).

10 *The Cambridge Ancient History*, vol. II, s. 87. Obeliskerna finns i London och New York. I sin *A History of Israel* (vol. I, s. 4, 1945) säger Theodore H. Robinson om Thutmosis regeringstid: "Den moderna historien börjar egentligen år 1479 f.Kr. och avhandlar den epok av vår historia som vi kan kalla territoriell imperialism. Under trettiofyra århundraden har all politisk ambition, oavsett om den varit individuell eller nationell, varit inriktad mot geografisk expansion och mot att underkuva närliggande stammar och folk."

11 "De assyriska styrkorna", skriver Breasted, "var ... *de första större arméer som var utrustade med vapen av järn*. En enda tygkammare i Sargons palats upptäcktes innehålla två hundra ton järnredskap. Till en viss grad var uppgången och kraften hos det assyriska väldet ett resultat av tillkomsten av järn" (*The Conquest of Civilization*, 1926, s. 173).

12 Nahum 3:18–19.

13 Jeremia 46:17.

14 *A History of Greece*, J.B. Bury (1916), s. 6. I 1951 års upplaga, omarbetad av Russell Meiggs, står i stället: "Någon gång omkring 2000 f.Kr. finns det tecken på att ett nytt folk har trängt in i Grekland. En ny keramikstil … introduceras …"(!)
15 Den vanliga benämningen på greker i hettitiska och egyptiska skrifter, liksom hos Homeros.
16 Förekomsten av en dorisk invasion i Grekland är högst omdebatterad och långt ifrån ett historiskt faktum. Den bild som författaren förmedlar har idag antingen övergetts eller kraftigt nyanserats. Faktagranskaren HG:s anmärkning.
17 Det är ännu idag oklart vad som låg bakom det hettitiska väldets undergång. Det finns emellertid inga belägg för att armenierna existerade som en identifierbar grupp vid denna tid. Faktagranskaren HG:s anmärkning.
18 *A History of Greece*, J.B. Bury (1951 års uppl.), s. 129.
19 *The Conquest of Civilization*, s. 199.
20 *A History of Israel*, vol. I, s. 5.
21 Detta är de siffror som redovisas i *The Cambridge Ancient History*, vol. IV, s. 212. Herodotos anger 600 respektive 700 000–800 000.
22 *The Cambridge Ancient History*, vol. IV, s. 234.
23 "The Campaign of Marathon", J. Arthur R. Munro, *The Journal of Hellenic Studies*, vol. XIX (1899), s. 185–197.
24 *The Great Persian War*, G.B. Grundy (1901), s. 171–172.
25 En adlig athensk familj som spelade en ledande roll i attisk politik under sjunde, sjätte och femte århundradena f.Kr.
26 Möjligen 15 000 man stark (*The Cambridge Ancient History*, vol. IV, s. 243).
27 Ordet betyder "fors" eller "ström".
28 Hela frågan om befäl är dunkel. Polemark var överbefälhavarens titel, och de tio generalerna utgjorde hans krigsråd. Taktik under det femte århundradet f.Kr. bestod knappast i något annat än att göra en stridsgruppering. Hos Herodotos förefaller det som om varje general hade äran att göra detta i tur och ordning. Detta inkräktade på intet sätt på polemarkens auktoritet eftersom det inte var fråga om något annat än drill som vilken general som helst kunde utföra. Det var som om idag en överste hade tio fanjunkare och utnyttjade dem i tur och ordning.
29 *Herodotos historia*, övers. Claes Lindskog (2000), Sjätte boken.
30 Ibid.
31 Ibid.
32 Ibid.
33 Beträffande denna signal är det mycket sannolikt att avsikten var att sända den när statskuppen var på väg att genomföras, men av någon anledning blev upproret fördröjt, och när konspiratörerna fick reda på att spartanerna närmade sig, sände de signalen i ren desperation. Om spartanerna hade gått rakt mot Athen hade nämligen revolten slagits ner.
34 *The Cambridge Ancient History*, vol. IV, s. 252 Kapitel 1.

Slagen vid Salamis 480 f.Kr. och Plataiai 479 f.Kr.

1 *Herodotos historia*, övers. Claes Lindskog (2000), s. 458.
2 Ibid., s. 423.
3 "The Size of the Army of Xerxes", *Journal of Hellenic Studies* (1930), s. 210–235.
4 *The Cambridge Ancient History*, vol. IV. s. 273.
5 Herodotos, s. 456.
6 Se *A History of the Delphic Oracle*, H.W. Parke (1939), kap. IX.
7 Herodotos, s. 457.
8 *Diodoros Siculus* (1946), XI, 2.
9 Herodotos, s. 476.
10 Diodoros, XI, 13.
11 Herodotos, Åttonde boken.
12 Läget för denna stig har diskuterats av nästan alla historiker som sysslat med slaget och få är överens om dess läge.
13 *The Cambridge Ancient History* (vol. IV, s. 296) föreslår vid Eleutherochori.
14 Herodotos, s. 484.
15 Ibid.
16 *The Great Persian War*, s. 309.
17 Ibid., s. 352.
18 Ibid., s. 354.
19 Thukydides, *Kriget mellan Sparta och Athen*, övers. Sture Linnér (1978), del I, 1, 138.
20 Herodotos, s. 509.
21 Ibid., s. 510.
22 Ibid., s. 510–512.
23 Aischylos, "Perserna", *Fyra sorgespel*, övers. Emil Zilliacus (1948), s. 130.
24 Herodotos, s. 516.
25 Aischylos, "Perserna".
26 Herodotos, s. 518.
27 Diodoros, XI, 19.
28 *The Great Persian War*, s. 407.
29 Munro föreslår 120 000 i *The Cambridge Ancient History* (vol. IV, s. 317).
30 För fullständig stridsordning se Herodotos, Nionde boken.
31 Ibid. Munros bedömning är omkring 80 000, av vilka omkring två femtedelar var hopliter (*The Cambridge Ancient History*, vol. IV, s. 324).
32 Se *The Cambridge Ancient History*, vol. IV, s. 331. Kan det bara vara ett sammanträffande att det även var ett åtta dagars stridsuppehåll vid Marathon?
33 Herodotos, s. 562.
34 Ibid., s. 563.
35 Ibid., Nionde boken.

36 Ibid., s. 567.
37 Ibid.
38 Ibid.
39 Herodotos, s. 570; en värdelös bedömning.
40 Plutarchos, *Levnadsteckningar över berömda greker och romare* (1947), ”Aristeides”, 19.
41 Diodoros, XI, 24; Herodotos, Sjunde boken, skriver på dagen för slaget vid Salamis.
42 *A History of Greece*, J.B. Bury (1951 års uppl.), s. 284–285.

Redaktörens sammanfattning

1 Se not 10 i Inledningen.
2 Thukydides, *Kriget mellan Sparta och Athen*, del 2, VII, 87.

Krönika: Makedoniens uppgång

1 Den delfiska amfiktyonin bestod ursprungligen av ett förbund av tolv äldre grekiska stammar som bodde i Thermopyles omgivningar, och som ansvarade för Apollontemplets skydd och för dyrkan av Apollon i Delfi. De arrangerade även de pythiska spelen.

Slaget vid Gaugamela eller Arbela 331 f.Kr.

1 *Alexander the Great*, W.W. Tarn (1948), vol. II, Appendix 24.
2 *Alexander the Great*, Ulrich Wilcken (1932), s. 265.
3 *Alexandersagan*, som har tillskrivits ”Pseudo-Kallisthenes” (Aisopos), är ett verk av många författare. Den finns i många versioner. Den ursprungliga versionen kom till i Egypten under det andra århundradet. Den etiopiska versionen har översatts av sir Ernest W. Budge med titeln *The Alexander Book in Ethiopia* (1933).
4 Sitt största inflytande hade det under den heroiska tidsåldern, senare kompletterades det av oraklet i Delfi.
5 Arrianos, *Alexander den store och hans krigiska bragder*, övers. Ivar A. Heikel (1944), IV, 8.
6 Arrianos, VII, 30.
7 Plutarchos, *Levnadsteckningar över berömda greker och romare*, övers. Carl Theander, Ivar Harrie och Hugo Bergstedt (1947), ”Alexander”, 4 och 23.
8 Plutarchos, ”Alexander”, 8.

9 Arrianos, I, 17.
10 Ibid., I, 19.
11 Ibid., II, 15.
12 Ibid., VI, 23.
13 Plutarchos "Alexander", 22.
14 Arrianos, VII, 13.
15 Ibid., VII, 29.
16 Ibid., VII, 28.
17 Ibid., I, 11.
18 Ibid., I, 14. Tarn (*Alexander the Great*, vol. I, s. 16) säger att kavalleriet måste ha varit avsevärt mindre.
19 Perseus var farfar till Alkmenas, Herakles moder.
20 Plutarchos, "Alexander", 27. Alexander påstod aldrig att han var Zeus son men han hade inget emot att folk kallade honom så. Men när han blivit krönt som farao i Egypten blev han automatiskt son till sin gudomlige fader Amun-Re, liksom också till sin verklige fader Filip.
21 Det är högst sannolikt att Amun förklarade Alexander som sin älskade son som han tillägnade "guden Ras odödlighet, Horus kunglighet, seger över alla sina fiender och världsherravälde" etc. Den viktigaste punkten i denna deklaration "var den enda formulering genom vilken prästerna de jure kunde förklara honom som Egyptens konung, något som han redan var de facto" (*A History of Egypt under the Ptolemaic Dynasty*, J.P. Mahaffy, 1899, s. 16).
22 Plutarchos, "Alexander", 27. "[V]ad han hade i tankarna var troligtvis att han själv hade adopterats av Amon. Hans hela karriär belyser nämligen väl hans övertygelse att Amon hade gjort honom till 'sin särskilde son'" (*Alexander the Great and the Unity of Mankind* W.W. Tarn 1933, s. 25).
23 *Alexander the Great and the Unity of Mankind*, s. 4–5.
24 *Alexander the Great*, F.A. Wright (1934), s. 2.
25 *Alexander the Great and the Unity of Mankind*, s. 7.
26 I förordet till *Macedonian Imperialism and the Hellenization of the East*, Pierre Jouguet (1928), s. xiii–xiv.
27 *Alexander the Great and the Unity of Mankind*, s. 28.
28 Arrianos, III, 5.
29 Dessa var hovmän och skall inte förväxlas med följeslagarkavalleriet, som man däremot tillhörde tillsammans med kungen, i strid. Faktagranskaren RA:s anmärkning.
30 Se Tarns *Alexander the Great*, vol. II, s. 170–171.
31 Tarn (*Alexander the Great*, vol. II, s. 39–40) lämnar följande namn på ingenjörer i högkvarteret: Diades från Thessalien, Charias och Poseidonios – belägringsingenjörer, Gorgos – vatten- och gruvingenjör, Deinokrates – stadsplanerare, Aristobolos – arkitekt och ingenjör, Baeton, Diognetos och Philonides som

sysslade med vägar och lägerplatser och katalogiserade geografiska data. Vid sidan om dessa var Nearchos och Onesikritus sjömilitära experter och Eumenes chef för sekretariatet.

32 En modern källa som delvis tar upp dessa vapen är John Warry, *Alexander 334–323 BC*, No. 7 i Osprey-serien Campaign, London 1991. Faktagranskaren RA:s anmärkning.

33 Arrianos, III, 7. Eftersom Alexander valde dessa gudar kan vi dra slutsatsen att han förstod den vetenskapliga förklaringen till månförmörkelsen.

34 Ibid., III, 8.

35 Dessa siffror är Arrianos och är alldeles säkert överdrivna. Den verkliga styrkan är okänd. Justinus anger 400 000 till fots och 100 000 till häst. Curtius säger 45 000 kavalleri och 200 000 infanteri och Diodoros och Plutarchos 1 000 000 allt som allt.

36 Stridsvagnar kunde vid vissa tillfällen vara mycket effektiva, se Xenofons *Hellenica*, IV, I, 18. Lucretius (*Om tingens natur*, övers. Ingvar Björkeson [2002], III, 642–653) ger en dramatisk beskrivning av hur de användes: ”Lievagnar, så har vi hört, kan ofta i stridens / bloddränkta kaos och glöd kapa av en kroppsdel så plötsligt / att denna avskurna lem när den hamnat nere på marken / spritter alltjämt, och krigaren själv förnimmer i sinnet / ej någon smärta alls, så otroligt snabbt som det skedde / och så totalt som hans håg är fylld av otålig stridslust. / Han störtar ut i blodbad och kamp med resten av kroppen, / vet inte om att hans vänstra arm och skölden har fallit / och släpas bort av hjul, bland hästar och rovlystna liar. / En förlorar sin arm men märker det ej när han stormar / fiendens vagn, och resa sig upp vill en tredje som mistat / ena benet – han ser dess döende tår, hur de rör sig.”

37 Detta är den första berättelsen utanför Indien om utnyttjandet av elefanter i strid.

38 Arrianos, III, 11.

39 *Alexander*, Theodore Ayrault Dodge (1890), vol. II, s. 371.

40 *Alexander the Great*, vol. II, s. 183.

41 *Quintus Curtius* (1946), IV, XVI och IV, XV, 2.

42 Arrianos, III, 9.

43 Ibid.

44 Ibid., III, 10.

45 Ibid., III, 11.

46 *Cyropaedia*, VII, I.

47 Arrianos, III, 12. Se Arrianos *Tactics*, 29, för denna uppställning.

48 Arrianos, III, 12.

49 Ibid.

50 *Alexander*, vol. II, s. 372.

51 Arrianos, III, 13.

52 Ibid.

53 Ibid.

54 Diodoros, XVII, 5, och Curtius, IV, XV, 33.

55 Arrianos, II, 14.

56 Ibid., III, 15.

57 Curtius, IV, XVI, 26, och Diodoros, XVII, 61.

58 Även om det kan vara sant, som Tarn framhåller, att Ganges var okänd i den grekiska världen före Megasthenes – det vill säga till slutet av det fjärde århundradet f.Kr. (*Alexander*, vol. II, Appendix 14) – är det otroligt att Alexander inte kände till dess existens, för den låg bara 225 kilometer från Sutlej, och Ganges var då liksom nu den heligaste floden i Indien. Att han trodde att "Östra havet" (Bengaliska viken) låg mycket närmare än det verkligen gjorde är sannolikt riktigt, liksom också att han förminskade avståndet dit för att uppmuntra sina mannar. Hans planer avseende fortsatta erövringar, som de angetts av Arrianos (V, 26), men av Tarn senare har visats sig vara ett tillägg (*Alexander*, vol. II, s. 287–290), hade som strategiskt mål att skapa ett okränkbart världsherravälde. Ett mål som var förnuftigt och som måste ha föresvävat Alexander, alldeles särskilt som han påstås ha sagt: "Men om vi nu vända om, skola många krigiska folk vara kvar på andra sidan Hyfasis ända till det Östra havet, och därutöver många därifrån ända till det Hyrkaniska havet i norr, och icke långt från dessa de skythiska folken. Vi måste därför frukta, att då vi tågat bort, de som vi nu behärska, men som icke äro säkra, förledas till avfall av dem som ännu icke av oss behärskas. Då skola de vara gagnlösa, våra många mödor, eller skola från början andra mödor och faror åter behövas" (Arrianos, V, 26). Under de rådande omständigheterna verkar detta vara exakt vad Alexander sade.

59 Arrianos, V, 29.

60 Ibid., VI, 3.

61 Ibid., VII, 4.

62 Ibid., VII, 8.

63 Ibid., VII, 11, och Plutarchos *Moralia* (1926), vol. IV, "on the Fortune and Virtue of Alexander", s. 327–330.

64 *Alexander the Great*, vol. I, s. 116–117.

65 Arrianos, VII, 15.

66 *Alexander the Great*, vol. II, Appendix 23.

67 Arrianos, VII, 26.

68 Speciellt Antigonos, Lysimachos, Ptolemaios och Seleukos.

69 "Chandragupta träffade honom och drog slutsatsen att det var möjligt att förverkliga idén, som hade ärvts från den vediska tiden, om en allomfattande monarki i Indien; därmed skapade Alexander indirekt Asokas imperium och möjliggjorde spridningen av buddismen" (Tarn, *Alexander the Great*, vol. 1, s. 143).

70 *L'Hellénisation du Monde Antique*, A.J. Reinach (1914), s. 270.
71 *Atenaios* (1929), vol. III, "Dei pnosofistai," 6.331.
72 *Alexander the Great*, Ulrich Wilcken, s. 292.
73 Ibid., s. 284.
74 *The Cambridge Ancient History*, vol. VI, s. 435–436, och *Alexander the Great*, W.W. Tarn, vol. I, s. 145.
75 *Alexander the Great*, Ulrich Wilcken, s. 277.

Krönika: Romarrikets uppgång och konflikt med Karthago

1 För en fullständig redogörelse för utvecklingen av romarnas beväpning, se *Les Armes Romaines*, Paul Couissin (1926).
2 Polybios, *Romarnas väg till världsväldet*, övers. Ivar A. Heikel (1943), I, 23.
3 Ibid., I, 35.

Slagen vid Metaurus 207 f.Kr. och Zama 202 f.Kr.

1 Livius, *Ab urbe condita* (Roms historia), XXX, 44.
2 *Hannibal*, Theodore Ayrault Dodge (1891), vol. II, s. 638.
3 Livius, *Roms historia. 21:a boken. Hannibal invaderar Italien*, övers. Gerhard Bendz (1954), XXI, 4.
4 Polybios, IX, 22.
5 Polybios, *Romarnas väg till världsväldet*, övers. Ivar A. Heikel (1943), III, 85.
6 Ibid., III, 35. Dessa antal verkar överdrivna eftersom Polybios säger: "Den styrka han hade var icke så stor som duglig och utomordentligt väl övad."
7 Napoleon säger: "Les éléphants seuls ont pu lui donner de l'embarras" (ung. Enbart elefanterna kan ha orsakat honom problem). *Commentaires*, VI, s. 163.
8 Skillnaden mellan detta och den ursprungliga styrkan berodde huvudsakligen på att Hannibal lämnade kvar 22 000 man i Katalonien. De återstående 21 000 beror till stor del på deserteringar.
9 Polybios anger styrkorna för de stridskrafter som möttes till: karthager 28 000 infanteri och 10 000 kavalleri, romarna 36 000 infanteri och 4 000 kavalleri (III, 72).
10 Ibid., III, 84. Romarnas förluster var 15 000 dödade och 15 000 förlorade som fångar.
11 Polybios (III, 107) anger den romerska styrkan till 80 000 infanteri och 9 600 kavalleri. I *The Cambridge Ancient History* uttalas tvivel om detta (se vol. VIII, s. 53) och den romerka styrkan bedöms till 48 000. Enligt Polybios (III, 117) förlorade romarna hela sitt kavalleri förutom 370, 10 000 togs till fånga (som i själva verket aldrig deltog i striderna) och 70 000 stupade. Karthagerna förlorade 5 700 totalt.
12 *The History of Rome*, Theodor Mommsen (1921), vol. II, s. 126.

13 Livius, XXX, 27. I denna fråga se *Roman Politics 200–150* f.Kr. H.H. Scullard (1951), s. 79–80. Bakom den fanns de olika strategiska målen hos Fabius och Scipio. Den förre ville driva Hannibal ut ur Italien och få slut på kriget, den andre ville tvinga Hannibal ut ur Italien genom att anfalla Karthago, och vinna fred i Afrika (ibid., s. 75–76).
14 Polybios, IX, 22.
15 Ibid., XI, 19.
16 *History of Rome*, vol. II, s. 88.
17 Livius, XXII, 51.
18 *The Cambridge Ancient History*, vol. VIII, s. 61.
19 När Filip V av Makedonien underrättades om Hannibals seger vid Trasimenska sjön började han förbereda sig för ett anfall mot Italien och efter slaget vid Cannae ingick han en allians med Hannibal. Detta resulterade i att den romerska senaten, med stöd från Attalos, kung av Pergamon, gick i krig tillsammans med honom år 214 f.Kr. – ett krig som kom att bli känt som det första makedoniska kriget. År 211 f.Kr. träffades ett avtal mellan romarna och det aitoliska stadsförbundet, och 205 f.Kr. slutade kriget genom den feniciska freden i vilken Filip gick med på att inte skada de stater som varit i allians med Rom.
20 Polybios, VIII, 3.
21 Ibid., X, 3.
22 *History of Rome*, vol. II, s. 148–149.
23 Polybios, XI, 29.
24 Se Polybios, X, 8.
25 Ibid., X, 18.
26 Polybios, XI, 20–22.
27 Denna armés storlek är osäker. I *The Cambridge Ancient History* (vol. VIII, s. 93) anger B.H. Hallward 30 000.
28 Livius, XXVII, 43.
29 Ibid., XXVII, 43.
30 Ibid., XXVII, 44.
31 Ibid., XXVII, 48.
32 Ibid., XXVII, 49.
33 Polybios, XI, 2.
34 Ibid., XI, 3.
35 Livius, XXVII, 50.
36 De romerska operationerna i Illyrien har inte studerats lika noga då de endast utgjorde en följd av det större kriget och saknade framträdande slag på någon av sidorna. Deras betydelse ligger i de följande operationerna, nämligen Roms intervention i Grekland och det andra makedoniska kriget år 200 f.Kr. Se beträffande det första makedoniska kriget F.W. Walbanks *Philip V of Macedon* (1940), kap. III.

37 Polybios, XI, 24.

38 Ibid., XV, 35.

39 Mommsen (*History of Rome*, vol. II, s. 152) kallar detta ”ett dumdristigt företag” och kapten B.H. Liddell Hart (*A Greater than Napoleon*, 1927, s. 64–66) kallar det ”ett företag av diplomatisk betydelse”. Masinissas huvudstad var Cirta (Constantine) och Syfax var Siga (väster om Oran).

40 För en fullständig redogörelse för denna brand se Livius, XXX, 4–7, och Polybios, XIV, 1–6. Även om det inte förefaller att ha fått någon uppmärksamhet är det uppenbart att denna list var inspirerad av Scipios läsning om Agathokles fälttåg under vilket en liknande incident inträffade. (Se Diodoros, XX, 64–66, och även XX 18.)

41 Polybios, XV, 6.

42 Ibid., XV, 12–14; Livius, XXX, 33–35.

43 Polybios, XV, 14.

44 Ibid.

45 Livius, XXX, 36.

46 Polybios, XV, 17.

47 Karthagos citadell, eller Byrsa, var byggt på en höjd intill den yttersta delen av en halvö som var förbunden med fastlandet genom ett fyra kilometer brett näs och försvarades med tredubbla linjer av fortifikationer. Den yttre muren var femton meter hög och försedd med torn med sextio meters mellanrum. Den sålunda befästa halvön hade en omkrets av omkring femtio kilometer. Karthago var i själva verket ett mycket starkt och befäst fältläger utrustat med alla förnödenheter som krävdes för att utstå en lång belägring.

48 *Roman Politics 220–150 B.C.*, s. 81.

49 *History of Rome*, vol. II, s. 175–176.

50 Livius, XXX, 32.

51 Polybios, XV, 9. Appianos skriver: ”Hannibal sade att slaget skulle avgöra Karthagos och hela Afrikas öde”, och Scipio ”att det inte fanns någon fristad för hans män om de blev besegrade” (*The Punic War*, VIII, 42).

52 *History of Rome*, vol. II, s. 176–177.

Redaktörens sammanfattning

1 Mommsen, *History of Rome*, vol. II, s. 294.

2 Fullers not: ”Dessa siffror är uppenbarligen överdrivna.”

3 Se Fuller, *Julius Caesar, Man, Soldier, and Tyrant*, Eyre & Spottiswoode (1965), s. 92–96.

4 Suetonius, *Kejsarbiografier*, övers. Ingemar Lagerström (2001), ”Caesar”, 65.

Krönika: Imperiets gränser skapas

1 Suetonius, ”Augustus”, 22.

Slaget i Teutoburgerskogen 9 e.Kr.

1 *The Cambridge Ancient History*, vol. IX, s. 546.
2 Caesar, *Kriget i Gallien*, övers. Åke Fridh (1963), I, 33.
3 Ibid., II, 4
4 Ibid., IV, 13–15
5 Ibid., IV, 16.
6 Ibid., VI, 21–23.
7 Ibid., I, 24 och 26. Om de germanska folken skriver Strabon: ”Dessa nationer byter mycket lätt bostadsort som följd av brist på föda och på grund av att de inte odlar landet och inte samlar på rikedomar utan lever i usla hyddor och tillfredsställer sina behov från dag till dag och huvuddelen av deras föda kommer från den egna hjorden, som bland nomadfolken, och i likhet med dem förflyttar de sina hushåll i vagnar och följer sin boskap till någon plats som förefaller lämpligare än den de lämnar” (VII, i, 4).
8 Föddes 55 e.Kr. och levde till efter 117 e.Kr.
9 Tacitus, *Germania*, övers. Alf Önnerfors (1960), 4. Tacitus *Germania* ska inte betraktas som en modern redogörelse. Att framhålla germanen som ”den ädle vilden” var ett sätt för Tacitus att belysa det som han ansåg vara felen i den samtida romerska civilisationen.
10 Se Caesar, *Kriget i Gallien*, I, 48 och VIII, 13.
11 Tacitus, *Germania*, 6.
12 *The Geography of Strabo* (1917), VII, i, 4.
13 Tacitus, *Germania*, 14.
14 Se Velleius Paterculus, II, XCVII och Dio Cassius, LIV, 20. Suetonius (”Augustus”, 23) skriver: ”Allvarligare och vanärande militära nederlag led han endast två gånger, nämligen i Germanien, och med Lollius och Varus som fältherrar. Lollius nederlag var mer till skam och vanära än till skada.”
15 Strabon, VII, i, 4.
16 Se *Histoire de la Gaule*, Camille Jullian (1914), vol. IV, s. 106–113.
17 *The Cambridge Ancient History*, vol. X, s. 368.
18 Son till Nero Claudius Drusus och Antonia (dotter till Marcus Antonius och Octavia), född 15 f.Kr. och adopterad av sin fabror Tiberius.
19 Velleius Paterculus, II, CXVII.
20 Ibid., II, CXVII.
21 *Dio's Roman History*, övers E. Cary (1916), LVI, 18.

22 Ibid., LCVI, 18.
23 Velleius Paterculus, II, CXVII.
24 Se Guglielmo Ferrero, *Rom. Dess storhet och förfall* (1924), del V.
25 Denna fördelning är osäker.
26 Velleius Paterculus, II, CXVIII.
27 Tacitus, *Annaler*, I, 60.
28 *Dio's Roman History*, LVI, 20.
29 Ibid., LVI, 20.
30 Ibid., LVI, 21.
31 Velleius Paterculus, II, CXIX.
32 *Dio's Roman History*, LVI, 21.
33 Velleius Paterculus, II, CXIX.
34 Tacitus, *Annaler*, I, 61.
35 *Dio's Roman History*, LVI, 24.
36 Ibid., LVI, 23. Beträffande detta bör det hållas i minnet att Dio inte är en riktigt tillförlitlig källa.
37 Ibid., LVI, 23.
38 Suetonius, "Augustus", 23.
39 *The Fifteen Decisive Battles of the World*, sir Edvard S. Creasy (1931 års uppl.), s. 119.
40 Suetonius, "Augustus", 23.
41 Ibid., 50.

Redaktörens sammanfattning

1 Sir Charles Oman, *The Art of War in the Middle Ages*, vol. I, s. 12.
2 *Cambridge Medieval History*, vol. I, s. 217.

Krönika: Folkvandringarna

1 Till en början stod den som innehade denna titel i rang närmast efter kejsaren och konsuln. Senare blev titeln synonym med "viceregent", och under Ammianus Marcellinus dagar betraktades en *patricius* som "kejsarens fader" eller "nationens faderliga övervakare" (XXIX, ii, 2).

Slaget vid Châlons eller på de katalauniska fälten år 451

1 I sin *Histoire Générale des Huns, des Turcs, des Mongols, et des autres Tartares Occidentaux, avant et depuis Jésus Christ jusqu'à present* (1756–58), 4 vol. Se också bilaga 6 till Burys upplaga av Gibbons *Decline and Fall of the Roman Empire*.
2 Ordet betyder "enkel slav".
3 Se *The Pulse of Asia*, E. Huntington (1907), s. 359.
4 *The Cambridge Medieval History*, vol. I, s. 327.
5 *The Decline and Fall of the Roman Empire*, vol. VII, s. 10.
6 Ammianus Marcellinus, XXXI, ii, 2–11.
7 Ibid., XXXI, 7.
8 Jordanes, *Getica. Om goternas ursprung och bedrifter*, övers. Andreas Nordin (1997), 122, 127–128. Jordanes skrev sin historia omkring 100 år efter de i detta kapitel skildrade händelserna, och många av hans påståenden är att betrakta som episka berättelser.
9 "Priscus skildring av den delegation som sändes till Attila år 449 av Theodosius den yngre, Österns kejsare", citerat från *The History of Civilization* av F. Guizot (1856), vol. II, s. 430. Se också J.B. Bury, *History of the Later Roman Empire* (1923), vol. I, s. 279–288.
10 *A History of Attila and the Huns*, E.A. Thompson (1948), s. 208–209.
11 Ibid., s. 177.
12 *Italy and her Invaders*, Thomas Hodgkin (1880), vol. II, s. 130.
13 "The Art of the Northern Nomads", Ellis H. Minns, *Proceedings of the British Academy*, 1942, s. 51–52.
14 Se *Book of Ser Marco Polo*, övers. överste sir Henry Yule (3:e uppl, 1903), vol. I, s. 254.
15 "Den huvudsakliga födan består av mjölkprodukter – inte av själva mjölken som endast dricks av barn och sjuka. En speciell rätt för turktartarer är *yoghurt*, som bereds av filbunke som får surna. Mongolerna åt också smör – ju harsknare det var desto mer välsmakande ansågs det vara – det droppar av lort från det och det transporteras utan omslag i deras stora flottiga rockfickor. Från märrens mjölk, som inte ger någon grädde, jäses *kumiz* (kirgisiskt) och *tshegan* (mongoliskt), två synnerligen näringsrika drycker som är lämpliga som föda" (*The Cambridge Medieval History*, vol. I, s. 339).
16 T.E. Lawrence, *Vishetens sju pelare*, övers. Vera och Gunnar Olinder (1963), s. 199.
17 Ammianus Marcellinus, XXXI, ii, 9. Se också Sozomens *Ecclesiastical History*, övers E. Walford (1885), VII, 26, 8.
18 Citerat från *A History of Attila and the Huns*, s. 27.
19 På senare tid har 100 000 mynt som grävdes ner vid tiden för räden upptäckts på platsen för denna stad (ibid., s. 80).

20 Gregorius av Tours, *The History of the Franks* (1927), II, 7 (8), vol. II, s. 48–49.

21 Jordanes, 186.

22 Ibid., 188.

23 Se karta i band 2, kapitel 2.

24 Gregorius av Tours, II, 5 (6), vol. II, s. 46.

25 *Histoire d'Attila*, Amédée Thierry (1856), vol. I, s. 178.

26 Jordanes, 192. Jag har beskrivit platsen som den redovisas av Hodgkin (vol. II, s. 160–162). Professor Bury (*History of the Later Roman Empire*, vol. I, s. 293) förlägger slagfältet intill Troyes, 35 kilometer söder om Méry-sur-Seine och The *Cambridge Medieval History*, vol. I, s. 280 och 416 anger ett antal kilometer "framför" (dvs. väster om) staden. Att slaget utkämpades i närheten av Troyes är fullt möjligt eftersom den topografiska reträttvägen från Sens borde gå uppför Vannedalen och sedan troligtvis mot norr vid Arcis-sur-Aube. Men att slaget skulle ha utkämpats väster om Troyes är osannolikt eftersom Attila knappast skulle ha gjort halt med ryggen mot Seine. Vad som i själva verket kan sägas är att slaget utkämpades i triangeln Troyes – Méry – Arcis, eftersom Mauriacslätten, enligt Jordanes, var "hundra *leuva*, såsom gallerna uttrycker det, på längden och sjuttio på bredden". Eftersom en *leuva* motsvarade 1 500 steg är Mauriacslätten ett område och ingen plats och eftersom Jordanes också kallar den för de katalauniska fälten har det lett till att slaget är känt som "Slaget vid Châlons".

27 Jordanes, 217.

28 Detta datum är ett antagande. (Se Bury, vol. I, s. 292–293.) Eftersom Troyes eller Méry-sur-Seine ligger mer än 160 kilometer från Orléans är det möjligt att slaget utkämpades denna dag om Attilas reträtt var snabb. Hodgkin (vol. II, s. 139) säger "i början av juli", och Clinton (*Fasti Romani*, vol. I, s. 642) den 27 september.

29 Jordanes, 205, 206.

30 Ibid., 209, 210.

31 Ibid., 212–213.

32 Nära samhället Pouan, på Aubes södra strand och omkring 16 kilometer från Méry-sur-Seine, upptäcktes 1848 en gotisk krigares grav och utifrån ornamenten som fanns på den ansåg Peigne Delacourt att det var Theoderiks. Se *Italy and Her Invaders*, Thomas Hodgkin, vol. II, 155–159.

33 Jordanes, 216.

34 Hela historien om Attilas flykt är så egendomlig att det kan vara så att Aëtius aldrig gick vilse på natten 20–21 juni, utan i stället avlade ett hemligt besök hos Attila och där planerade hela händelsen tillsammans med honom. Varför anföll inte Attila honom sedan Torismud gett sig iväg, eller varför förföljde inte Aëtius Attila då han flydde, och skar av hans förbindelser?

35 Thomas Hodgkin, *Italy and Her Invaders*, vol. II, s. 174–179. Hela historien är ytterst dramatisk. Beträffande detta, se också Milman's *History of Latin Christianity*, vol. I, s. 200–203, och Gibbons *The Decline and Fall of the Roman Empire*, vol. III, s. 500–501.

36 *Later Roman Empire*, vol. I, s. 295.

37 *A History of Attila and the Huns*, pp 147–148.

38 Edeco var troligen skirernas kung.

39 Thomas Hodgkin, *Italy and Her Invaders*, vol. II, s. 189.

40 Henry Hart Milman, *History of Latin Christianity* (1857), vol. I, s. 204.

41 I Storbritannien kallades tyskar nedsättande "The Hun" under första världskriget. Faktagranskaren RA:s anmärkning.

Redaktörens sammanfattning

1 "De kejserliga *logothetae* tillämpade det tunga romerska skattesystemet på de erövrade länderna, som befann sig i ett eländigt ekonomiskt tillstånd, utan någon hänsyn till deras omständigheter. De utkrävde obönhörligen innestående fordringar alltsedan goternas tid, förfalskade skatteböcker för att öka inkomsterna, och såg själva till att berika sig på skattebetalarnas bekostnad, och det i sådan utsträckning att, som en samtida skriver, 'inget annat än döden återstod för invånarna, eftersom de fråntagits alla livsnödvändigheter'" (*The Cambridge Medieval History*, vol. II, s. 23).

Krönika: Islams uppgång och expansion

1 Benämningen turk (Tou-Kiue) återfinns först 545 i kinesisk historia. Mellan 546 och 582 etablerade sig turkarna som en mäktig makt mellan Kina och Persien och sände 565 en delegation till Justinus för att öppna sidenvägen och för att få hans stöd för operationer mot perserna.

Belägringen av Konstantinopel 717–718 och slaget vid Tours 732

1 Isaurien, ett distrikt i Mindre Asien på norra sidan av Taurusbergen.

2 Alla dessa siffror är sannolikt kraftigt överdrivna.

3 En lättantändlig blandning. Enligt *Chronography of Theophanes* beredde under Konstantin Pogonatus regering (684–685) en arkitekt vid namn Callinicus, som flytt från Heliopolis i Syrien till Konstantinopel, en "våt eld" som sprutades med hjälp av sifoner. Överstelöjtnant Hime (se hans *Gunpowder and Ammunition, their Origin and Progress*, 1904) anser att den bestod av svavel, nafta och osläckt

kalk som antändes vid kontakt med vatten samt att delar av den ”sprutades och antändes samtidigt genom att koppla en vattenslang till sifonens bakstycke”. En liknande substans hade länge funnits i bruk, se Thukydides II, 77, avd. IV, 100: Belägringen av Delium, 424 f.Kr. Vegetius (ca 350 e.Kr.) anger receptet nafta eller petroleum. (Se också Gibbons *The Decline and Fall of the Roman Empire*, vol. VI, s. 9–12.)

4 Gibbon skriver (*The Decline and Fall of the Roman Empire*, vol. VI, s. 7): ”Kalifen hade tömt två korgar ägg och fikon som han svalde om vartannat, och måltiden avslutades med märg och socker.” Under en av sina pilgrimsresor åt Suleiman under en enda måltid sjuttio granatäpplen, en killing, sex höns och en väldig kvantitet vindruvor… (Abulfeda, *Annal. Moslem*, s. 126, citerad av Gibbon).

5 *The Decline and Fall of the Roman Empire*, vol. VI s. 9.

6 *History of the Byzantine Empire* (1928), vol. I, s. 289.

7 *History of the Later Roman Empire* (1889), vol. mII, s. 405.

8 *The Byzantine Empire* (1911) s. 171.

9 *History of Greece from its Conquest to Present Times* (1877), vol. II, s. 18.

10 *The Decline and Fall of the Roman Empire*, vol. VI s. 9.

11 Kallades också Urban eller Olban, troligen en kristen berber.

12 Se *Invasions des Sarrazins en France*, Reinaud (1836), s. 8.

13 *Revue Historique* (Maj, 1878), ”La Bataille de Poitiers”, E. Mercier, s. 3. En del av det västgotiska kungadömet låg norr om Pyrenéerna.

14 Se *Invasions des Sarrazins*, Reinaud, s. 9, och *Cambridge Medieval History*, vol. II, s. 373.

15 *Revue Historique* (Maj, 1878), ”La Bataille de Poitiers”, E. Mercier, s. 4.

16 ”Det var en dynasti av barn; de dog när de var 23, 24 eller 25, utslitna genom brådmogna utsvävningar. De blev fäder när de var sexton, femton och till och med fjorton år och deras barn blev usla veklingar.” *Cambridge Medieval History*, vol. II, 125–126.

17 För hans uppgifter se *Histoire de France*, red. Ernest Lavisse, vol. II, del 1, s. 176–177.

18 *Invasions des Sarrazins en France*, Reinaud, s. 35.

19 För ytterligare detaljer se *Histoire de France*, red. Ernest Lavisse, vol. II. mpkt 1.

20 Gregorius av Tours, IX, 31.

21 Ibid., IV, 18, och *Frankernas historia* (1963), 7.38.

22 Edward Gibbon, *The Decline and Fall of the Roman Empire*, vol. VI, s. 15, och *Histoire de la Gaule Méridionale*, etc., Fauriel, vol. III, s. 127.

23 Sammanlagt har tre välkända slag utkämpats vid eller i närheten av Poitiers: det första år 507, Klodvig och hans franker mot västgoterna, då denne med egen hand dödade Alarik II och förde Akvitanien till sitt område, det andra är det som beskrivits här och det tredje utkämpades av den Svarte Prinsen den 19 september 1356.

24 Citat från Omans *The Art of War in the Middle Ages*, vol. I, s. 58; även *L'art militaire et les armées au moyen age*, Ferdinand Lot (12946), vol. I, s. 113.
25 "Chronicle of Saint-Denis", citat ur *Recueil des Historiens des Gaules*, Bouquet, vol. III, s. 310 (sammanställd ca 1270).
26 Gibbon, vol. VI, s. 15.
27 "Mahomet et Charlemagne" i *Revue belge de philologie et d'histoire* (1922), I, s. 86.
28 Gibbon, vol. VI, s. 18.
29 En slutlig separation kom inte förrän 1054 då påven Leo IX bannlyste Michael Cerularius och hela den östliga kyrkan. Från mitten av 700-talet och framöver existerade en nominell separation som var oundviklig från den dag då Konstantin den store flyttade sin huvudstad till Byzantion.
30 *Histoire de la vie Byzantine* (1934), vol. II, s. 19.
31 *History of the Byzantine Empire*, A.A. Vasiliev, vol. I, s. 314.

Krönika: Kejsardömets pånyttfödelse i Västeuropa

1 Eftersom man år 800 fortfarande ansåg att det bara fanns ett romerskt kejsardöme legaliserades valet av Karl till kejsare inte förrän 812, då den bysantinske kejsaren Mikael I Rangabé (811–813) hälsade Karl som kejsar Basileus. Följaktligen styrdes kejsardömet i teorin av två kejsare på samma sätt som på Arcadius och Honorius tid. Det bysantinska kejsardömet blev den östra delen och det frankiska den västra.
2 En sammanfattande benämning på skandinaviska sjörövare under 800- och 900-talen. De kallades också nordmän eller norsemän och danskar, beroende på platserna varifrån de kom. Ordet kommer från "vik" och ingår i form av "wick" i många engelska ortnamn.

Slaget vid Hastings 1066

1 Efter Roberts död gifte hon sig med Herlouin, viscount av Conteville, och födde honom Vilhelms halvbröder Odo, biskop i Bayeux, och Robert, greve av Mortain.
2 "The Anglo-Saxon Chronicle (1042–1154) E" i *English Historical Documents* red. David Douglas (1953), vol. II, s. 163–164.
3 "An account of the death and character of William the Conqueror, written by a monk of Caen", i *English Historical Documents*, red. David Douglas, vol. II, s. 280.
4 "William of Poitiers, 'The Deeds of William, duke of the Normans and king of the English'", i *English Historical Documents*, red. David Douglas, vol. II, s. 217–218. Vilhelm av Poitiers var Vilhelm Erövrarens huspräst.

5 *William of Malmesbury's Chronicle of the Kings of England* (1904), s. 254–255. Vid denna tid var Vilhelms dotter Adela eller Agatha omkring elva år gammal.
6 *The Foundations of England* (1898), vol. 1, s. 496–497.
7 Witenagemot var delvis en församling av adelsmän (grevar, biskopar, abbotar och utsedda kungliga vasaller) och delvis ett kungligt riksråd. Det kunde uttala sig i alla allmänna frågor av betydelse och fungerade även som ett slags högsta domstol.
8 För arvs- och valprinciperna i den anglosaxiska monarkin se F.M. Stentons *Anglo-Saxon England* (1947), s. 544, och *William the Conqueror and the Rule of the Normans* (1908), s. 149–152.
9 Witenagemot var, om den haft kännedom om eden, på intet sätt bunden av Haralds ed. Eftersom han inte tillhörde den kungliga släkten kunde han inte, inte ens moraliskt, göra uttalanden för den engelske kungen.
10 William of Poitiers, s. 218.
11 William of Malmesbury, s. 271.
12 *The Foundations of England*, sir James H. Ramsway, vol. I, s. 520.
13 Om detta kan vi läsa: ”Men innan något spjut hann kastas flydde den engelska armén eftersom den var beriden” (*Anglo-Saxon Chronicle* C, s. 133). Detta bör tolkas som att Ralphs beridna män möttes av en sådan skur av spjut och pilar från walesarna att de fick en försmak av Crécy. Kavalleri som inte stöds av bågskyttar kan inte möta bågskyttar. Det tog närmare 300 år att lära sig den läxan.
14 *Anglo-Saxon England*, s. 574.
15 William of Malmesbury, s. 280
16 De flesta borgar på 1000-talet bestod av bålverk uppförda på kullar. Det var inte förrän efter erövringen av England som slott byggda i sten kom till i något större antal.
17 William of Poitiers, s. 219–220.
18 William of Malmesbury, s. 273.
19 *The Ecclesiastical History of England and Normandy*, övers. Thomas Forester (1853), vol. I, s. 463.
20 *Anglo-Saxon Chronicle* C, s. 142.
21 *The Chronicle of Florence of Worcester* (1854), s. 168
22 *Anglo-Saxon Chronicle* C, s. 142.
23 Då hirden endast kunde kallas in för 40 dagar, var den enda möjligheten att ha en styrka i fält en längre tid att kalla in den i omgångar.
24 *Florence of Worcester*, s. 169, och *Anglo-Saxon Chronicle C, s.* 144.
25 En av de mest välkända kämparna på sin tid, hade tjänstgjort i det östromerska kejsardömet och besökt Jerusalem.
26 Se Snorre Sturluson, *Nordiska kungasagor* 3, övers. Karl G. Johansson (1993), ”Harald Sigurdssons saga”.

27 *Anglo-Saxon Chronicle E*, s. 142.
28 Se "Harald Sigurdssons saga".
29 *Anglo-Saxon Chronicle C*, s. 144.
30 "Harald Sigurdssons saga", 85, s. 147–148.
31 Se "Harald Sigurdssons saga".
32 *Anglo-Saxon Chronicle C*, s. 144.
33 Se ibid., s. 145–146; "Harald Sigurdssons saga"; och Florence of Worcester, s. 169.
34 Vol. I, s. 480.
35 *Anglo-Saxon England*, s. 582.
36 William of Malmesbury, s. 285. Fullers kursivering.
37 *The Foundation of England*, vol. II, s. 17. Andra bedömningar: J.H. Round, *Feudal England* (1895), s. 289–293, 5 000. *The Cambridge Medieval History*, vol. V, s. 498, 5 000. Ferdinand Lot, *L'Art Militaire et les Armées au Moyen Age* (1946), vol. I, s. 285, under snarare än över 7 000. Och Wilhelm Spatz, *Die Schlacht von Hastings* (1896), s. 30, inte mer än 6 000 till 7 000.
38 Sir James Ramsay framhåller: "Vid Harfleur år 1415 krävdes tre augustidagar för att landsätta Henriks 8 000–10 000 man" (*The Foundation of England*, vol. II, s. 17).
39 *The Cambridge Medieval History*, vol. V, s. 498. För de 1 200 riddarna se s. 488–489.
40 Med inskriften "EXEVNT CABALLI DENAVIBUS".
41 S. 533.
42 Se William of Poitiers, s. 221.
43 S. 224.
44 S. 483.
45 *Die Schlacht von Hastings* (1896), s. 33–34.
46 S. 170. Det är intressant att konstatera att Harald under sin marsch från York till London (2–6 oktober) marscherade i medeltal 65 kilometer om dagen och under sin marsch från London till slaget (11–13 oktober) endast 30. Detta tyder på att han hade fler icke beridna på den senare delen. Hade han valt att lämna dem bakom sig kunde han ha kommit till Hastings den 12:e och möjligen överraskat Vilhelm. Om han då hade varit tillräckligt numerärt stark för att besegra honom är däremot en annan fråga.
47 S. 274.
48 *Anglo-Saxon Chronicle D*, s. 144.
49 S. 225.
50 "William of Jumièges: description of the invasion of England by William the Conqueror", i *English Historical Documents*, red. David Douglas, vol. II, s. 216.
51 S. 276 och *Roman de Rou* (red. Pluquet, 1827), s. 184.

52 William of Poitiers, s. 224.
53 Se Florence of Worcester, s. 164.
54 *Revue Historique*, September 1897, vol. LXV, s. 61 *et seq*.
55 *Anglo-Saxon Chronicle D*, s. 144.
56 Se hans *Domesday Tables for the Counties of Surrey, etc.* (1909), bilaga B, s. 217–232. Det finns en plan över slaget i denna bok som visar tre meters intervall.
57 *Die Schlacht von Hastings*, s. 33.
58 William of Poitiers, s. 225
59 S. 226–229.
60 Vad gäller dessa framryckningar ska inte förglömmas att i all tidig krigföring då spjut och pilar var avståndsvapnen var det vanliga sättet att skaffa sig vapen att driva bort fienden och samla upp vad som fanns på marken.
61 Denna händelse omnämns av Henry från Huntington, se *The Chronicle of Henry of Huntington* (1853), s. 212.
62 Florence of Worcester (s. 170) säger att Harald föll i skymningen.
63 För båda se Bayeuxtapeten.
64 Se *Domesday Tables*, s. 229. Mr Baring skriver: "Det ursprungliga namnet Malfosset blev lätt Manfussé (Manfsey?), Mansey och slutligen Manser's."
65 Som spårar marschvägen genom den förödelse som återges i Domesday Book. Se ibid., bilaga A, s. 208–216.
66 Ibid., s. 14 och 16. *Anglo-Saxon Chronicle D* (s 145) säger: "och förödde hela det område som han passerade tills han kom till Berkhamsted".
67 *Anglo-Saxon Chronicle E*, s. 161–162.
68 *William the Conqueror and the Rule of the Normans*, s. 4.

Redaktörens sammanfattning

1 Professor T.F. Tout, *The Empire and the Papacy*, 1932.
2 *The Empire and the Papacy*.
3 De europeiska och latinska kungadömena kallades allmänt för frankiska oavsett ursprung.
4 *Encyclopaedia Britannica* (11:e uppl.), artikeln "Innocentius III".
5 *The Cambridge Medieval History*, vol. V, s. 323.
6 Ibid., s. 324–325.
7 Ibid., s. 321.
8 *Matthew Paris's English History* (1854), vol. III, s. 143.
9 Det kan likväl ha legat något i den tanken, för 1256 invaderade Hulagu och hans mongoler Kaukasien, och den 15 februari 1258 plundrade de Bagdad och gjorde slut på abbasidkalifatet. År 1260 stormades Aleppo och Damaskus kapitulerade, varefter Hulagu planerade att ta Jerusalem i avsikt att överlämna staden till de kristna, men när han fick underrättelser om Khakan Mangus död övergav han detta projekt och återvände till Mongoliet.

POCKET FRÅN HISTORISKA MEDIA

Asker, Björn: *Karl X Gustav. En biografi*
Axell, A & Kase, H: *Kamikaze. Japans självmordspiloter*
Beevor, A: *Berlin. Slutstriden 1945*
Beevor, A: *Kreta. Erövring och motstånd*
Beevor, A: *Mysteriet Olga Tjechova*
Beevor, A: *Spanska inbördeskriget*
Beevor, A: *Stalingrad*
Bergh, Birger: *Konsten att få rätt*
Braithwaite, R: *Moskva 1941*
Buergenthal, T: *Pojken som överlevde Förintelsen*
Cadbury, D: *Den försvunne prinsen. Marie Antoinettes olycklige son*
Cadbury, D: *Dinosauriejägarna*
Chasteen, J: *Latinamerikas historia*
Connor, K: *Elitstyrka SAS. Från ökenkrigare till Ghost Force*
Courtwright, D T: *Drogernas historia*
Dahlberg, R: *Dödliga uppdrag under andra världskriget*
David, S: *Militära misstag*
Dowswell, Paul: *Krigshistorier från första och andra världskriget*
Enoksen, L M: *Fornnordisk mytologi. Enligt Eddans lärdomsdikter*
Enoksen, L M: *Runor. Historia, tydning, tolkning*
Enoksen, L M: *Vikingarnas stridskonst*
Ericson Wolke, L: *Johan III. En biografi*
Ericson, L: *Lasse i Gatan. Kaparkriget och det svenska stormaktsväldets fall*
Ericson, L: *Stockholms historia under 750 år*
Ericson, L: *Svenska knektar*
Fredrickson, G M: *Rasism. En historisk översikt*
Frick, L W: *Det vakande ögat*
From, P: *Katastrofen vid Poltava*
Fuller, J.F.C.: *De avgörande slagen del I Från antike till Hastings 1066*
Fuller, J.F.C.: *De avgörande slagen del II Från högmedeltid till Leuthen 1757*
Gleick, J: *Isaac Newton*
Goldsworthy, A: *Caesar*
Goldsworthy, A: *Puniska krigen. Kampen mellan Rom och Karthago*
Gyllenhaal, L & Westberg, L: *Svenskar i krig. 1914–1945*
Hadenius, S: *Gustaf V. En biografi*
Gyllenhaal, L: *Slaget om Nordkalotten*
Harrison, D: *I skuggan av Cathay. Västeuropéers möte med Asien 1400–1600*
Harrison, D: *Karl Knutsson. En biografi*

Harrison, D: *Slaveri, forntiden till renässansen*
Harrison, D: *Slaveri, 1500 till 1800*
Harrison, D: *Slaveri, 1800 till nutid*
Högnäs, S: *Idéernas historia. En översikt*
Isacsson, C-G: *Karl X Gustavs krig*
Junge, T: *I Hitlers tjänst. Traudl Junge berättar om sitt liv*
Knopp, G: *Hitlers krigare*
Knopp, G: *SS. Ondskans mäktiga redskap*
Kumm, B: *Terrorismens historia*
Kurtén-Lindberg, B: *Bakom monumenten. Gestalter ur Europas gryning*
Kurtén-Lindberg, B: *Medeltida människor. Ett porträttgalleri*
Kumm, B: *Che*
Liljegren, B: *Adolf Hitler*
Liljegren, B: *Alexander den store*
Liljegren, B: *Karl XII. En biografi*
Meijer, F: *Gladiatorer*
Milton, G: *Muskotkriget. Striden om de ostindiska kryddöarna*
Ottoson, I & Ekholm, T: *Japans historia*
Reuter, C: *Med livet som vapen. En bok om självmordsbombare*
Rodenbeck, M: *Kairo*
Rystad, G: *Karl XI. En biografi*
Rystad, G: *Politiska mord. Det yttersta argumentet*
Sennerteg, N: *Stalins hämnd. Röda armén i Tyskland 1944–1945*
Sennerteg, N: *Warszawas bödel. Ett tyskt öde*
Skansjö, S: *Skånes historia*
Smedberg, M: *Vietnamkrigen 1880–1980*
Sommelius, S: *Flickan som kom till Auschwitz*
Swahn, J-Ö: *Tidernas fester*
Tamelander, M & Hård av Segerstad, J: *Havets vargar*
Tamelander, M & Zetterling, N: *Den nionde april. Nazitysklands invasion av Norge 1940*
Tamelander, M: *Malta. Kriget i Medelhavet 1940–1942*
Tamelander, M: *Slaget om Västeuropa. Flygkrig, strategi och politik sommaren 1940*
Ulvros, E H: *Sophie Elkan*
Webster, M: *Maffians värld. Historien om Cosa Nostra*
Wellum, G: *Jaktpilot i RAF. En stridsflygare berättar*
Wibeck, S: *Jesus. Jude, Rebell, Gud?*
Wibeck, S: *Korståg. Västerlandets heliga krig*
Wibeck, S: *Religionernas historia*
Wibeck, S: *Ett land två folk*
Voss, J: *Soldat i Waffen-SS. Ett ögonvittne berättar*